澄清《行者的阶段》之意

中文和阿拉伯文版

马凯思，博士

Qais Akram Mekki Hamouda

（盖斯·阿克拉姆·麦基·哈穆达）

第二版 （修订版）伊斯兰历 **1446 年**/公元 2025 年

ISBN: 979-8-9989305-2-2

目录

奉普慈特慈的真主之名

介绍本书及其目标

一切赞颂全归真主——众世界的养育主。主啊！求祢赐福于我们的领袖穆罕默德——祢派遣他作为普世的慈悯，并赐福于他的家眷、圣门弟子，以及所有追随正道者，直至报应日。阿敏。

尊贵的真主在《古兰经》中昭示：

"以太阳及其光辉发誓，以追随太阳时的月亮发誓，以揭示太阳时的白昼发誓，以笼罩太阳时的黑夜发誓，以苍穹及其建筑者发誓，以大地及其铺展者发誓，以性灵及使它均衡者发誓，并启示它善恶者发誓！凡培养性灵者，必定成功；凡毁灭性灵者，必定失败。"（太阳章 91:1-10）

这段在《太阳章》开端的庄严誓言——古兰经中最长的誓言——阐明了一个显赫的真理：心灵净化是人类被造的目的之一，也是每个穆斯林不可替代的个人主命。人性处于悖逆与敬畏的战场：仆人愈以善行培育并升华性灵，性灵便得拯救；反之，若以罪恶玷污并忽视它，性灵必致沦丧。

先知（愿主福安之）阐释宗教根基的著名圣训之一，是吉卜利勒圣训。欧麦尔·本·哈塔卜（愿主喜悦他）传述：

"有一天，我们与真主的使者（愿主福安之）同坐时，忽有一位白衣黑发、无旅尘之迹的陌生人前来。他双膝对坐先知，手置大腿，问道：'穆罕默德啊！请告诉我什么是伊斯兰？'先知答：'伊斯兰是作证万物非主唯有真主，穆罕默德是真主的使者；履行拜功，缴纳天课，封莱麦丹月的斋，并朝觐天房（若有能力）。'那人说：'你说对了。'我们很惊讶他问了还加以证实。他接着问：'什么是伊玛尼（正信）？'先知答：'信仰真主、天使、经典、众使者、末日，以及前定的福祸。'那人又问：'什么是伊赫桑（至善境界）？'先知答：'敬拜真主好像你看见他一样，如果你没看见他，那么他就看见你。'他再问：'何时是复生日？'先知答：'被问者不比提问者更知道。'他又问其征兆，先知答：'当婢女生养她的主人，当赤足贫寒的牧人竞相建高楼。'然后他离去，我们静默良久。先知问我：'欧麦尔，你知道那是谁吗？'我说：'真主和其使者最知道。'先知说：'那是吉卜利勒，他来教导你们的宗教。'"（穆斯林与布哈里辑录）

这段圣训精辟地将宗教根基分为三重：伊斯兰（外在功修）、伊玛尼（内在信仰）、至善境界（完美状态）。三者历经历史积淀，发展为坚实的伊斯兰学科：教法学源于伊斯兰，教义学源于伊玛尼，而心灵之学则源于伊赫桑。

精研"至善境界"之学的是苏菲行知，他们专长于性灵培育与心灵教化，使心灵充满对真主的敬畏与挚爱。此处我们所探讨的，是正统苏菲之道，由哈桑·巴士里、哈里斯·穆哈西比、祝奈德·巴格达迪、阿卜杜·卡迪尔·吉拉尼（愿主慈悯他们）等行持巨擘传承。这些大师以伊斯兰教法为根基，以功修之道为途径，以性灵升华为终极果实。

性灵培育并非仅存于典籍的理论之学，而是需在灵性导师指引及与正道同伴同行中践行的旅程，犹如学医者须随医师临床实践。正如读一本解剖书无法成为医生，寻道者仅凭阅读苏菲著作亦无法净化心灵。必须伴随洞悉真主之人，以其光明指引滋养性灵，并以神圣智慧矫正心灵偏差。

伊玛目赫拉维的《行者的阶段》

谢赫·阿卜杜拉·安萨里·赫拉维（伊历 481 年归真）所著的《行者的阶段》一书，被视作心灵之学与近主之道领域最重要的著作之一。赫拉维伊玛目是五世纪伊斯兰灵性传统的杰出代表，融通表里之学：他既是圣训学家、罕百里学派法学家，亦是扎根经训的灵性导师，奠定了以《古兰经》和圣训为本的心灵净化之道。

《行者的阶段》是一部严谨的灵修指南，将寻道者通往真主的旅程划分为 100 个"修行阶位"，每个阶位又分为初级、中级、高级三个层次。这些阶位始于忏悔与自我监察，终至认主独一与融于真主之爱。本书详述寻道者如何根据灵性禀赋逐级提升。其清晰的体系与深邃的洞见，使它在修行著作中独树一帜。

此书影响远超其时代，成为跨世纪寻道者的灯塔。历代苏菲行知如阿菲菲·丁·提莱姆萨尼（卒于伊历690年）、卡玛鲁丁·卡沙尼（卒于伊历735年）、阿卜杜·拉乌夫·麦纳维（卒于伊历1031年）及当代学者优素福·贾布尔·哈桑尼博士等，皆为其撰写注疏，足证《修行者的阶位》作为心灵之学奠基经典的永恒价值——它跨越时代，融汇万千阐释。

赫拉维长老于约千年前完成此书。正如其他语言，术语会随时间变迁，千年前的文本对现代读者而言难免晦涩。此拙作旨在以简洁的现代语言重述《修行者的阶位》，使其内涵易于理解——尤其为不熟悉古典术语的读者提供便利，同时保留权威注释的核心要义。我未作赘述，因前辈学者已臻完善，仅尽可能以当代用语重构表达，祈愿此书成为开启读者心灵的钥匙（愿主护佑他们），激励他们从伊斯兰传统本源深入研习、求知，并践行心灵净化。

为全面理解当今时代使用的各类术语与表达，并甄选最贴切者，我借助前沿计算机技术探究现代语言同义词，同时通过严谨的个人核验确保其与原典权威注释的意涵一致。此书以三语撰写：阿拉伯文、中文和英语，以便裨益广传——若真主意欲。

但需注意：简化此深邃文本的语言，难免削弱赫拉维长老（愿主慈悯他）原著的深度。原文辞藻精妙，寓意无穷，长老择词之精准，使每句皆可从多角度阐发，一页之释或需数卷！故本书每章附阿拉伯原文，以提醒读者本源之深奥，并强调回归原典、权威注释及灵性导师讲授之必要性。

每章末，我添加数行"总结与实践建议"（非赫拉维原文），以期助益理解。

若此书蒙接纳，且岁月允准，我计划因沙安拉延续"复兴心灵之学"之路，将其他伊斯兰灵性经典译为现代语言，惠及兄弟姐妹与后代。

澄清《行者的阶段》之意

最后，我恳请大家不吝赐教，如发现任何错误，或有更好的建议，或在翻译中有更合适的用词，敬请指正与分享，特别是会中文的兄弟姐妹们，因为我的中文水平不如阿拉伯文和英文好。请将建议发送到电子邮件 (advice.for.author@gmail.com)。愿真主赐福你们！

请为我的父母及您们的父母祈祷。愿主赐您们平安、怜悯与吉祥。

马凯思　（盖斯·阿克拉姆·麦基·哈穆达）
芝加哥，伊历 1446 年斋月（2025 年）

书名:《行者的阶段》(منازل السائرين)
作者: 阿卜杜拉·安萨里·赫拉维

谢赫·赫拉维（愿主慈悯他）作序

一切赞颂全归安拉——独一的主、自立的主、永恒的主，是仁慈微妙 (اللطيف) 的主、临近的主。祂以智慧之云降下珍贵言辞，滋润知主者 (العارفين) 的心灵，在虚无之卷中为他们显化亘古之光，指引他们回归太初之道的捷径，从纷扰中重返永恒本源。祂将宝藏托付他们，将奥秘寄于其心。

我作证: 万物非主，唯有安拉，独一无偶——前无始，后无终，显而彻知，隐而全观。祂将万象之影长久覆于众生，又为祂所拣选之人照耀确立之光 (تمكين)，作为引导明证，最终轻柔地为他们揭去分离之幔，使他们近主。

愿主赐他平安与慈悯的祈祷与祝福临于祂的挚友——安拉以他为誓彰显真理的穆罕默德及其后裔，恩典不断。

兹有赫拉特等地渴求真知的求道者 (الفقراء)，长久恳请我阐明近主修行者所历修行阶位 (منازل) 的标识。经向主祈求指引与襄助，我应允其请。他们嘱我将阶段依序编排，明示关联支脉，免引他言，力求简练以便记诵。若详释艾布·伯克尔·卡塔尼所言: "仆人与真主之间有千座光明与黑暗之阶段"，恐冗长难堪。

故我勾勒这些阶段的框架，指其全貌与终极。祈愿他们以真诚举意，获艾布·乌拜德·巴斯里所述: "主赐仆人以始见终"之恩。我将全书分章设节，避冗长之乏，解诘问之累，总为百阶段，归为十部。

如祝奈德（愿主喜悦他）所言：“仆人或自一境升至高境，然旧境残存未尽。居高回望，乃可补全。”依我之见，仆人未超脱一境前，不得真居其位；唯超越后返观，方得完善。须知：穿行此阶段的求道者虽殊途各异，却不受定序所拘，亦无止境可囿。

他们嘱我将阶段依序编排，明示关联支脉，免引他言，力求简练以便记诵。若详释艾布·伯克尔·卡塔尼所言：“仆人与真主之间有千座光明与黑暗之阶段”，恐冗长难堪。

故我勾勒这些阶段的框架，指其全貌与终极。祈愿他们以真诚举意，获艾布·乌拜德·巴斯里所述：“主赐仆人以始见终”之恩。我将全书分章设节，避冗长之乏，解诘问之累，总为一百修行阶位，归为十部。

如祝奈德（愿主喜悦他）所言：“仆人或自一境升至高境，然旧境残存未尽。居高回望，乃可补全。”依我之见，仆人未超脱一境前，不得真居其位；唯超越后返观，方得完善。须知：穿行此阶段的求道者虽殊途各异，却不受定序所拘，亦无止境可囿。

古今学者于此课题著述颇丰，然佳作虽多，仍欠完备：或仅提纲领而未详释，或辑录轶事而未提炼精义；或混同精修者（الخاصة）的修行阶位与普通大众（العامة）的基本功修；或误将失控者的狂语（شطح）视为阶段，将证悟者的暗语与象征视为普遍真理；更有多数未阐明修行的层级次第（الدرجات）。

须知，此道学者共识：终极之境（النهايات）之确立，必以起始之境（البدايات）之端正为基础，犹如楼阁必立于地基。端正起点即：以真诚意向（الإخلاص）立行，恪守圣行，戒惧违禁（الخوف）而持守尊严，怜悯众生、献出忠告，减轻负担，远避损时败心之人或事。

世人于此分三类：

- 求道者（المريد）：于敬畏与盼望间修行，心怀谦恭（الحياء）而慕主爱（المحبة）。
- 被选者（المراد）：自纷扰之谷（التفرق）升至合一之境（الجمع）。
- 伪信者：余者皆妄人，或陷迷误，或自欺欺人。

澄清《行者的阶段》之意

一切修行阶位（مقامات）可归为三品：

- 初品：启程修行（السير）之求道者（القاصد）。
- 中品：步入灵性离尘（الغربة）之境。
- 上品：证入观照（المشاهدة）之境，由湮灭（الفناء）之道直趋独一真理（عين التوحيد）。

关于启程修行（السير）之义，据侯赛因·本·穆罕默德·本·阿里·法拉伊迪传述：艾哈迈德·本·穆罕默德·本·哈萨纳维传自侯赛因·本·伊德里斯·安萨里，后者传自奥斯曼·本·艾比·筛巴，再传自穆罕默德·本·比什尔（阿卜迪），由欧麦尔·本·拉希德传自叶哈雅·本·艾比·凯西尔，再传自艾布·赛莱迈，由艾布·胡莱赖（愿主喜悦他）传述：安拉的使者（愿主赐他平安与慈悯）说："奋进吧！专念真主者（المفردون）已超越众人。"众人问："安拉的使者啊，谁是专念真主者？"他答："即那些因记念安拉而心灵震颤者。记主之念为他们卸下重负，使他们在复生日轻装而至。"

此乃优良（حسن）圣训。叶哈雅·本·艾比·凯西尔仅由也门的欧麦尔·本·拉希德传述。穆罕默德·本·优素福·弗里亚比与穆罕默德·本·比什尔·阿卜迪的传述链存在分歧——弗里亚比传自欧麦尔·本·拉希德，再经叶哈雅、艾布·赛莱迈，溯至艾布·代尔达（愿主喜悦他），为麦尔福尔圣训（即直接归至先知）。然而正确传述应归于艾布·胡莱赖（愿主喜悦他）。本达尔·本·比沙尔另由索夫旺·本·伊萨，传自纳季兰的伊玛目与穆夫提——巴希尔·本·拉菲·叶玛尼，再经艾布·阿卜杜拉·本·阿慕尔·本·艾比·胡莱赖，传自艾布·胡莱赖（愿主喜悦他），亦为麦尔福尔传述。其中最可靠的传承链是阿拉·本·阿卜杜拉赫曼由其父传自艾布·胡莱赖（愿主喜悦他），记载于《穆斯林圣训实录》中。叙利亚地区的圣训学者也从艾布·乌玛玛（愿主喜悦他）传下此圣训。

众传皆言："专念真主者已超越众人。"

关于灵性离尘（الغربة）之义，据哈姆扎·本·穆罕默德·本·阿卜杜拉·侯赛尼传述：艾布·卡西姆·阿卜杜·瓦希德·本·艾哈迈德·哈希米·苏菲传述道：我在巴士拉听艾布·阿卜杜拉·阿兰·本·扎伊德·迪纳瓦里·苏菲说：我听贾法尔·胡勒迪·苏菲说：我听祝奈德（愿主喜悦他）说：我听萨里（愿主喜悦他）传自麦阿鲁夫·卡尔希（愿主喜悦他），再传自贾法尔·本·穆罕默德，由其父、祖父，最终传至阿里（愿主喜悦他），其传述自安拉的使者（愿主赐他平安与慈悯）："追求真理是一种离尘之旅。"此乃稀有（غريب）圣训，仅见于阿兰之口述传承。

关于证入观照（المشاهدة）之义，穆罕默德·本·阿里·本·侯赛因·巴沙尼（愿主慈悯他）传述：穆罕默德·本·伊斯哈格·古莱什传自奥斯曼·本·赛义德·达拉米，后者传自苏莱曼·本·哈尔布，由哈马德·本·扎伊德传自麦塔尔·瓦拉格，再传自艾布·布赖代，由叶哈雅·本·叶尔穆尔传自阿卜杜拉·本·欧麦尔·本·哈塔布（愿主喜悦他），其引述吉卜利勒对安拉的使者（愿主赐他平安与慈悯）的提问：吉卜利勒问："什么是伊赫桑（至善境界）？"先知答："敬拜真主好像你看见他一样，如果你没看见他，那么他就看见你。"这段正确（صحيح）而稀有（غريب）的圣训收录于《穆斯林圣训实录》。它是对本教门徒之精神路径的凝练指引，浓缩了整个教义道路的核心。

我将详述每座驿站的品级（درجات），以便区分常人之阶、行者之阶与证悟者之阶。每人皆有定制之道、方法与方向，各有标识指引，各有终极催迫。

我祈求安拉使我的举意纯净无蔽，赐我明证之权 - 祂确是全听、临近的主。

须知本书所述的十部分类（أقسام）为：开端（البدايات），道德修养（الأخلاق），灵性状态（الأحوال），门类（الأبواب），根本原则（الأصول），圣权篇（الولايات），终极之境（النهايات），交（المعاملات），山谷（الأودية），真理之境（الحقائق）。

第一部分：开端

开端部分"包含以下十章:

1. 灵性觉醒 (اليقظة)
2. 忏悔 (التوبة)
3. 自我清算 (المحاسبة)
4. 回心转向真主 (الإنابة)
5. 灵性沉思 (التفكر)
6. 铭记与省悟 (التذكّر)
7. 紧握真主 (الاعتصام)
8. 逃向真主 (الفرار)
9. 灵性锻炼 (الرياضة)
10. 觉悟性倾听 (السماع)

简化的阿拉伯文本，已翻译

第一章：灵性觉醒

真主说："你说：我只劝你们一件事——为主而奋起。"（《古兰经》34:46）

"为主而奋起"指的是从心灵的疏忽中苏醒，摆脱对顺从真主的懈怠与懒散。

这种觉醒是心被觉悟之光照亮的第一步，使人开始觉察真主的恩典以及他对我们应尽的责任。

灵性觉醒（اليقظة）包括三个方面：

1. 感念恩典：
   1. 思考真主赐予你的恩惠，即使它们看似微小。
   2. 承认自己在感恩上的不足，并意识到一切恩典都来自真主。
   3. 观察那些遭遇贫困或疾病之人，从而珍惜你所拥有的。

2. 自我清算：
   - 认真面对自己的过错，不可轻视。
   - 畏惧其后果，并努力悔改。
   - 恳求真主净化你的心灵，帮助你不再重蹈覆辙。

3. 监察时光：
   - 每天问自己：我的信仰今天是增长还是衰退？
   - 谨慎利用时间，不让其浪费于无益之事。
   - 与正直之人结交，倾听他们的劝诫，从中受益。

如何达到这种觉醒？
   - 感念恩典需要：清醒的头脑、感恩的心灵、以及与境况比你差的人做对照。
   - 自我清算需要：尊重真主的权利、认识自身的软弱、并对违命的后果有信念。
   - 监察时光需要：聆听劝诫、回应善意的召唤、与虔诚者为伴。

核心要点:
觉醒的关键在于摆脱那些使心灵沉重的恶习, 这些习惯会令你陷于麻木与疏忽之中。

总结与实践建议:

每天花几分钟:

- 写下一项你所拥有的恩典, 并感谢真主;
- 写下一项你想要改正的过失, 并向真主寻求帮助;
- 每晚问自己: "今天我在信仰上前进了什么? "
- 坚持这些简单的步骤, 将一步步引导你的心回归真主。

简化的阿拉伯文本，已翻译

第二章：忏悔

真主说："凡不忏悔的人，都是不义之人。"（《古兰经》49:11）

因此，真主将"不义之人"的称号从忏悔者身上移除。

有效忏悔（التوبة）的条件：

1. 认知罪过：
   - 犯罪时应意识到三点：
     - 你因犯罪而脱离了真主的庇护。
     - 犯罪时的短暂喜悦。
     - 明知真主在注视，却延误忏悔。

2. 忏悔的条件：
   - 悔恨：对所犯之错感到深切的懊悔。
   - 止罪：立即停止所行的罪恶。
   - 求恕：真诚向真主祈求宽恕。

3. 忏悔的本质真相：
   - 认清罪恶的严重性。
   - 不轻信自己的忏悔已被接受。
   - 宽恕他人对你的冒犯，如你希望真主宽恕你。

4. 内心的忏悔之秘：
   - 明辨是出于敬畏真主而忏悔，还是因惧怕他人舆论。
   - 忏悔之后不再回忆罪行，不重蹈覆辙。
   - 持续忏悔，即便是为未尽之忏悔再次忏悔。

忏悔的层次：
   - 普通人的忏悔：因畏惧惩罚而放弃罪恶。
   - 中层者的忏悔：对小罪掉以轻心者的忏悔，信赖自身善行（这是危险的，小罪亦可积大）。

- 精修者的忏悔：为将时间浪费于非真主之事而忏悔。

如何完成忏悔？
- 必须忏悔一切使你远离真主之事，甚至包括你忏悔时的疏忽与不足！

总结与实践建议：

忏悔不仅是口头之词，而是内心的悔改与行为的转变：

- 每晚自省："我今天有罪行吗？我该如何补救？"
- 每次犯罪后，祈祷说："主啊，我确已忏悔，求祢助我不再重犯。"
- 远离会引诱你犯罪的人和场所。
- 忏悔之门始终敞开；切勿拖延！

简化的阿拉伯文本，已翻译

第三章：自我清算

真主说："你们当敬畏真主，每一个人都应审视自己为明日准备了什么。"（《古兰经》59:18）

自我清算（المحاسبة）是在忏悔之后审视内心的开始。
实现这一决心，需要建立三个基础：

1. 将恩典与罪过相对照：
- 思考真主无数的恩典与你的过失相比如何。
- 这需要：
  - 灵觉：识别和感知真主的恩赐。
  - 不自满：不轻易相信自己已足够虔诚或正直。
  - 明辨真正的恩典与生活中的试炼。

2. 分辨主权与己责：
- 要承认：
  - 罪过暴露了你在顺从上的缺失。
  - 善行是真主的恩赐，而非你自身的功绩。
  - 真主的判断是公正的，不应以自辩来掩盖错误。

3. 专注自我，不关他人：
- 你为之欣喜的善行或许隐藏骄傲之心。
- 你指责他人的罪，可能也存在于你自己身上。
- 专注修正自己，不要浪费时间去审视他人。

总结与实践建议：
自我清算是灵性成长的契机，而非严厉责备：
- 每日早晨：写下一项你感恩的恩典，以及一个今天要避免的罪。
- 每晚睡前：自问："我今天为后世做了什么？我比今晨更接近真主了吗？"
- 停止与他人比较；专注于你自己的灵魂旅程。
- 进步来自持之以恒的微小努力，而非等待完美！

简化的阿拉伯文本，已翻译

第四章：回心转向真主

真主说："你们当归向你们的主。"（《古兰经》39:54）

回心转向真主（الإنابة）是一种真诚的归回，具有三种形式：

1. 修正的归依：
- 回归真主，以修正自身的过失，如犯罪后的道歉与悔改。
- 需具备三项行动：
  - 清除罪行的后果。
  - 对曾犯下的过错感到真实的痛悔。
  - 补偿错失的善功与功修。

2. 信约的归依：
- 出于对真主所立誓约的忠诚，回归祂的道路。
- 条件包括：
  - 即使是微小的罪乐，也要主动舍弃。
  - 不轻视远离真主的人；应为他们担忧，同时为自身祈求稳固。
  - 细心审视你的崇拜行为，发现其中的弱点并改善。

3. 回应召唤的归依：
- 这是对内心呼唤的响应，回归真主的怀抱。
- 包括三项内在状态：
  - 对自身善行的依赖感到绝望，承认一切恩典皆属真主。
  - 意识到自己无时无刻都急需真主的慈悯。
  - 经常默想真主隐微的慈恩，它时时环绕着你。

<u>总结与实践建议</u>：
回心转向真主并非一次性的动作，而是一段持续的旅程：
- 每次礼拜后祈祷说："主啊！显现我内心的缺陷，并助我修正它。"
- 寻找一位能在你遗忘时提醒你记念真主的良友。
- 随身携带一个小笔记本，记录你感受到接近真主或远离祂的时刻。

每一次的归回——哪怕很小——都能让你更亲近真主！

简化的阿拉伯文本，已翻译

第五章：灵性沉思

真主说："我降示你教诲，以便你为众人阐明他们所受的启示，以便他们思维。"（《古兰经》16:44）

灵性沉思（التفكُّر）是用心灵之眼获得深刻理解的过程，分为三类：

1. 沉思真主真一的实相：

- 思索真主的伟大与独一，如沉入深海之境。
- 若要安全航行于此海洋，需要做到三点：
    - 承认理智在理解真主完美本质方面的局限性。
    - 停止探究真主"如何"的存在本体。
    - 高举真主的伟大，不将祂与任何受造物相提并论。

2. 沉思真主创造的奇迹：

1. 观察真主创造的精妙秩序，如天空、山脉和人类自身。
2. 需要三项功课：
    1. 留意恩典是如何开始并显现的；
    2. 解读大自然中的主的迹象（如雨水乃仁慈之象征）；
    3. 从私欲的牵绊中解放心灵，使其能够专注于沉思。

3. 反观自身的行为与状态：

1. 分析自己每日的动机与行为。
2. 包含三个层面：
    1. 用伊斯兰知识标准审视自己的生活实践；
    2. 对自己的动机保持怀疑（警惕自我欺骗）；
    3. 了解你的行为对他人的影响与后果。

<u>总结与实践建议</u>：
灵性沉思不是抽象理论，而是一种日常的灵性生活习惯：

- 每天清晨花五分钟：沉思一节《古兰经》或一种自然造物（如树叶），自问："这让我认识真主什么？"
- 在做出任何决定之前：暂停片刻自问，"这是否能取悦真主？"
- 每周记录一次灵性反思，积累你的心灵旅程。

每一次真诚的沉思，都将引导你更靠近智慧与真主。

简化的阿拉伯文本，已翻译

第六章：铭记与省悟

真主说："只有回心向主者才会省悟。"（《古兰经》40:13）
铭记与省悟（التذكر）高于灵性沉思；沉思是探求智慧，而铭记是内化与活出智慧的表现。 它有三个基本支柱：

1. 受益于训诫：
- 从忠告与提醒中获得真实转变。
- 需要三项内在条件：
  - 深切地感受到自己需要这番训诫。
  - 不关注提醒者的缺点，而是倾听真主借他传达的信息。
  - 常铭记真主的赏赐承诺与惩罚警告。

2. 洞察生活中的教诲：
- 从生活事件中识别主的教导与警示。
- 需要三项准备：
  - 一个清醒的头脑，能把原因与后果联系起来。
  - 对真主在宇宙中设定的法则有认知（如：压迫终将带来灭亡）。
  - 纯净的意图去寻求真理，而非个人私利。

3. 收获灵性反省的成果：
- 将思考落实为能改善自己和他人的实际行动。
- 需要三项行动：
  - 削减贪望，不要把希望推向遥远的今世未来，切勿延迟改变；
  - 深思《古兰经》的意义并力求理解其指导方向；
  - 避免心灵混乱的五件事：无意义的社交、空洞的幻想、对世俗的执着、过度饮食与沉迷睡眠。

总结与实践建议：
铭记就是将智慧落实在行动中：
- 每天读一条简短的训诫（来自《古兰经》或圣贤格言），并问："我今天怎样将其付诸实践？"
- 当你听闻一个负面事件时：寻找其中的教诲，问自己："我该如何避免同样的错误？"
- 减少扰乱心灵的事物（如无益的电视、深夜娱乐等）。

真正的铭记会使你以觉醒之心生活，而非在疏忽中沉沦。

简化的阿拉伯文本，已翻译

第七章：紧握真主

真主说："你们当全体紧握真主的绳索。"（《古兰经》3:103）

又说："你们当坚系于真主，祂是你们的主宰。"（《古兰经》22:78）
紧握真主（الاعتصام）意味着坚决依附于祂，是信仰不断深化的过程。

其层次有三：

1. 初学者的紧握：
- 通过遵守真主的命令与禁令来坚守信仰，包括：
    - 相信真主的应许（天堂）与警告（火狱）；
    - 尊重教律界限（如礼拜、斋戒等）；
    - 以公正和坚定的信念待人处事。
- 这即是紧握"真主的绳索"（《古兰经》与圣训）。

2. 精修者的依靠：
- 通过摆脱对尘世的依恋来更深地依靠真主，包括：
    - 克制欲望（如减少无益闲谈）；
    - 以谦逊待人（避免傲慢）；
    - 断绝那些使你远离真主的关系与习气。
- 这即是紧握"牢不可破的纽带"（即对真主的绝对忠诚与纯净之意图）。

3. 最精纯者的紧系：
- 达到与真主心灵直接连系的境界，包括：
    - 在一切万物中见证真主的伟大与独特性；
    - 以内心与外在完全顺服祂的意志；
    - 恒常记念主名，昼夜不懈。
- 这即是紧系于真主本身——最纯粹的归属与依靠。

<u>总结与实践建议</u>：
紧握真主是一段不断提升的信仰旅程：
- 从基础做起：坚持五番礼拜，每日诵读《古兰经》。
- 逐步剥离分心习惯：如减少对社交媒体或娱乐的依赖。
- 选择良伴：与那些在你遗忘时提醒你记主之人同行。

你越依附真主，你的灵魂力量越稳固，你就越亲近祂！

简化的阿拉伯文本，已翻译

第八章：逃向真主

真主说："你们应当逃向真主。"《古兰经》51:50）

逃向真主（الفرار）是从一切无常与虚幻的事物脱离，投奔那唯一永恒的主宰。

它包括三个层次：

1. 初学者的逃离：
- 逃离的是：
    - 从无知走向知识（通过学习与实践）；
    - 从懒惰走向勤奋（借助谨慎与坚决的意志）；
    - 从内心焦虑走向信靠主的慈恩（借希望与正念）。

2. 精修者的逃离：
- 逃离的是：
    - 从理论语言走向信仰的亲证（用心灵而非耳朵感受）；
    - 从形式崇拜走向敬畏的核心（如纯粹的忠诚与诚意）；
    - 从世俗执着走向灵魂的清净（脱离对金钱、地位的牵挂）。

3. 至纯者的逃离：
- 逃离的是：
    - 从万象归回真主本身（甚至超越对灵性的执念）；
    - 从主动奔逃转化为彻底臣服，就像孩子投向父母的怀抱。

总结与实践建议：
奔向真主不是逃避生活，而是为灵魂的自由而迈进：
- 从基础做起：每天用 10 分钟学习信仰（例如研读一节经文）；
- 注重意图：把日常习惯如饮食转化为感恩的敬拜行为；
- 避免绊脚石：远离那些让你遗忘真主的人与事。
真正的逃离，就是在每一刻与你的主同在！

简化的阿拉伯文本，已翻译

第九章：灵性锻炼

真主说："他们分舍他们所赐的财物，而他们的心是畏惧的。"（《古兰经》23:60）

灵性锻炼（الرياضة）是训练内心接受真理并落实真理于行动中。
它分为三个层次：

1. 初学者的锻炼：
- 品德修养：通过学习伊斯兰的道德来培养美德（如诚实、守信）。
- 净化意图的行为：即使是简单的事（如移除路上的障碍物），也要出于真诚的意图。
- 还人之权、守信公正：在与人交往中维护正义（如归还信物、不欺诈买卖）。

2. 精修者的锻炼：
- 断除杂念：不再沉溺于无关紧要之事（如过度玩笑、八卦闲谈）。
- 不满足于灵修成就：不可说"我已经封完一个月的斋了，这就够了"。
- 持续践行所学：知识若不落实于行为，将变成空洞的文字堆积。

3. 至纯者的锻炼：
- 全然摆脱执着：放下一切阻碍你与真主亲近的事物（即使是灵性上的自豪感）。
- 处处见主之手：在每一个事件中看见真主的意志与安排（如内心说："这是主的恩典"）。
- 不容罪善并存：不以一种善行换取另一种罪行（如"我做礼拜，但我也要背谈！"）。

总结与实践建议：
灵性锻炼是将知识转化为德行的旅程：
- 从美德着手：选择一项特质（如慷慨），实践它一整周。
- 常审其意：每次行动前自问："这真的是为了主吗？还是为了人的称赞？"。
- 断除琐碎与浪费时间的习惯：如无目的地浏览网络或刷手机。

持续的训练将一步步塑造一个更接近真主的你！

简化的阿拉伯文本，已翻译

第十章：觉悟性倾听

真主说："假若真主知道他们心中还有一点儿善意，必使他们能听。"（《古兰经》8:23）

觉悟性倾听，是心智同启、身心合一地去聆听与领悟。
它分为三个层次：

1. 初学者的听闻：

- 回应警示：因畏惧真主的惩罚而停止过错（如听到警告即放弃罪行）。
- 回应许诺：渴望真主的慈悯（如听到天堂的描述后增强施舍）。
- 觉察主恩：领悟自己在健康、安全中的福分，心生感恩。

2. 精修者的听闻：

1. 解读象征：从自然或事件中提取智慧（如将雨水视作宽恕的象征。
2. 理解目的：体认万事万物中的主旨与安排（如疾病乃提高灵性品级的途径）。
3. 心灵的纯一：断除对真主之外万物的依恋（包括灵性上的执着）。

3. 至纯者的听闻：

- 洗净内心帷幕：倾听让你觉察到真主的临在（如在心跳中感知祂的近在）。
- 永恒连接：感知自己如同一滴水，属于真主永恒计划中的一部分。
- 归返原初：视死亡为回归造化本源的开启，而非终结。

总结与实践建议：
觉悟性倾听能将言语转化为行动与智慧：

- 专注倾听：诵读《古兰经》时，想象真主正在亲自对你说话。
- 反思倾听内容：每听一段劝诫，问自己："我从中学到了什么关于真主？"
- 记录灵感时刻：每天记下一次你从所听之言中感受到深刻意义的瞬间。

真正的倾听，使你在每一个细节中与真主连结。

第二部分：门类

"门类部分"包含十道门：

11. 灵性忧伤 (الحزن)
12. 敬畏 (الخوف)
13. 慈畏 (الإشفاق)
14. 心灵谦卑 (الخشوع)
15. 灵性安宁 (الإخبات)
16. 禁欲 (الزهد)
17. 虔敬 (الورع)
18. 全然奉献 (التبتل)
19. 希望 (الرجاء)
20. 灵性渴望 (الرغبة)

简化的阿拉伯文本，已翻译

第十一章：灵性忧伤

真主说："他们转脸而去，眼中涌出泪水，是因忧伤。"（《古兰经》9:92）

灵性忧伤（الحزن），是因失落、缺憾或未能亲近真主而引发的内心之痛。这种忧伤分为三个层次：

1. 大众之忧：
- 源于以下三类痛悔：
  - 因疏忽礼拜或忽视施舍而心生懊悔。
  - 因陷入使人远离真主的行为（如撒谎或背谈）而感到痛苦。
  - 因虚度光阴于无益事务而产生自责。

2. 意志之士的忧伤：
- 更深层的忧伤，出于：
  - 心被合法事务占据而分离于真主。
  - 礼拜中难以专注，心思仍牵挂尘世。
  - 逃避内心忧伤，借助娱乐或旅行代替面对内在缺失。

3. 精修者的痛悔：
- 这是近主者才会感知的精微忧伤：
  - 因一时的阻碍而无法继续接近真主（哪怕是小事）。
  - 当诚意之念被现实阻挠（如疾病妨碍参与集体礼拜）。

对于自身在理解真主智慧上的不足，产生细腻的内心困惑（例如轻声问："为何发生此事？"）。

总结与实践建议：
灵性忧伤不是软弱，而是活着的心在呼吸：
- 不逃避悲伤：写下"我因……而忧伤"，然后向真主祈求援助。
- 将悲伤化为行动：若因虚度时光而悔恨，制定一套灵性修行计划。
- 反思经文内容：阅读上述经文，思索："我的悲伤如何将我推向真主？"
- 纯净的悲伤提醒你仍在旅途中 —— 请继续前行。

简化的阿拉伯文本，已翻译

地十二章：敬畏

真主说："他们敬畏在他们上面的主。"（《古兰经》16:50）

敬畏（الخوف）是一种当人想起真主的惩罚时，内心生起的灵魂不安与警醒。它有三种层次：

1. 大众的敬畏：

- 害怕因所犯罪行而遭受真主惩罚（如火狱）；
- 这种敬畏源于：
  - 对《古兰经》中警告的信念。
  - 对过往过错的反省。
  - 思考审判日行为后果的深切忧虑。

2. 精修者的敬畏：

- 是一种混合着灵性甜美与敬畏之感的状态，出现于：
  - 警觉于每一息、每一念（甚至呼吸中）。
  - 害怕被虚幻的安慰所欺骗，误以为已足够接近真主。
  - 在感受信仰甜美的同时，持续担心自己的不足与懈怠。

3. 至纯者的敬畏：

- 这不是普通意义的畏惧，而是对真主伟大与尊严的深度威敬，表现为：
  - 在祈祷中感到自己在真主的威严面前极其渺小与无能。
  - 即使在欢乐时刻，也谨守内心的真诚与谦卑。
  - 当目睹真主的美与力量时，心灵颤栗，泪流满面。

总结与实践建议：

健康的敬畏是通往虔诚与顺从之路：

- 利用你的敬畏：写下一项你畏惧其惩罚的罪行，制定具体的悔改计划。
- 检查你的意图：每次行动前问自己："这是否令真主满意？还是会引我更警醒？"。
- 每日诵读这段经文："他们敬畏在他们上面的主"，并思考："我的敬畏如何引导我更亲近真主？"。

真正的敬畏不削弱你——它引导你的心重新朝向服从与纯净。

简化的阿拉伯文本，已翻译

第十三章：慈畏

真主说："他们说：'我们在世时，心中确是慈畏的。'"（《古兰经》52:26）

慈畏（الإشفاق）是一种融合敬畏与怜悯的内在状态，既是对自己灵魂的警觉，也关怀他人的命运。
它分为三个层次：

1. 初学者的慈畏：
- 畏惧的内容包括：
    - 担心心灵违背主命（如在礼拜中固执己见）。
    - 忧虑善行因缺乏真诚而落空（如施舍中缺少虔敬）。
    - 对他人犯错心生怜悯，同时努力理解他们的困难与背景。

2. 精修者的慈畏：
- 更深层的慈畏体现为：
    - 警觉时间是否被琐事耗尽，远离灵性成长。
    - 担忧心灵被无关事务占据而远离真主。
    - 防范怀疑侵蚀信仰的根基，削弱了确定与信靠。

3. 至纯者的慈畏：
- 这种慈畏不仅守护行为，更预防灵性的细微过失：
    - 提防灵性自负，即因修行良好而心生优越。
    - 避免与人争执，即使自身有理，也愿退让以保平和。
    - 警惕越界的修行，如过度禁食导致身体虚弱，影响心灵稳定。

总结与实践建议：
慈畏，是敬中有慈、慈中有警的灵性平衡：
- 每天自问："我是否像保护健康那样保护我的信仰？"
- 选择一段关系：练习更温柔地对待其中的某人（如包容一位有缺点的朋友）。
- 诵读经文："我们在世时，确是慈畏的"，提醒自己：真正的敬畏能令心常醒。

简化的阿拉伯文本，已翻译

第十四章：心灵谦卑

真主说："难道信士们觉得他们的心对记念真主和降临的真理尚未谦逊吗？"
（《古兰经》57:16）

心灵谦卑（الخشوع），是一种心神沉静，灵魂屈服于真主的伟大的状态，是通往敬主之门的关键。
它分为三个层次：

1. **初学者的心灵谦卑**：
   - 顺从命令：无怨无悔地履行主的命令（如礼拜中集中精神）。
   - 接受前定：在考验中保持满足与忍耐（如失去财富或健康）。
   - 对主谦卑：感受自己在造物主面前的渺小与依赖。
2. **精修者的心灵谦卑**：
   - 察觉心灵缺陷：深入省察意图与行为（如反思施舍是否出自真诚）。
   - 承认他人优越之处：看到他人在崇拜或品格上的超越，而不嫉妒。
   - 常思归程：在世俗喜乐中忆及死亡与后世。
3. **至纯者的心灵谦卑**：
   - 在主前守敬畏之礼：即便灵性觉知显现，也不自诩或自夸。
   - 净化内心时间，不染虚荣：在每次礼拜与独处中都纯粹为主，而非图名声。
   - 承认一切善功皆归于主：知晓一切美德与敬行都是主的恩赐，而非己力。

总结与实践建议：
心灵谦卑，是与真主沟通的钥匙，也是灵魂苏醒的标志：
   - 从一刻开始：每天在一拜中集中全心全意，为主而立。
   - 每日记下：今日发现的一个缺点，并祈求真主帮助你改善。
   - 反复默想：诵读经文："难道信士们的心……"自问："我的心是否真正谦卑？"
真正的谦卑让你在每个细节中都见到真主的手迹与呼唤。

简化的阿拉伯文本，已翻译

第十五章：灵性安宁

真主说："你向谦恭者报喜。"（《古兰经》22:34）

灵性安宁（الإخبات）是心灵在归主中的安住与宁静，是灵魂在主面前完全顺服的状态。

它有三个层次：

1. 初学者的灵性安宁：
- 驯服欲念：以信仰的力量将世俗欲望转化为服从（如通过斋戒来训练心灵）。
- 唤醒疏忽：在分心时以念主词提醒自我，回归神圣的觉知。
- 与主命合一：在崇拜中找到喜悦，而不是在短暂的世俗享受中迷失。

2. 精修者的灵性安宁：
- 坚定意志：即使身处疾病、贫困或困境，也不放弃祈祷和信任。
- 心灵平安：即便遭遇试炼，情绪也不轻易动摇，始终信靠真主。
- 超越考验：面对诱惑或打击，坚定不退，守住心的定力。

3. 至纯者的灵性安宁：
- 宠辱不惊：不为人言所动，所行只为主的喜悦。
- 恒常反观己心：批评他人之前，先照见自己的瑕疵。
- 绝对谦逊：即使面对弱者、罪人或迷失之人，也不生优越之心。

总结与实践建议：
灵性安宁是心灵的庇护所，是你归于真主的港湾。
- 每日清晨祈祷："主啊！使我成为谦恭者"，三遍。
- 记录一项你只为真主而非世人赞誉完成的善行。
- 默想这段经文："你向谦恭者报喜"，并问自己："我是否也在其中？"
真正的安宁，是活出真主所喜悦的你，而非世界所期待的你。

简化的阿拉伯文本，已翻译

第十六章：禁欲

真主说："真主那里的余款，对于你们是更好的。"（《古兰经》11:86）

禁欲（الزهد）是彻底脱离世俗依恋，分为三种：

1. 普通人的禁欲（初学者）：
- 避免可疑事物（即使合法）因恐惧：
  - 他人责备或批评。
  - 社会声誉受损。
  - 类似不道德行为。

2. 特殊者的禁欲（进阶者）：
- 满足于最少衣食以：
  - 腾出时间崇拜与反思。
  - 增强决心与自控。
  - 效仿先知与清廉者的简朴。

3. 精英的禁欲：
- 超越禁欲本身通过：
  - 视所弃之物为无价值（整个世界在真主前微不足道！）。
  - 不在意赞誉或指责。
  - 视万物来自真主 - 不为禁欲或善功自豪。

<u>总结与实践建议：</u>
禁欲非剥夺，而是解放：
- 从小开始：减少一种过度（如衣物或食物）。
- 反思经文："真主那里的余款..." - 自问："我是否以真主喜悦优先于私欲？"
- 阅读："你们应当知道今世的生活，只是嬉戏和娱乐。..."（《古兰经》57:20）并思考："我的禁欲如何使我更近真主"？

简化的阿拉伯文本，已翻译

第十七章：虔敬

真主说："你应当洗涤你的衣服。"（《古兰经》74:4）

虔敬（الورع）是极度谨慎以免触怒真主，

分为三种：

1. 普通人的虔敬（初学者）：
- 避免大罪： 如撒谎或偷窃以保护心灵。
- 增加善行： 每日施舍弥补不足。
- 守护信仰： 远离是非之地（如嘲笑宗教的场合）。

2. 特殊者的虔敬（进阶者）：
- 在合法事物中谨慎： 避免暴食（即使合法）以保护健康与时间。
- 遵守伊斯兰礼仪： 在市场中降低声音避免炫耀。
- 尊重界限： 不开伤害性"玩笑"。

3. 精英的虔敬：
- 完全净化： 避开使心远离真主的事物（如减少社交媒体）。
- 专注与主合一： 休闲时也不分心。
- 避开灰色地带： 放弃高薪但影响礼拜的工作。

总结与实践建议：
虔敬是守护心灵免于隐秘之罪：
- 每日自省： 睡前自问："我今天是否做了触怒真主的事？"
- 选择一个习惯： 减少闲谈或守护目光。
- 反思： "你应当洗涤你的衣服" - 外在洁净反映内心纯净！

简化的阿拉伯文本，已翻译

第十八章：全然奉献

真主说："你应当专心致志地敬事他。"（《古兰经》73:8）

全然奉献（التبتل）是全然脱离干扰专注真主，分为三种：

1. 普通人的奉献（初学者）：
- 切断世俗联系： 放弃追求赞誉、财富或地位。
- 接受前定： 放下对未来的恐惧或对过去的懊悔。
- 无视他人看法： 重视真主喜悦而非他人认可。

2. 特殊者的奉献（进阶者）：
- 心灵摆脱私欲： 抵抗炫耀或攀比的冲动。
- 体验亲近真主： 在祈祷中而非世俗享乐寻喜。
- 看见真主迹象： 崇拜中参悟天地造化。

3. 精英的奉献：
- 绝对专注真主： 即使日常事务中心灵亦专注主。
- 完善灵性正直： 纯净每项举意（无论多微小）。
- 准备后世： 活如每日是今世最后一日。

总结与实践建议：

全然奉献解放心灵枷锁：

- 每日实践： 花 10 分钟思考经文或真诚祈祷。
- 选择一项善行： 仅为真主而行（如暗中助人）。
- 反思："我创造精灵和人类，只为要他们崇拜我。"（《古兰经》51:56）

奉献非逃避生活 - 而是以自由之心生活！

简化的阿拉伯文本，已翻译

第十九章：希望

真主说："希望真主和末日，并且多多记念真主者，你们有使者可以作为他们的优良模范。"（《古兰经》33:21）

希望（الرجاء）是心灵对真主慈悯的依恋，但若转为懈怠则削弱决心。分为三种：

1. 普通人的希望（初学者）：
 - 渴望奖赏： 为乐园努力礼拜与封斋。
 - 崇拜中的喜悦： 在功修中寻找幸福。
 - 逐步弃罪： 因望恕饶而远离罪恶。

2. 特殊者的希望（进阶者）：
 - 追求灵性品级： 通过：
   - 放弃世俗享乐（如减少饮食与闲谈）。
   - 恪守知识与行动（如寻求有益知识）。
   - 严格遵守教法界限（如不延误拜功）。

3. 精英的希望：
 - 渴望见主： 最高希望，表现为：
   - 心灵持续渴望后世见主。
   - 无视浮华尘世。
   - 无近主之甜密则觉生活苦涩。

总结与实践建议：

真正的希望平衡恐惧与渴望：
- 以乐观开始一天： 祈祷："主啊！我渴望你的慈悯，并为不足忏悔。"
- 反思经文： "你们有使者为榜样" - 跟随先知（ﷺ）之道获真正希望。
- 记录希望时刻： 每周写下一次感受真主慈悯的经历。

勿让希望使你懈怠 - 让其驱动行动！

简化的阿拉伯文本，已翻译

第二十章：灵性渴望

真主说："他们以希望和敬畏的心情祈祷我们。"（《古兰经》21:90）

灵性渴望（الرغبة）是心灵渴望亲近真主，超越希望因需持续行动，分为三种：

1. 普通人的渴望（基于知识）：
- 源于知识（知晓功修之贵与罪恶之害）。
- 推动你：
  - 尽力崇拜（如延长叩头）。
  - 避免灵性懈怠（如坚持每日记主）。
  - 拒绝忽视义务的软弱借口。

2. 特殊者的渴望（奉献状态）：
- 表现为：
  - 全力达成目标（如为真主牺牲时间/财富）。
  - 困境中坚定不移。
  - 放弃分散注意力的过度合法事物。

3. 精英的渴望（神圣见证）：
- 全然奉献真主：
  - 无伪的纯净灵性相伴。
  - 面对挑战的不可动摇决心。
  - 与主合一，别无他求。

<u>总结与实践建议：</u>
真正的渴望是行近真主的燃料：
- 设定灵性目标：每月通读古兰经或每周喂养贫困者。
- 每日自省："我今天真的更近真主了吗？"
- 反思："如果我的仆人询问我，我确是临近的。"（《古兰经》2:186） - 真主与你同在每一步！

第三部分：交往

交往部分"包含以下十章:

21. 守护 (الرعاية)

22. 觉察 (المراقبة)

23. 神圣 (الحرمة)

24. 真诚 (الإخلاص)

25. 修心 (التهذيب)

26. 正道坚守 (الاستقامة)

27. 托靠 (التوكل)

28. 委托 (التفويض)

29. 信靠 (الثقة)

30. 顺服 (التسليم)

简化的阿拉伯文本，已翻译

第二十一章：守护

真主说："但他们没有切实地遵守它。"（《古兰经》57:27）

守护（الرعاية）是静心护行，以警觉与真诚守护信仰之道。它分为三类：

1. 行为的守护（功修）：
- 精诚履行：以纯意完成礼拜、施舍，不图众人称赞；
- 视顺从为责任而非荣耀：不以善行为骄；
- 谦卑自持：将一切善行归于真主恩典，不自我标榜。

2. 心境的守护（内在状态）：
- 检视意图：确保崇拜不掺杂炫耀（如封斋出于对主的爱，而非减肥动机）；
- 戒除灵性优越感：不将自己看作"比他人更虔诚"；
- 摆脱自我造像：在人前不塑造"虔诚形象"，脱虚归真。

3. 时间的守护（日常管理）：
- 专注当下：在礼拜时不分神，不被杂念夺心；
- 去除执控心：不因无法掌控未来而焦虑，相信主的安排；
- 活在与主同在的现在：不被过去牵绊，不为未来焦虑，心安于此刻之神临。

总结与实践建议：
真正的守护，是在细节中做主的仆人：
- 每次行动前问自己："这是否出于主喜？"；
- 每日设定一段反省时间（如晡礼后 5 分钟）来回顾初心；

诵读并默想："你应当崇拜你的主，直到死亡降临你。"（《古兰经》15:99）

牢记：真诚是通达主喜悦的秘密之钥！

简化的阿拉伯文本，已翻译

第二十二章：觉察

真主说："他们对信士不顾恤，也不尊重盟约。"（《古兰经》9:10）

觉察（المراقبة）是持续感主之近在，每时每刻活在真主的注视中。此为修心者必经之道，其境界分三：

1. 初学者的觉察：
- 持续走向真主：通过：
  - 心中尊主伟大（如祈祷时思考其伟大）。
  - 将不足之处视为动力（例如，错过一次祈祷后给予更多的施舍）。
  - 视顺从为真主恩赐（如礼拜中谦卑哭泣）。

2. 进阶者的觉察：
- 常觉主之注视，通过：
  - 甘心顺主命运：如生病仍怀感恩不怨；
  - 避无益纷争：不陷入远离主念之辩；
  - 清除使心漂浮之举：行为持重，言语守慎。

3. 精英者的觉察：
- 达至最高灵境：
  - 万象中见主智慧：宇宙即启示，事件皆寓义；
  - 于现象中窥永恒：将瞬时与神意相连；
  - 忘我而唯主存：觉察不再自觉，只存主与其近。

总结与实践建议：

- 觉察是真诚觉醒之眼：
- 每小时花两分钟：默念真主尊名 "الرقيب"（监察者），收心归主；
- 每日提醒自己：写"吾主所见无所逃"或"主在我前"贴于显眼处；
- 默想此经文："难道他不知道真主是监察的吗？"（《古兰经》96:14）
  ——真主与你同在每一呼吸！

简化的阿拉伯文本，已翻译

第二十三章：神圣

真主说："尊敬真主的戒律，在真主那里，对于他是更好的。"（《古兰经》22:30）

神圣（الحرمة）是对真主界限的深刻尊重，分为三种：

1. 普通人的神圣（初学者）：
- 尊重真主的命令与禁令：
  - 非因恐惧（如为避火狱而礼拜）。
  - 非为奖赏（如为进天堂而施舍）。
  - 非为示人（如为赞誉而封斋）。
- 目标：纯粹为真主虔诚。

2. 特殊者的神圣（进阶者）：
- 简单理解经典：
  - 避免对古兰经/圣训的牵强解释。
  - 拒绝夸张描述（如超经文描述天堂/火狱）。
  - 不宣称对宗教的独家理解。

3. 精英的神圣：
- 保护心灵免于隐秘偏离：
  - 防止自信变为对真主的放肆（如拖延忏悔）。
  - 避免将功修喜悦转为对清算的虚假安心。
  - 保护记主时的专注，免受世俗干扰。

总结与实践建议：
真正的神圣是公开与私下都尊重真主：
- 自我审查：行动前自问："这是尊重还是逾越真主界限？"
- 简单阅读经典：勿用哲学复杂化古兰经/圣训。
- 记录：写下三项神圣优先事项（如按时礼拜、孝敬父母）。

神圣非恐惧 - 是对全能主的爱与敬畏！

简化的阿拉伯文本，已翻译

第二十四章：真诚

真主说："真诚的宗教只归于真主。"（《古兰经》39:3）

真诚（الإخلاص）是为真主纯化动机，排除一切非主的念头，是内心完全向主的归属。此状态分为三种层次：

1. 初学者的真诚：

- 行为不挂自我：礼拜等功修不为他人称赞或炫耀；
- 不图回报：施舍时不求感谢或赞美；
- 对行为不自满：视一切顺从为真主所赐，非己功。

2. 进阶者的真诚：

- 对功修心存羞愧：即便努力封斋、礼拜，也常怀"但愿主接受"；
- 隐藏善行：如暗中布施，不留痕迹；
- 承认主恩：所成善行全赖真主之助，无自夸之意。

3. 精英者的真诚：

- 脱离自我察觉：如呼吸般自然行主，无须时刻自检；
- 活作主命之见证者：顺从主意，不加己意；
- 拒绝灵性自饰：即便善行恒久，亦不称"敬主者"或"义人"。

总结与实践建议：

真诚，是善行被接纳的秘密之钥：

- 行动前自问："若无人知晓，我是否仍会全力以赴？"
- 选择隐善：匿名助人、不留痕迹；
- 默念反思："他们只奉命崇拜真主，虔诚敬意。"（《古兰经》98:5）

真主看见人心隐藏的深处！

简化的阿拉伯文本，已翻译

第二十五章：修心

真主说："当它（星宿）没落时，他说：'我不爱没落的。'"（《古兰经》6:76）

修心（التهذيب）是训练自身摆脱恶习与心灵偏离的过程。它分为三个层面：

1. 功修的修炼
- 提升功修质量：
  - 避免无知地礼拜（如不理解祷词含义）。
  - 拒绝形式主义（如机械地记主而心不在焉）。
  - 不断追求提升（如增强礼拜中的谦恭）。

2. 内心状态的修炼
- 管理灵性情绪：
  - 防止因功修之喜转为骄傲（如炫耀封斋）。
  - 摒弃只注重外在的功修（如只注重礼拜动作而忽略其心意）。
  - 避免功利心主导崇拜（如祈祷只为升职发财）。

3. 动机的修炼
- 净化意念：
  - 不为社会压力而功修（如为面子而施舍）。
  - 抵御灵性惰性（如因琐事中断每日读经）。
  - 避免徒劳争论（如陷于毫无益处的玄学讨论）。

总结与实践建议：
修心的目标是将日常行为转为主所喜悦的功修：
- 每天自我评估：问自己，"我的礼拜今天有进步吗？"
- 替代一个不良习惯：如将睡前刷手机改为读两节古兰经。
- 默想经文："凡净化本性的，必定成功。"（《古兰经》91:9）
净化内在，是通往永恒成功的捷径！

简化的阿拉伯文本，已翻译

第二十六章：正道坚守

真主说："你们应当坚定地趋向他。"（《古兰经》41:6）

正道坚守（الاستقامة）是沿着真主之道毫不动摇地前行。

它是灵魂状态的生命之源：如同外在的善功因努力而增长，内在心境也因其而升华。它是从分心之谷通往亲近真主的灵性高地之间的一座桥梁。有三种：

1. 初学者的正道坚守（崇拜的适度）
- 行为上的平衡：
    - 避免过度（如超出能力地连日封斋）。
    - 抵制对赞誉的追求，守护真诚。
    - 遵循圣训，不自创宗教行为。

2. 进阶者的正道坚守（心灵纯净）
- 拒绝表面化的灵性表现：
    - 以纯净之心体会信仰实质（如在礼拜中如见真主）。
    - 不自称掌握超自然知识。
    - 持续保持灵性警觉，觉察并清除负面念头。

3. 精英的正道坚守（灵魂的完全解放）
- 超越自我：
    - 忘记"我在坚守"（只是为主而活，不执着于自己的表现）。
    - 停止追求虚幻的完美（完美只属于真主）。
    - 体悟：一切正道上的力量来自真主，完全托靠于祂。

总结与实践建议：
正道坚守不是完美主义，而是始终如一的信仰忠诚：
- 每日祷词：念 "主啊！求你坚定我的心于你的宗教"。
- 建立小习惯：如每日坚持两拜早上（杜哈）拜。
- 默想古兰经："他们说：'我们的主是真主'，然后遵守正道的人。"（《古兰经》41:30）。并且想一想：坚守信仰的人将获得重大的报酬！

简化的阿拉伯文本，已翻译

第二十七章：托靠

真主说："如果你们是信士，那么，你们应当托靠真主。"（《古兰经》5:23）

托靠（التوكل）是把一切事务交由真主——真正的拥有者——全然顺服地信赖祂的安排与智慧。

这一境界对普通人而言是艰难的，因为它要求彻底的放下与顺服；但对真诚的信士而言，却是容易的——他们深知：唯有真主掌控天地间一切，世间无人有自主权。

托靠的三个层次（适用于所有人）

第一层：
在努力追求表面手段（如工作、治疗）的同时，托靠真主；但意图不是以此成功，而是让心灵有所忙碌，并服务他人。

第二层：
托靠时放下对目标的执着（不焦躁地祈祷），也不沉溺于手段；如此训练心灵，专注于功修与信仰职责。

第三层：
当人确信"一切归真主所有"时，心中甚至无需刻意"托靠"——因为他已知：唯有真主独掌一切，心灵遂从掌控欲中得解脱。

真正的顺服，是内心确认真主是唯一的支配者，而人类一无所控。

<u>总结与实践建议：</u>
* 托靠不是口头语，而是由"真主足以为我"的信心所滋养的依赖。

- 从生活小事训练托靠：
  - 出门时说："真主于我足够"。
  - 面对机会的失去，不焦虑，不抱怨。
- 若你仍对手段有所依赖，不要灰心——灵魂需要反复锻炼。
- 研读《古兰经》中关于托靠的章句，尤其：
  "谁托靠真主，真主足以为他"（《离婚章》3）
  "当你下定决心，就托靠真主吧"（《仪姆兰家属章》159）

每一次放手，都是让真主接管的机会——而这，正是自由心灵的开始！

简化的阿拉伯文本，已翻译

第二十八章：委托

真主说："我把我的事情委托真主，真主确是明察众仆的。"（《古兰经》40:44）

委托（تفويض）是真正地将一切事务毫不犹豫地托付给真主。它比"托靠"更高，因为托靠还依据外在手段，而交托是在手段之前与之后的完全顺服。这是灵性正直的核心。

信托的三个层次：

第一层：
承认自己并无能力保障任何结果。因此，
- 不以努力自傲（如认为行为可保你免受天命），
- 不因失败而失望，
- 不仅依赖良好动机。

第二层：
深知自身的全然无能。于是你明白：
- 无行为可保你得救（如单靠礼拜而无敬畏之心），
- 无罪可注定你灭亡（因赦宥在主掌握），
- 无手段值得你贪恋其结果。

第三层：
以心见证：真主独掌灵性之"隔离"与"合一"。
- "隔离"是远离真主的体验，如迷茫、压抑、困惑；
- "合一"是亲近真主的体验，如安宁、清明、内心宁静。
  真主使人交替其间，正是为了净化信仰与心灵。

总结与实践建议：
- 交托并非放弃努力，而是放弃自我控制的执念。以祷词"真主于我足够，祂是最佳的托付者"开启一天。
- 默想《人章》第 30 节："你们不欲循正道，除非真主欲使你们如此"。
- 若你正经历灵性低谷（تفرقة），它是主为你清洗心灵的阶段；若你正处安宁状态（جمع），那是主的恩赐。
- 诵读《开端章》（الفاتحة）时，多次默念："我们只崇拜你，只求你佑助"—— 让你在每一刻都回归真主的照看与安排。

简化的阿拉伯文本，已翻译

第二十九章：信靠

真主说："如果你怕他受害，就把他扔到河里。"（《古兰经》28:7）

信靠（الثقة）是托靠（توكل）之灵魂，交托（تفويض）之根基，也是顺服真主的核心。

它不仅是安宁，而是一种深信：无论我们是否看清智慧，真主的安排皆为美好。

信靠的三个层次：

第一层：放弃抵抗
彻底放下改变命运的幻想，不再与天命争辩，也不再做出违逆真主智慧的冲动决策。

第二层：免于恐惧
内心得到彻底安稳：你不再害怕失去任何真主为你注定之物。你或感到满足的安宁，或体会到来自真主的富足保障，或拥有如山般坚定的耐心。

第三层：以心见真主掌管一切
你用内心之眼见到：真主是一切事务的第一管理者。
你不再困于人为筹划的迷茫，也不再因依赖手段而疲惫，而是将一切交予真主，全然安然。

总结与实践建议：
- 真正的信靠是真诚地活在当下，仿佛你亲眼看见真主之手安排每一细节。
- 从小事练起：若为生计或健康担忧，反复念诵："真主于我足够，除祂外再无主宰。我信靠祂。"（参见《离婚章》65:3）
- 默想："真主足为监护者。"（《妇女章》4:81）
- 不必过度忧虑与计算。以敬畏之心诵读《故事章》(سورة القصص)，记住：穆萨之母将他投入河中，是因信靠；而真主亲自守护他。
- 信靠是每日的灵性操练。让你的心，成为信仰安住的港湾。

简化的阿拉伯文本，已翻译

第三十章： 顺服

真主说："以你的主发誓，他们直到请你判决他们之间的纷争，而他们的心里对于你的判决毫无芥蒂，并且完全顺服，才算是信士。"（《古兰经》4:65）

顺服（التسليم） 是回应真主的顶峰。它与信靠（الثقة）和托付（التفويض）同属依赖真主的本质，但顺服是一般行者中最崇高的境界。

顺服的三个阶段：

第一阶段：
接受那些违背人类理性之事（如未见之事），顺从理智难以理解的命运安排（如时局变幻），回应心灵中令人敬畏的召唤（如牺牲世俗安逸）。

第二阶段：
舍弃对抽象知识的执着，转而依靠内心的体验（如以谦逊代替争论）；放下形式的束缚，追寻灵性的真义（从表面礼仪走向灵魂的本质）。

第三阶段：
将自己的意志完全融入真主的意志之中，至此，你甚至不再察觉自己在"顺服"，因为你已见证：真主是那位使你归顺者，而你只是祂意志的一面镜子。

总结与实践建议：

- 顺服是真诚地将所有"为何"和"如何"交由真主安排。
- 从接受艰难的命运安排开始练习：心中平静地接受，并默想经文："当真主及其使者判决一件事时，信士男女不应有选择余地。"（《同盟军章》33:36）
- 若你面临巨大的考验，回忆先知优努斯在鱼腹中的祈祷："除你外，绝无应受崇拜者，我确实是自欺的人。"（《众先知章》21:87）——真主应允了他并给予拯救。
- 每次礼拜后念："主啊！求你不要片刻让我独自承担"，并坚信：真主为你安排的一切，皆为最美好的归宿。

第四部分：道德修养

道德修养（الأخلاق）部分包含以下十章：

31. 忍耐（الصبر）
32. 满足（الرضى）
33. 感恩（الشكر）
34. 羞耻心（الحياء）
35. 真实的忠诚（الصدق）
36. 利他（الإيثار）
37. 美德（الخلق）
38. 谦逊（التواضع）
39. 侠义之德（الفتوة）
40. 心灵的开放（الانبساط）

简化的阿拉伯文本，已翻译

第三十一章： 忍耐

真主说："你当忍耐，你的忍耐只赖真主的佑助。"（《古兰经》16:127）

忍耐（الصبر） 是在内心痛苦中控制自己，不诉苦、不急躁。对普通人而言，这是通往真主之爱与真诚信仰中最艰难的旅程之一——仿佛穿越一条孤寂却光明的道路。

忍耐的三个层次：

第一层：忍耐远离罪恶
避免罪行是出于对真主惩罚的敬畏，或因对真主的羞愧。这种忍耐保护信仰，维护心灵的清洁。

第二层：忍耐履行功修
持之以恒地完成功修（如礼拜与封斋），保持真诚，并学习其细节以不断优化。

第三层：忍耐考验
以三把钥匙面对苦难：
- 记住忍耐者所获的巨大回赐。
- 怀着信念等待真主的援助与解脱。
- 将考验与过去的恩典相比，使痛苦减轻、心灵柔和。

《古兰经》对此有三重指导：
- 「你们当忍耐」（面对考验）
- 「你们当克制」（远离罪恶）
- 「你们当坚持」（履行功修）——（《古兰经》6:200）

忍耐的三个信仰层级：

- 为真主而忍（一般人）：因恐惧或奖赏而忍。
- 借真主而忍（求道者）：借助真主的力量与怜悯而忍。
- 在真主之中而忍（修行者）：视考验为灵魂提升的恩典而忍。

<u>总结与实践建议</u>：

忍耐不只是"等待"，而是一所培育信仰的学校。

- 第一步：每天避免一项罪（如说人坏话注 1 注 1），并默想火狱的惩罚。
- 第二步：守住晨礼，提升你的净礼质量或礼拜专注度。
- 第三步：若你心中郁闷，列出真主赐予你的三项恩典，并诵读："的确，艰难之后必有容易。"（《古兰经》94:6）

常念：
"主啊！求你助我记念你、感谢你、完美地崇拜你。"

简化的阿拉伯文本，已翻译

第 三十二章： 满足

真主说："你喜悦地归于你的主吧！"（《古兰经》89:28）

满足（الرّضى） 是完全接受真主安排的内在状态，无抱怨、无抗拒、无更改之求。它是关闭抱怨之门的钥匙，是修行者不可或缺的核心条件。

满足的三个层次：

第一层：普通人的满足

- 接受真主为唯一主宰，拒绝一切偶像崇拜。
- 实现条件包括：
    - 真主在心中是最被热爱的。
    - 真主被尊崇超过一切。
    - 真主的命令优先于一切人我欲望。
- 此满足能净化心灵，避免陷入大拜他物之罪 （الشرك الأكبر）。

第二层：顺服真主的安排

- 对真主的定夺无论表面好坏，都内心安然地接受。
- 实现条件包括：
    - 对恩典与考验持平等之心。
    - 不为命运埋怨他人或争执。
    - 停止企图更改天命。
- 此满足标志着亲近真主之道的起点。

第三层：以真主的喜悦为唯一目标

- 放下"我喜欢什么"，只寻求"真主喜欢什么"。
- 在此阶段，即使是天堂与火狱的归宿，也不再成为执念——因为真主的喜悦已成你唯一的渴望与归宿。

<u>总结与实践建议</u>：

- 满足不是消极的屈服，而是内心力量之源，它能让你在每一种境遇中发现真主的美意。
- 第一层：每日念："我喜悦真主为我之主，伊斯兰为我之宗教"，并参悟："诚心归顺真主且行善者，确已把握坚固的把柄。"（鲁格曼章31:22）
- 第二层：若遇逆境，念："一切情况赞颂真主"，并重温先知安优卜的祈祷："厄运确已伤害我，你是最仁慈的。"（众先知章21:83）
- 第三层：每天诵读："真主喜悦他们，他们也喜悦祂。"（筵席章5:119），反思你是否也喜悦真主对你的安排？自问："我的行为是否使真主满意？"——让这个提问成为你校正意图之镜。

简化的阿拉伯文本，已翻译

第三十三章： 感恩

真主说："我的仆人中，感恩者确是很少的。"（《古兰经》34:13）

感恩（الشكر）是认知与承认真主恩赐的过程，是通向"认识赐予者"的道路。

感恩的三个支柱：

1. 认知恩赐：意识到一切都是来自真主的恩惠。
2. 接纳恩赐：将其用于服从真主，而非自私享乐。
3. 以之赞主：以心、言、行三者赞美真主。

感恩的三个层次：

第一层：在恩赐中感恩

为可见的福分（如健康、财富）感谢真主。即便非穆斯林亦能实践此类感恩，真主仍会接受，并厚赐其回报。

第二层：于试炼中的感恩

在困境与苦难中，感恩的表现是内心的顺服、口中的沉默。

此类人隐藏痛苦以守礼，向真主表达完全的满意，是真主最先邀请进入天堂的群体。

第三层：内心的感恩而非表象感恩

在任何情境中，不执着于恩典或灾祸，而专注于赐予者本身。

此时，内心得以融入对真主的爱，无论顺境或逆境，皆视其为智慧的显现。

总结与实践建议：

真正的感恩，是在一切事物中感受真主的恩手。

- 每天以"一切美善皆凭真主恩典而成"开始你的清晨。
- 第一层：每天写下三项你未曾注意过的恩赐，诚心感谢真主。
- 第二层：遭遇困难时，念："一切情况赞颂真主"，并默诵："如果你们感恩，我必加倍你们的福分。"（《易卜拉欣章》14:7）
- 第三层：改变你的提问方式——不问："为何是我？"，而问："真主在其中欲显之智慧是什么？"

简化的阿拉伯文本，已翻译

第三十四章：羞耻心

真主说："难道他不知道真主在监视吗？"（《古兰经》96:14）

羞耻心（الحياء）是因敬畏真主之注视而止步于罪恶的美德，是亲近真主者的入门钥匙。

羞耻心的三个层次：

第一层：觉察中的羞耻
源于对真主时刻注视的意识。此种羞耻促使你远离罪行，使你厌恶罪恶本身，并让你止住抱怨，保持内在的清洁。

第二层：亲近中的羞耻
来自与真主之间深切的灵性联系。这种羞耻促使你宁愿选择独处、与真主为伴，也不愿沉溺于人群之中。你感受到的，是来自主的安宁与陪伴。

第三层：敬畏中的羞耻
源自对真主临在的深切感受。这种羞耻使你在祂面前失语，不敢离开祂的临在，也无从想象祂的终点——因祂无始无终、至高无上。

总结与实践建议：
羞耻心是一道防护墙，挡在你与罪恶之间。
- 第一层：行动前默念："真主在注视我"，并默想《古兰经》："真主确是监视你们的。"（《妇女章》4:1）
- 第二层：每日预留片刻独处时光（如上午拜或独自祈祷），训练心灵感知主的临在。
- 第三层：睡前诵读《国权章》（67 章），默观真主创造诸天的庄严，祈祷说："主啊！赐我羞耻心，使我不敢违抗你。"

简化的阿拉伯文本，已翻译

第三十五章： 真实的忠诚

真主说："当事情被决定的时候，假若他们忠于真主，那对于他们是更好的。"
（《古兰经》47:21）

真实的忠诚（الصدق） 是让你的行为与意图完全符合你对真主的信仰——它是
一切善行的根基与核心。

忠诚的三个层次：

第一层：意图的真实
净化你的意图，仅为真主而行动，不为炫耀、不为世俗利益。
其表现包括：信守承诺、远离误导你的人、不间断地追求善行。

第二层：纯粹的真实
只为真理而活，时常承认自己的不足，从不怠慢对真主的义务。这是去除自
我、全心投入信仰的诚实。

第三层：全然一致的真实
你的行为与内在状态完全契合真主的喜悦。此时，祂的满意成为你唯一的推动
力；即便是你最虔诚之举，你也自觉不完美，因为你深知——完美只属于真
主。

总结与实践建议：
真正的真实，是在每一步中都见证真主的在场与意志：
- 第一层：行动前先问自己："我为何这样做？"并反思《古兰经》所言：
  "带来真理并信从它者，确是敬畏者。"（《队伍章》39:33）
- 第二层：每日写下一项你承认的错误，并为之求饶恕。
- 第三层：把你的焦点从"如何取悦人？"转变为"我今日的所作所为，是否
  取悦真主？"

$$\boxed{\textbf{简化的阿拉伯文本，已翻译}}$$

第三十六章： 利他

真主说："他们虽有急需，也愿把自己所有的让给那些教胞。"（《古兰经》59:9）

利他（الإيثار） 是将他人的利益置于自身之上，即便自己亦有所需。它是心灵自我克服的一种崇高品德，是通向真主悦纳的重要桥梁。

利他的三个层次:

第一层：对人的利他

- 在合法事务中优先他人，前提是：
    - 不违背教法;
    - 不浪费时间与精力。
- 可通过以下方式培养：
    - 尊重他人权利;
    - 摒弃吝啬;
    - 追求高尚品德。

第二层：为取悦真主而利他

- 选择真主的喜悦胜于人的赞誉，即便因此遭受损失或责难。
- 培养方式包括：
    - 净化自私;
    - 理解伊斯兰的本质是全然顺服;
    - 经得起考验与艰难。

第三层：超越占有的利他

- 认识到一切所有权皆归真主，即使自己施舍，也只是传递真主旨意的载体;
- 至此，不再将行善归功于自己；自我隐退，不求奖赏、不惧非议——你明白：真正施予的，是真主。

总结与实践建议：

- 第一层：将你所需的物品（如食物或时间）施予更需者，默想："你们所施舍的美物，将在真主那里得到更好回报。"（《黄牛章》2:110）
- 第二层：做出能取悦真主的决定，即使会得罪他人（如拒绝贿赂、捍卫弱者），参悟："真主喜爱行善者。"（《仪姆兰的家属章》3:134）
- 第三层：每日默想："天地的主权，只是真主的。"（《仪姆兰的家属章》3:189），自问："我真的拥有任何东西吗？如果不是主所赐，我能施予什么？"

简化的阿拉伯文本，已翻译

第三十七章：美德

真主说："你确是具备一种伟大性格的。"（《古兰经》68:4）

美德（الخُلُق），是苏非修行的精髓，综合为行善与避恶。其基于三大支柱：知识（伦理）、慷慨（施舍）、坚韧（逆境）。

美德的三个层次：

第一层：理解人性限度

- 认识人的局限与定数，避免对他人有不切实际的期望。
- 这一层的果实：
    - 他人感到免受你伤害；
    - 他们爱你；
    - 你成为他们得引导的媒介。

第二层：改善与真主的关系

- 承认过错需尤悔，真主的恩典需感恩。
- 到达这一层，你常常满足于真主的定达，不再观看自己作为之完美。

第三层：超越常规道德

- 道德经过纯化，善行成为你自然的一部分，无需努力强为。
- 后来，你超越了社会道德的人为利对错，因为你的行为是直接源自于与真主的联系。

总结与实践建议：

- 第一层：对与你抱怪的人表现友善，记住先知"我被正是为了完善美德而被法送的。"
- 第二层：每晚写下一件认错事件和一项感谢真主的恩典。
- 第三层：为了美德礼拜两拜，精诗"宿室章"，尤其是："在真主看来，你们中最尊贵者是最敬畏者。"（《哈吉拉特章》49:13）

简化的阿拉伯文本，已翻译

第三十八章：谦逊

真主说："至仁主的仆人是在大地上谦逊而行的人。"（《古兰经》25:63）

谦逊（谦卑之德 التواضع）是完全顺服真主的意志，远离自傲与无益的争辩。它是信士灵性道路上的冠冕。

谦逊的三个层次：

第一层：对宗教的谦逊

- 完全接受神圣律法，不以个人逻辑或偏见对抗经典启示。
- 要实现此层次，应：
    - 坚信救赎在于顺从启示而非争辩；
    - 深信正直即为平安之路；
    - 明白神圣真理超越人类理性。

第二层：对众生的谦逊

- 接纳他人如其所是，认可真主为其安排的地位；
- 不以恶还恶，接受悔意与道歉；
- 以仁慈待敌对者，因他们亦是真主的仆人。

第三层：对真理的谦逊

- 舍己见以从主意：
    - 在服侍真主中放下主张；
    - 在人际中不执于索取；
    - 在礼拜中自我消融，不见己之功德，只见主恩。

总结与实践建议：

- 第一层：每日诵读"他们在大地上谦逊而行"，设想自己如顶《古兰经》般敬畏行走。
- 第二层：若受委屈，默念："主啊！赦宥他，他并不知"，铭记先知 ﷺ 所言："谁为主谦卑，真主必使他崇高。"
- 第三层：每日夜问："我今日所为，是否全为主意？"并用心阅读"鲁格曼章"，特别是："莫以傲气待人，勿在地上趾高气扬地行走。"（《鲁格曼章》31:18）。

简化的阿拉伯文本，已翻译

第三十九章：侠义之德

真主说："他们是几个青年，信仰他们的主，而我给他们增加正道。"（《古兰经》18:13）。

侠义之德（الفتوة）是灵性高贵的精髓，其核心是放下自我、超越自利、不执著于个人权利。

三个层次的侠义精神：

第一层（基本宽容）：
避免争执，忽视他人过失，忘却曾经遭受的伤害。

第二层（积极宽恕）：
主动亲近疏远者，善待曾伤害你的人，甚至向冤枉你的人表达歉意——这并非压抑愤怒，而是源于内心的纯净。

第三层（完全超脱）：
不再依赖抽象理性逻辑（即未获启示或导师指导的独立推理），不求回报，不执著于礼拜的外在形式。在此状态下，你的行为出自纯粹的灵性连接，而非任何自我期待。

灵性警醒：
- 若一个人需要中间人才能原谅敌人，或无法亲口道歉，那他尚未真正领悟侠义之德。
- 若仅依赖抽象逻辑（无启示与导师引导）去理解神圣实相，那他无资格自称"有侠义精神"。

总结与实践建议：

- 第一层：列出你近期三次生气的情境，并用宽容的眼光重新分析。
- 第二层：向伤害你的人赠送一份象征性礼物，默念："善与恶不能相等，你要以最美的行为回应恶行。"（《奉绥来特章》41:34）
- 第三层：为忘我之心礼拜两拜，并深思《山洞章》中那群青年不畏艰难、坚守信仰的精神。

简化的阿拉伯文本，已翻译

第四十章：心灵的开放

真主说："难道你要为我们中的愚人的行为而毁灭我们吗？这只是你的考验 - 你使你所意欲者误入歧途，引导你所意欲者。"（《古兰经》7:155）。

心灵的开放（الانبساط）是心灵的纯净及与众生和真主无拘的互动。

分为三个层次:

第一层（对众生的开放）:
  - 简单慷慨待人，摆脱自私或患得患失。
  - 毫不犹豫奉献时间与资源，接纳他人缺点，坚信真主是供给者。
第二层（对真主的开放）:
  - 摆脱对惩罚的恐惧或对奖赏的贪婪，如密友般与真主交流。
  - 此刻，物质因果或人际纽带皆无法阻碍你与真主的联系。
第三层（收敛中的开放）:
  - 达到内心平和，无需努力"开放"，因心灵永连真主。
  - 至此，"开放"与"收敛"界限消失；你在神圣宁静中安歇，无需外在表现。

 总结与实用建议:
心灵的开放是如蝴蝶般轻盈生活。通过以下方式训练自己:

- 第一层：无私帮助陌生人，参悟："你们所施舍的任何美物，都将获得全额报酬。"（黄牛章：272）。
- 第二层：为亲近真主如友礼两拜，并念："主啊！求你使我成为受恩感恩、遇考验坚忍的人。"
- 第三层：以敬畏之心诵读"雷霆章"(13)，尤其："他们信道，他们的心境因纪念真主而安静。真的，一切心境因纪念真主而安静。"（雷霆章：13:28），每日重复："真主于我足够，祂是最好的信托者！"百遍。

第五部分： 根本原则

根本原则部（قسم الأصول）分包含以下十章:

41. 举意 （القصد）
42. 笃志 （العزم）
43. 意志 （الإرادة）
44. 礼节 （الأدب）
45. 确信 （اليقين）
46. 亲近 （الأنس）
47. 赞念 （الذكر）
48. 属灵贫乏 （الفقر）
49. 真正的富足 （الغنى）
50. 被选者的品级 （مقام المراد）

简化的阿拉伯文本，已翻译

第四十一章：举意

真主说："谁为主道而迁移，中途死亡，真主必报酬谁。"（《古兰经》4:100）。

举意（القصد）是坚定不移顺服真主的决心，分为三个层次:

第一层（初步举意）：
 - 形成纯洁的意图，训练消除犹豫，远离世俗动机。
 - 例如：为真主举意封斋，避免炫耀。

第二层（严肃决心）：
 - 无视障碍的决心，克服困难，简化挑战。
 - 例如：尽管分心仍坚持功修，拒绝薄弱借口。

第三层（完全举意）：
 - 完全顺服真主意欲，立即响应祂的命令，沉浸于神圣之爱直至自我消融。
 - 至此，仆人感到其行为仅是主意的反映。

 总结与实用建议:
真正的举意是指引每一步迈向真主的指南针。通过以下方式训练自己:

* 第一层：每日清晨写下一项真诚举意（如帮助他人或诵读古兰），参悟："有人为求真主的喜悦而自愿捐躯。"（黄牛章：2:207）。
* 第二层：若想推迟善行，则祈祷："主啊！求你助我记念你、感谢你、完美崇拜你。"并立即行动。
* 第三层：每日静坐 5 分钟，自问："此刻所为取悦真主吗？"参悟"蜘蛛章"(29)，尤其："凡奋斗者，都只为自己而奋斗。"（蜘蛛章：29:6）。

简化的阿拉伯文本，已翻译

第四十二章：笃志

真主说："当你决意行事，就当信托真主。"（《古兰经》3:159）。

笃志（العزم）是意愿的实际落实，无论其源自主动或顺服，皆为朝向真主的道路。

其分为三个层次：

第一层（基本笃志）：

- 拒绝灵性停滞，主动寻求神圣知识。
- 保持内心信仰之光不灭。
- 以坚毅意志抗拒私欲驱动。

第二层（进阶笃志）：

- 全然沉浸于观察真主的宇宙迹象。
- 慧眼开启，得以清晰洞见真理之道。
- 聚合内在诸力，坚守正道不移。

第三层（纯粹归顺之志）：

- 理解内心深处促发"笃志"的动机（如求奖或避罚）。
- 超越以人为主的努力，转而完全依赖真主的引导与托靠。
- 达到行为自然流露，皆为顺服真主，无需强作，无求回报。

总结与实用建议：

真正的笃志是使心志成为通主之桥，将内在意愿导向主的恩典。透过以下训练：

- 第一层：每日清晨花 5 分钟诵读"当你决意行事，就当信托真主"（《仪姆兰的家属章》3:159），并写下一件你今日将坚持履行的决意（如不背谈、善行援助）。
- 第二层：为求坚定礼两拜，参悟："为我而奋斗者，我必引导他们我的道路。"（《蜘蛛章》29:69）。
- 第三层：于每日所行之前，静问己心："此行是否为主？"并以虔诚之心诵读"开拓(舍拉哈)章"（94 章）。

简化的阿拉伯文本，已翻译

第四十三章：意志

真主说："你说：每个人依自己的方式行事。"（《古兰经》17:84）。

意志（الإرادة）是趋近真理的驱动力，分为三个阶段：

第一层（基础意志）：
- 通过有益知识戒除恶习。
- 真诚联系清廉者，切断使人分心的关系。

第二层（进阶意志）：
- 超越对短暂灵性状态（如喜或忧）的执着。
- 在一切境遇中享受与真主的亲密，平衡考验与恩典。

第三层（完全意志）：
- 全然投入功修同时保持正直。
- 持续精进道德，直至行为自然反映信仰。

<u>总结与实用建议：</u>
真正的意志将欲望转化为接近真主的动力。通过以下方式训练自己：

- 第一层：写下欲戒除的恶习（如延迟礼拜），并搭配积极行为（如每日读经）。参悟："真主不改变一个民族的状况，除非他们自我改变。"（雷霆章：13:11）。
- 第二层：若灵性低潮，礼两拜并重复："众心的主宰啊！求你使我的心安定于你的教门。"
- 第三层：每日自问："我对今日的品德满意吗？"参悟"故事章"(28)，尤其："我的成功唯凭真主。"（故事章：28:56）。

简化的阿拉伯文本，已翻译

第四十四章：礼节

真主说："他们是遵守真主法度的。"（《古兰经》9:112）。

礼节（الأدب）是通过理解越界的危害，在极端间保持平衡。分为三个层次：

第一层（情感调节）：
- 防止恐惧变为绝望。
- 抑制过度希望成为傲慢。
- 控制喜悦避免鲁莽。

第二层（灵性提升）：
- 将恐惧转为敬畏（收敛）。
- 提升希望为信赖真主仁慈（扩展）。
- 精炼喜悦为沉思造物主伟大（见证）。

第三层（自然礼节）：
- 无需造作地理解礼节。
- 达到品德内化的境界，如真主的馈赠。
- 摆脱义务之累，因礼节已成天性。

 总结与实用建议:
真正的礼节是行为反映纯洁心灵。通过以下方式训练自己：

- 第一层：每日观察情绪，自问："我对真主的恐惧引向希望还是绝望？"
  参悟："你们当敬畏真主，真主教诲你们。"（黄牛章：2:282）。
- 第二层：为平衡之恩礼两拜，参悟"放逐章"(59)，尤其："你们不要像那些忘却真主的人，故真主使他们忘却自身。"（放逐"哈舍拉"章：59:19）。
- 第三层：睡前写下你喜爱的三项品德，并感谢真主。

简化的阿拉伯文本，已翻译

第四十五章：确信

真主说："大地上对于笃信者有许多迹象。"（《古兰经》51:20）。

确信（اليقين）是对真主不可动摇的信任，将信仰转化为切实现实。

分为三个阶段:

第一阶段（知识性确信）：

- 相信可见真理（如通过造化认知真主）与未见真理（如复生日）。
- 例如：确信心脏跳动源于真主意志，即便未见其手。

第二阶段（视觉性确信）：

- 从理论信仰转向心灵见证，如未见火而知其热。
- 至此，怀疑消散，信仰如光驱散所有阴影。

第三阶段（终极真理确信）：

- 将信仰体验为存在现实，神圣临在淹没你，直至你的意志融入祂的意志。
- 至此，你觉万物赞主，自身亦融入这赞颂中。

结与实用建议:

确信是在万物中见主之手。循序渐进开始旅程:

- 第一阶段：每日沉思宇宙迹象（如天空或植物），并诵："我们的主啊！你没有徒然地创造这个世界。"（仪姆兰的家属章：3:191）。
- 第二阶段：每天 10 分钟思考真主美名及其在你生活中的体现。
- 第三阶段：以敬畏之心诵读"播种者章"(51)，想象万物赞颂，并祈祷："主啊！求你使我成为确信者。"

简化的阿拉伯文本，已翻译

第四十六章：亲近

真主说："如果我的仆人询问我，[你告诉他们] 我确是临近的……"（《古兰经》2:186）。

亲近（الأنس）是与真主亲密的核心，分为三个层次：

第一层次：通过迹象亲近

心灵在记念真主中获得喜悦，通过他的言辞滋养自身，并深思万物中的神圣迹象。如同孩子因玩具而快乐，信士因记念主而喜悦。

第二层次：通过启示之光亲近

在此阶段，心灵通过信仰之光感知隐秘的真理。然而，此阶段伴随精神动荡与在神圣之爱中消融的感觉。理智无法分析，耐心减弱，世俗知识消退。与此相关的祈祷是："主啊！求你赐我渴望见你，不伴随苦难或迷误。"

第三层次：在神圣临在中消融的亲近

信士达到一种状态：在真主的威严前，自我意识消失。无法用言语描述、无法界定、无法完全理解 - 这是无与伦比的宁静的神圣馈赠。

结与实用建议：
与真主亲近是精神的旅程：始于记念，通过信仰提升，最终抵达绝对的宁静。

- 坚持记念真主（少言寡语除非是善言，让舌头因记主而湿润）。
- 深思《古兰经》经文，如："信道而心境因记念真主而安静的人，真的，一切心境因记念真主而安静。"（《古兰经》13:28）。
- 保持耐心；亲近是一步一步实现的。你越爱真主，与他的亲密就越深。

简化的阿拉伯文本，已翻译

第四十七章：赞念

真主说："当你忘记时，你应当记念你的主……"（《古兰经》18:24）

赞念（الذِّكر）是摆脱疏忽与遗忘的灵性觉醒，它分为三个层次：

第一层次：口念（显性记念）

- 包括口头上的赞颂、祈祷、或诵读《古兰经》。
- 如旅人呼唤向导般，信士通过舌头赞念主，保持心灵与主的联系。

第二层次：心念（内在记念）

- 记念转入内心，成为灵魂深处的持续对话。
- 信士放弃精神懒散，时时刻刻保持对真主的觉知，如与挚友密谈般不间断的心中默念。

第三层次：真念（神赐之念）

- 信士领悟：在他念主之前，主已忆他、眷顾他。
- 此时，个人的主动意识逐渐消退，心中明白：一切念主的能力本是真主的赠赐。

<u>结与实用建议</u>：

- 赞念真主是对抗遗忘的武器，是心灵食粮。
- 将赞念培养为每日习惯（如清晨、傍晚、工作中）。
- 深思《古兰经》中的提醒："信士们啊！你们应当常常记念真主。"（同盟军章 33:41）
- 不要满足于口头重复；让念主之心自然流露。你越能与真主同在，你对赞念的喜悦就越深。

简化的阿拉伯文本，已翻译

第四十八章：属灵贫乏

真主说："人们啊！你们才是需求真主的……"（《古兰经》35:15）

属灵贫乏 （الفقر），是真正摆脱"自我拥有"幻觉的觉醒，是灵魂深处对真主的彻底依赖。

第一层次：弃世者的贫穷
- 断绝对今世物质与欲望的牵挂，无论是占有还是渴望。
- 不以今世为谈资，无论褒贬。
- 如旅人卸下行囊以轻装前行，弃世者放下尘劳，专注归主之道。

第二层次：回归神圣恩典
- 停止依靠自身行为，明悟一切恩典皆来自主的赐予。
- 不再以灵性阶位自傲，也不执着于灵境与变化。
- 如旅人忘记旅途劳苦，只忆明导之恩。

第三层次：苏菲之贫（灵性真贫）
- 达至完全依赖真主之境，自我意志消融于神圣剥离中。
- 活在主的掌握中，无所凭依，惟有信托。
- 如婴儿信赖慈母，灵魂毫无凭恃，唯主是依。

总结与总结与实践建议：
向主的贫穷是摆脱虚妄、迈向确信的关键之门。

- 常常提醒自己："真主是无求的，你们才是需求的。"（《古兰经》47:38）
- 不要被自己的努力所迷惑；一切善行皆是主的恩典。
- 以感恩而非自我接近真主；你越觉自身贫乏，越获真主仁慈的丰盈。

简化的阿拉伯文本，已翻译

第四十九章：真正的富足

真主说："他曾发现你贫穷，而使你富足。"（《古兰经》93:8）。

真正的富足（الغنى）源于接近真主的深刻满足，分为三个层次：

第一层次：心灵的富足

心灵从物质依赖中解脱，接受真主的安排而无抗拒，避免争论。如同农夫辛勤耕作却将收成托付真主的慈悯 - 不惧雨水迟来或稀少，因知给养唯在真主手中。

第二层次：灵魂的富足

灵魂顺服真主，放弃惹怒祂的行为，行事毫无虚伪。如诚实的商人满足于合法利润，灵魂在真诚中寻得富足。

第三层次：通过神圣的富足

此最高阶段分为三阶：
- 第一阶：感知真主时刻记念并关怀你。
- 第二阶：恒常沉思真主是"无始的第一"。
- 第三阶：消融于真主存在的觉知中，唯祂足矣。

总结与总结与实践建议：

真正的富足不在财物，而在接近真主。

- 铭记："大地上的动物，没有一个不是由真主担负其给养的。"（《古兰经》11:6）。
- 如农夫般勤奋，但将结果托付真主。
- 深思《古兰经》，尤其是："与艰难相伴的，确是容易。"（94:6）。你对真主的信任越深，灵魂就越富足。

简化的阿拉伯文本，已翻译

第五十章：被选者的品级

真主说："你并未希望过这部经典会降示于你……"（《古兰经》28:86）。

被选者的品级（مقام المراد）是真主赐予特定仆人的殊荣，超越普通寻求者。

分为三个层次：

第一层次：神圣保护

真主保护仆人免于偏离，即使面临考验 - 如减少欲望、阻断世俗享乐、或强行关闭罪恶之路。如溺水者因神圣干预获救。

第二层次：尊荣与修正

真主消除仆人的缺点，护佑其免于罪恶，赐予纠正错误的能力。如为苏莱曼以风代马，或宽恕穆萨而未严厉责备 - 彰显其崇高地位。

第三层次：神圣拣选

真主选择并净化仆人专属于他。如拣选外出取火的穆萨为先知，或引导某人踏上唯被选者可行之路。

总结与实用建议：

被选者的品级是神圣馈赠，提醒我们真主以慈恩选择意欲者。

- 深思："如果我的仆人询问我，我确是临近的……"（《古兰经》2:186）。
- 勿绝望于真主的仁慈；他的选择超越时间与人。
- 追求崇拜的真诚，并坚信真主改善敬畏者的心灵。

第六部分、山谷

山谷的划分包含十道门：

51. 至善 (الإحسان)

52. 知识 (العلم)

53. 神圣智慧 (الحكمة)

54. 灵性明辨 (البصيرة)

55. 属灵洞察 (الفراسة)

56. 敬畏 (التعظيم)

57. 灵感 (الإلهام)

58. 神圣宁静 (السكينة)

59. 心灵满足 (الطمأنينة)

60. 灵性志向 (الهمة)

简化的阿拉伯文本，已翻译

第五十一章：至善

真主说："行善者只受善报。"（《古兰经》55:60）

至善（الإحسان）是崇拜的最高境界，正如圣人 ﷺ（真主赐他平安与吉庆）所言："你当崇拜真主，如同你看见他；即使你看不见他，他确实看着你。"

分为三个层次：

第一层次：动机中的至善
通过知识（认知真理）、意志（立志向善）、真诚（净化内心）来纯洁动机。如同一位工人，不为世人称赞而建造房屋，只为取悦真主。

第二层次：状态中的至善
信士严谨地观察自己的情感与行为：隐藏美德以防虚荣，真诚悔改过失，时时保持敬畏之心，如同始终面对真主。如每日拂去尘埃，以保持衣袍洁净。

第三层次：时刻中的至善
信士活在每一个时刻中都感知真主的临在，从不疏忽、从不遗忘。他将生命视为一场不断前行的旅程，只为接近真主。如一位旅者不停歇，直到登顶。

总结与实用建议：
至善是通向灵性完美的道路。

- 默想经文："你们行善吧！真主喜爱行善者。"（《古兰经》2:195）
- 在每件事开始之前，先净化自己的动机。
- 每日自我审问："我今天是否做过一件只为真主的善行？"。

简化的阿拉伯文本，已翻译

第五十二章：知识

真主说："我从我那里教授他一种知识。"(《古兰经》18:65)

知识 (العلم) 是驱散无知的光，是通向真主的门径。它建立在证据之上，

分为三个层次：

第一层次：外在的知识
通过感官、经验或可靠的传承所获得的知识，如学生通过实验了解植物的特性，或从可信的书籍中学习历史。

第二层次：内在的知识
这种知识通过灵修在纯洁的内心中滋长，只显现于志向高远者的独处中。如农夫耐心播种，等待萌芽，心灵凭着洞察力识别真伪，感知肉眼难见的真理。

第三层次：直授的知识（神圣知识）(العلم اللدنّي)
这是真主直接赐予的知识，不依靠中介或证明。如同清澈的镜子能直接反射阳光，洁净的心灵能接收这一知识之光，洞察神圣奥秘。

总结与实用建议：
知识是通向认识真主与净化灵魂的道路。
- 深思经文："你说：我的主啊！求你增加我的知识。"(《古兰经》20:114)
- 用真诚的心追求有益之学，不止步于表象。
- 用敬拜净化你的心灵，因为神圣知识属于纯洁的灵魂。

简化的阿拉伯文本，已翻译

第五十三章：神圣智慧

真主说："他赐智慧给意欲的人，谁获赐智慧，谁确已获得许多福利。"（《古兰经》2:269）

神圣智慧（الحكمة）是以真主之光衡量万事，将其安排于最适之处。

分为三个层次：

第一层次：行为中的智慧

给予每件事恰当的权重与时机，无过度也无忽略。如农夫在春天播种，并不急于收割，等待果实自然成熟。

第二层次：领悟中的智慧

领会真主劝诫中的智慧、裁决中的公正，以及阻止中的慈怜。如医生因怜悯病人而禁止其食用有害之物，即使病人渴望。

第三层次：指导中的智慧

透过心灵之眼看清真理，并以明确方式指导他人走向人生真正的目标——崇拜真主。如教师用多样方法讲解，使每位学生都能领悟。

总结与实用建议：

智慧是融合知识与行为的宝藏。

- 深思真主所言："你凭智慧劝人遵循主道。"（《古兰经》16:125）
- 在每个决定中祈求真主赐予你智慧，明白延迟可能是隐藏的恩典。
- 从历练中学习，真正的智者会在每次失败后修正方向。

简化的阿拉伯文本，已翻译

第五十四章：灵性明辨

真主说："你说：这是我的道路，我借明证号召真主，我和追随我的人。"
（《古兰经》12:108）

灵性明辨 (البصيرة) 是一种来自真主的光明，驱散内心的迷惘与困惑。分为三个层次：

第一层次：信念中的洞察
完全信任真主律法，如目睹其后果般清晰，因此乐于顺从，避开罪恶。如船长精准依指南针导航，因深知其为安稳之道。

第二层次：神意中的领悟
明白真主的引导或考验皆源自智慧与慈怜，即使暂时难以理解。如医生为救人而行苦手术——痛苦短暂，康复持久。

第三层次：真理中的觉知
凭信仰之光洞察隐藏真理，以净心萌生于净心的智慧探索神圣奥秘，并以分辨真伪的直觉辨明是非。如灯塔于黑暗中为船只指明方向。

总结与实用建议：
灵性明辨是照亮通往真主之路的恩典。
- 深思经文："难道他们没有在大地上旅行以有心能理解吗？"（《古兰经》22:46）
- 通过祈祷寻求明辨；相信每个考验背后隐藏智慧。
- 用记主净化内心；真正的明辨萌生于净心之中。

简化的阿拉伯文本，已翻译

第五十五章：属灵洞察

真主说："对于能观察的人，此中确有许多迹象。"（《古兰经》15:75）

属灵洞察（الفِراسة）是借由信仰之光，洞察隐藏的真理，无需物质证据或世俗经验。分为三个层次：

第一层次：瞬时感知
这是一种罕见的神圣灵感，在灵性需要时突然降临。如在不经意中说出一句话，拯救了真诚求道者。这非占卜，而是出自真主的指引，而非人造的猜测或星象。

第二层次：养成的洞察
随着信仰的坚定与内心的真诚逐渐成长，借神圣的揭示而展现。如经验丰富的农夫，凭微妙自然征兆预知雨水将至。

第三层次：奥秘之感知
这是纯然的神恩，不依赖符号、推理或沉思，直接揭示于净化的心灵。如一面清澈的镜子，无障碍地映照真理本身。

总结与实用建议：
属灵洞察是灵魂通往神圣真理的窗口。

- 深思真主所言："我为人设这些譬喻，以便他们省悟。"（《古兰经》59:21）
- 以记主和功修净化心灵；因为洞察只赐予被净化的灵魂。
- 勿将属灵感知与占星混淆；前者为真主的赠礼，后者是被禁止的妄言。

简化的阿拉伯文本，已翻译

第五十六章：敬畏之心（尊崇）

真主说："你们为何不敬畏真主的尊严？"（《古兰经》71:13）

敬畏之心（التعظيم）是内心认识到真主的伟大，并完全谦顺于此的表现。它分为三个层次：

第一层次：尊重主命与戒律

即严守真主的命令和禁令，不懈怠、不极端、不寻找借口。如学生恪守校规，不轻视也不苛求，怀敬心执行。

第二层次：尊从真主的裁决

即接受真主的命运安排，不以辩解曲解、不因有限理智质疑、不妄求替代。如病人信赖医生，即便治疗方案艰难，也知其良苦用心。

第三层次：对真主绝对主权的敬崇

在此层次中，信士以真主为唯一目的，不需中介，也不自认为有权违背其意志。如孝子顺从父母，将服从视为服从真主。

总结与实用建议：

敬畏之心是深层信仰的体现：

- 深思真主的话："他们没有尽其分地尊崇真主。"（《古兰经》6:91）
- 坚守拜功——这是最庄重的敬畏表现。
- 每日自省：我是否轻用教法的宽容？我是否内心欣然接受真主的判决？

简化的阿拉伯文本，已翻译

第五十七章：灵感

真主说："有经卷知识的人说：'你转瞬之前，我就能把它拿来给你。'"（《古兰经》27:40）。

灵感（الإلهام）是赐予纯洁心灵的恩典，超越灵性洞见的明晰与恒久。

分为三阶:

第一阶：确信的启迪

突然的神圣启示 - 可闻或内在 - 如医生无需检测即获疑难病症诊断的指引。

第二阶：真实异象

真主向仆人展示符合神圣律法的真理，永不越界或错误。如领导者获启示于危机中找到生路。

第三阶：永恒真理

揭示真主自永恒创造的宇宙奥秘。如科学家发现隐藏的自然法则。

总结与实践建议：
灵感是对真诚灵魂的馈赠。

- 深思："你们当敬畏真主，真主教诲你们。"（《古兰经》2:282）。
- 以拜功与施舍净化心灵；启迪只降于纯洁灵魂。
- 区分启迪与幻想；确保其符合神圣律法。

简化的阿拉伯文本，已翻译

第五十八章：神圣宁静

真主说："他降镇静于信士们的心中。"（《古兰经》48:4）

神圣宁静（السكينة）是来自真主的属天恩赐，使心灵获得平静与力量。

第一类：降于以色列人的神圣宁静
如一阵柔和之风降临方舟，是先知的神迹、国王的荣耀、胜利的征兆，使敌人惊惧。恰似战士在战场中感受到无形的勇气与镇定。

第二类：神启者的宁静
真主将智慧启示于义人之口，使他们揭示真理、驱除疑惑，即使无先前学习。如学者得神启而洞察宇宙奥秘。

第三类：信士的神圣宁静
此类宁静将光明与平安注入内心，可分三阶：

- **第一阶：礼拜中的敬畏宁静**
  如礼拜者于祈祷中忘却尘世，专心向主倾诉。
- **第二阶：处世中的仁慈宁静**
  如朋友之间以耐心包容过失，存善意与公正之心相待。
- **第三阶：顺命中的内心宁静**
  如父亲在失业中顺服真主的安排，满怀信任寻找新机。

总结与实践建议:
神圣宁静 是心灵安宁的钥匙:

- 深思真主的话："他们信道，他们的心因记念真主而安静。"（《古兰经》13:28）
- 多念主名（ذِكْر）；它带来宁静，驱散忧愁。
- 与人谦和相处，于困境中顺从真主的安排。

简化的阿拉伯文本，已翻译

第五十九章：心灵的安宁

真主说："安定的灵魂啊！"（《古兰经》89:27）。

心灵的安宁（الطمأنينة）是根植于信托真主的永恒平静，不同于暂时的宁静。

分为三阶:

第一阶：心的安宁

信士因记念真主而心感平和，恐惧转希望，艰辛化接纳，考验成信托。如孩童受父母拥抱而安宁。

第二阶：灵魂的安宁

灵魂通过探索创造奥秘、渴望见主、统一内外信仰而升华。如研究者耐心探究宇宙以发现真主智慧。

第三阶：近主之安宁

心灵见证真主微妙恩惠，安歇于其永恒临在之光中，如船航行于不被世俗风暴扰动的平静海洋。

<u>总结与实践建议:</u>

安宁是深刻信仰的果实。

- 深思："他们信道，他们的心境因记念真主而安静。"（《古兰经》13:28）。
- 培育安宁：坚持记主（ذِكْر），体认真主于万物中的智慧。
- 坚信考验短暂；真正慰藉在于亲近真主。

简化的阿拉伯文本，已翻译

第六十章：灵性志向

真主说："眼未邪视，也未过分。"（《古兰经》53:17）。

灵性志向（الهمّة）是坚定指向真主的决心。

分为三阶:

第一阶：净化的志向

净化心灵脱离短暂今世，驱使其寻求真主的永恒，摆脱灵性怠惰。如旅者抛弃多余行囊轻装前行。

第二阶：坚守的志向

赐予困境中不可战胜的决心、信托真主许诺、为真理牺牲的准备。如士兵跋涉崎岖坚信胜利将至。

第三阶：超脱的志向

提升心灵超越世俗地位，唯专注亲近真主。如翱翔天际之鸟，不眷顾下方。

<u>总结与实践建议:</u>

志向是灵性升华之钥。

- 深思："只因真主的慈恩，你温和地对待他们。假若你是粗暴的，他们必定离你而散。"（《古兰经》3:159）。
- 设定终极目标：事事以取悦真主为先。
- 永不屈服绝望；高远志向化障碍为近主阶梯。

第七部分:灵性状态

"灵性状态部分"包含十种状态:

61. 神圣之爱 (المحبة)

62. 护教热忱 (الغيرة)

63. 灵性渴慕 (الشوق)

64. 灵性焦灼 (القلق)

65. 灵性干渴 (العطش)

66. 神圣感动 (الوجد)

67. 神圣震撼 (الدهش)

68. 灵性迷醉 (الهيمان)

69. 神光初照 (البرق)

70. 灵性觉知 (الذوق)

简化的阿拉伯文本，已翻译

第六十一章：神圣之爱

真主说："你们中谁背叛正教，真主将以别的民众代替他们，真主喜爱他们，他们也喜爱真主。"（《古兰经》5:54）。

神圣之爱（المحبة）是接近真主的最高境界，指引心灵于顺逆中归向祂，

分为三阶:

第一阶：初阶之爱

　净化心灵疑虑，使功修甘美，减轻苦难。通过感恩真主恩典、追随先知 ﷺ (真主赐他平安与吉庆) 教诲、援助贫弱而增长。如旅者虽疲惫仍乐在途中。

第二阶：深刻之爱

　促使你以真主喜悦为先，舌常记主，心渴慕见主迹象。通过沉思真主属性、探究创造奥秘、虔诚功修培育。如诗人痴迷挚爱，时刻提及。

第三阶：超越之爱

　超越言语与符号的爱 - 如强光使余物不可见。此爱是灵魂终极方向，乃近主真实标记。

总结与实践建议:
神圣之爱是心灵归主之路。

- 深思："信士们对真主的爱更恳挚。"（《古兰经》2:165）。
- 以爱主为先：恒常记主，服务众生，事事寻求主悦。
- 坚持 - 爱借坚忍与真诚生长。

简化的阿拉伯文本，已翻译

第六十二章：护教热忱

真主说："你们将它归我吧！"他就抚摸马腿和马颈。(《古兰经》38:33)

护教热忱 (الغيرة) 是一种源自对真主的爱而生的神圣感情，驱使心灵守护信仰、纠正过失。

分为三阶：

第一阶：对敬拜缺失的敏感与痛悔

如同失主寻回珍贵之物，信士因陷入罪恶而懊悔光阴的流逝，并迅速悔改。如商人在火灾后全力修复店铺恢复经营。

第二阶：修行者对时间浪费的警觉

为每一可用于功修与善行的时刻而深深痛心。此种热忱提醒我们：时间是无法回溯的恩赐。如学生考前追悔过去的松懈，于是加倍用功。

第三阶：导师对人心疏远主的忧切

灵性导师对那些忽略记主者心生忧切，努力净化他们的灵魂。如良医为救病人，精心操作一场微妙的手术。

总结与实践建议：

信仰热忱 是自我净化与引导他人的动力源泉。

- 深思真主所言："你们有易卜拉欣为模范。"(《古兰经》60:4)
- 珍惜时间——它是你通往真主的资本。
- 不要灰心于自身或他人的改变；护教热忱始于真诚的一步。

简化的阿拉伯文本，已翻译

第六十三章：灵性渴慕

真主说："凡希望会见真主者，真主的限期是必至的。"（《古兰经》29:5）。

在苏菲之道中，渴慕（الشوق）蕴含矛盾：语言上，渴慕针对缺席者，但他们的教义基于"见证"真主的永恒临在。因此，《古兰经》用"爱"（非"渴望"）形容对真主之情，因祂永不离弃。

但此灵性渴慕分三阶:

第一阶：对乐园的渴慕
信士寻求脱离恐惧、忧后之喜、通过神圣报偿实现希望。如游子久别思乡。

第二阶：对真主的渴慕
源于对真主属性的爱，驱使心灵见证其恩典，同时深知祂永在近旁。如学生渴求始终在场的导师教导。

第三阶：炽热渴慕
如火般渴求，消融世俗享乐，非因真主缺席，而是因极度临近！如恋人虽相伴仍渴慕。

<u>总结与实践建议:</u>
灵性渴慕反映对真主之爱，而非其缺席。

- 深思："无论你们在哪里，祂与你们同在。"（《古兰经》57:4）。
- 化渴慕为行动：多记念（ذِكْر）；真主比你的血脉更近。
- 勿以物质角度理解渴慕；真主永在，渴慕证明心灵与祂的连接。

简化的阿拉伯文本，已翻译

第六十四章：灵性焦灼

真主说："我急忙到你这里来，我的主啊！求你喜悦。"（《古兰经》20:84）。

灵性焦灼（القلق）源于渴望见主的强烈躁动，削弱耐心、扰乱心灵。

分为三阶：

第一阶：离别焦灼

信士感到痛苦，疏远人群，厌倦今世，视死亡为解脱。如困兽绝望求生。

第二阶：无力焦灼

心智混乱，听不进劝告，精力耗尽于内心挣扎。如陷无尽风暴。

第三阶：吞噬焦灼

如不灭之火，吞噬心灵，不留安宁与希望。如船遭连绵浪击而碎。

总结与实践建议：

灵性焦灼是心灵慕主的迹象，但需引导。

- 深思："与艰难相伴的，确是容易。与艰难相伴的，确是容易。"（《古兰经》94:5-6）。
- 以坚忍与拜功求助：二者是平复焦灼之钥。
- 保持联结：分享困境，借鉴他人智慧。

简化的阿拉伯文本，已翻译

第六十五章：灵性干渴

真主说："当黑夜笼罩他的时候，他看见一颗星宿，就说：'这是我的主。'"
（《古兰经》6:76）。

灵性干渴（العطش）是对真主亲近的心灵渴望，如同口渴者，唯有真主的喜悦
方可止渴。

分为三阶：

第一阶：初学之干渴
信士在这阶段寻求指引、一句安慰或一个庇护所。如学生焦急地等待考试成
绩。

第二阶：修行者的干渴
心灵渴望有一天真主为他揭示奥秘，或能在旅途疲惫中找到栖息之所。如沙漠
旅人迫切期待绿洲之甘泉。

第三阶：热爱者的干渴
这种渴望无疑云遮蔽、无幻想阻隔，唯有与真主完全相会才能平息。如爱人虽
在眼前，依旧盼望真正的合一。

总结与实践建议：
灵性干渴是心灵活着的标志。

- 深思真主所言："真的，一切心境因记念真主而安静。"（《古兰经》
  13:28）
- 别让尘世来安抚你心灵之渴：通过礼拜与深思，去寻找真主的临在。
- 坚忍前行：最强烈的渴望常常出现在抵达甘泉的前一刻。

简化的阿拉伯文本，已翻译

第六十六章：神圣感动

真主说："当他们站起来的时候，我坚定了他们的心。"（《古兰经》18:14）

神圣感动（الوجد）是在真主真理显现之际激起的灵魂之焰，使心灵振奋与净化。

分为三阶：

第一阶：瞬时感动
被经文、壮丽景象或深刻思想所触发的短暂情绪波动。如听到感人诵经而潸然泪下，之后情绪回复常态。

第二阶：灵光乍现
一种灵性之光环绕心灵，如远古之声在内心呼唤，或神圣力量清洗心中杂质。如树木抛落枯叶，再生新枝。

第三阶：完全出离尘世
与尘世完全分离，仆人忘我沉浸于观主之光。如鸟儿脱笼，自由翱翔于无际苍穹。

总结与实践建议：
神圣感动是真主临近的恩赐提示。
- 深思："真的，一切心境因记念真主而安静。"（《古兰经》13:28）
- 把握神圣感动的时刻：礼拜、祈祷、诵经。
- 勇敢超脱尘俗：真正的净化会带你亲近真主。

简化的阿拉伯文本，已翻译

第六十七章：神圣震撼

真主说："当她们看见他的时候，她们赞扬了他。"（《古兰经》12:31）

神圣震撼（الدهش）是心灵面对真主伟大时所生的深刻惊愕——它超越理智、忍耐与知识的限度，使心灵怔住，沉入无法言喻的敬畏与出神。

分为三阶：

第一阶：入门者的震撼
当灵性体验超越认知，耗尽心志，动摇决心时，入门者感到无措与震撼。如学生初闻复杂科学理论，对造物奇迹惊叹不已。

第二阶：修行者的震撼
灵魂被真主之光触及，暂忘时空之感，沉入观照与领悟。如初见浩瀚大海，唯波涛之势存于心中。

第三阶：爱主者的震撼
一种超越主仆之分的深层惊愕——非合一，而是近主难言之境。如孩童获赠珍宝，喜极而语塞。

总结与实践建议：
神圣震撼揭示理智在面对真主完美时的局限。

- 深思："他们没有切实地尊敬真主。"（《古兰经》6:91）
- 谦卑接受这种震撼：它是通向真主伟大的门户。
- 善用此时：虔诚礼拜、深读《古兰经》，深化信仰之根基。

简化的阿拉伯文本，已翻译

第六十八章：灵性迷醉

真主说："穆萨就昏倒在地。"（《古兰经》7:143）

灵性迷醉（الهيمان）是一种深沉的精神恍惚，由对真主庄严奥秘的震撼引发，超越理智与自我，是比"灵性震撼（الدهش）"更深远、持久的状态。

分为三阶：

第一阶：起初迷醉
当仆人第一次感受到真主慈恩的光辉时，会陷入深深的震撼，意识到自身的渺小与卑微。如初次站在浩瀚海洋前的人，顿感自身微不足道。

第二阶：发现迷醉
心灵沉浸于逐步揭示的神圣奥秘，面对造物的奇迹与真主之光时感到迷失与不解。如水手面对汹涌海浪而迷失于深海之谜。

第三阶：消融震慑
彻底消融于对真主永恒伟大的观照之中，自我感全然消失，灵魂沉没于神圣启示。如蜡烛完全溶入火焰之中。

<u>总结与实践建议：</u>
灵性迷醉显现了人类理智在真主完美面前的局限。
- 深思："赞颂你的主——尊严的主宰超乎他们的描述。"（《古兰经》37:180）
- 谦逊接受你的无力与震撼：它能洗净内心的骄傲。
- 把握这种迷醉时刻：它是通向更深知识与敬主之路的动力。

简化的阿拉伯文本，已翻译

第六十九章：神光初照

真主说："当他看见火光的时候。"（《古兰经》20:10）

神光初照（البرق）是心灵在灵程初启时的灵光一现，由真主照亮归主之路。它不同于旅途中较后阶段的灵性狂喜（الوجد）。

此灵光分三阶：

第一阶：希望灵光
光芒使信士将微小恩典视为瑰宝，减轻困境，并甘心顺服主命。如人在沙漠中见到一滴水，心中满是感恩。

第二阶：警觉灵光
光芒提醒他警醒于疏忽的后果，减少对世俗的依恋，促使他净化内心。如旅人听闻前方有险，便加快步伐。

第三阶：慈恩灵光
此光带来持续的内心喜乐，包围于主的慈悯之中，使心灵因归属于真主而充满荣耀。如甘霖落下，复苏干涸大地。

总结与实践建议：
神光初照，是通向真主之旅的起点。
- 深思："真的，一切心境因记念真主而安静。"（《古兰经》13:28）
- 以敞开的心迎接灵光：那是来自真主的亲近之邀。
- 勤奋于功修：神光引路，前行靠自身努力。

简化的阿拉伯文本，已翻译

第七十章：灵性觉知

真主说："这是教诲。"（《古兰经》38:49）

灵尝（الذوق）是品尝信仰甘美的深刻体验。比神圣感动（الوجد）更持久，比神光初照（البرق）更清晰。

此灵尝分为三阶：

第一阶：真信之尝
信士品尝到信仰带来的坚定确信，不被欲望动摇，不被虚妄希望诱惑，不被世俗羁绊。如品真蜜，胜于甜味剂。

第二阶：静慕之尝
心灵于与真主的亲近中感受宁静与喜乐，尘世纷扰不扰其心，诱惑不再吸引。如倾听美乐，全神贯注。

第三阶：灵契之尝
达至与真主直接灵性交融之境，帷幕尽除，仆人亲觉神圣之美。如饮甘泉，永解灵渴。

总结与实践建议：
灵尝是灵程上真诚努力的果实。
- 深思："真的，一切心境因记念真主而安静。"（《古兰经》13:28）
- 记录灵性体尝：加深你对信仰真味的感知。
- 不为灵尝而灵尝：以主的喜悦为归，灵尝自然随之而至。

第八部分： 圣权篇圣权篇

圣权篇 (الولايات) 部分包含以下十章：

71. 灵光一瞥 (اللحظ)

72. 时间 (الوقت)

73. 纯净 (الصفاء)

74. 灵喜 (السرور)

75. 心灵密意 (السر)

76. 呼吸 (النفَس)

77. 灵性的孤行 (الغربة)

78. 全然投入 (الغرق)

79. 心灵缺席 (الغيبة)

80. 灵性定稳 (التمكن)

简化的阿拉伯文本，已翻译

第七十一章：灵光一瞥

真主说："你看那座山吧。如果它能在它的本位上坚定，你就能看见我。"
（《古兰经》7:143）

灵光一瞥 （اللحظ） 是揭示神圣真理的短暂灵性洞见，令人心灵触动。

分为三阶:

第一阶：主恩灵光一闪
忽然觉察真主恩典之伟大，使仆人谦卑感恩，同时心中又隐隐担忧这恩典是否会失去。如人在大自然中震撼于其美景，同时不免担忧其转瞬即逝。

第二阶：启示之光的灵闪
灵感带来隐秘真理的片刻闪现，使心灵得以净化，体验亲近真主的甘美。如黑暗中有人指路的声音，引你走向安全之道。

第三阶：与主相会的灵光瞬觉
灵性视野片刻消融一切世俗烦扰，使人顿悟：在人类的努力面前，真主的伟大如浩瀚无边。如科学家突然意识到自己的发现，仅是主之知识海洋中的一滴水。

总结与实践建议:
灵光一瞥是信仰的提点与灵魂的激活:

* 深思："我将向他们昭示我的迹象于四方和自身。"（《古兰经》41:53）
* 记录这些瞬间：书写它们能加深你的理解与感恩。
* 常怀谦卑之心：每一灵性瞥见都是来自真主的恩赐，而非你自己的成就。

简化的阿拉伯文本，已翻译

第七十二章：时间

真主说："然后，穆萨啊！你依我的预定而来到。"（《古兰经》20:40）。

在苏菲之道中，时间（الوقت）有三重维度，每维分三阶：

第一维：渴望与敬畏的时间
- 第一阶：心灵因纯净希望或真诚敬畏被吸引至真主，如候爱人归来。
- 第二阶：被神圣之爱点燃的时间，仆人渴慕亲近如渴者求水。
- 第三阶：交织恩典之喜与失去之惧的时间。

第二维：知识与状态间的时间
- 第一阶：宗教知识与灵性体验间的过渡，如学生应用理论。
- 第二阶：见证道路矛盾 - 确信与怀疑的时间。
- 第三阶：达成知识与行动平衡，使时间成为近主之桥。

第三维：真实时间
- 第一阶：时间消融，仆人悟真主掌控，如拜中忘我。
- 第二阶：觉悟尘世无常，全然依赖真主的时间。
- 第三阶：神圣之光启示万物新视角，仍恪守为仆之界。

总结与实践建议：
时间是功修之器，生命之价。

- 深思："他为欲觉悟或欲感谢者，使昼夜更迭。"（《古兰经》25:62）。
- 善用每刻：记主、顺主、行善。
- 信托真主安排："真实时间"即心灵降服之时。

简化的阿拉伯文本，已翻译

第七十三章：纯净

真主说："他们在我那里，确是蒙拣选的，确是纯善的。"（《古兰经》38:47）。

纯净（الصفاء）是心灵的无瑕与对真理的坚守。

分三阶：

第一阶：知识的纯净
- 净化理解，认主正道。
- 揭示虔诚努力的根本目的。
- 端正寻求者的善意。

第二阶：状态的纯净
- 心灵感受到一种类似于与真主亲密交谈的甜蜜感觉。
- 在万物中见证真主的慈悯。
- 俗世纷扰消逝于主临之光中。

第三阶：联结的纯净
- 人力消融于真主伟大的敬畏。
- 理论知识化为内心的确信。
- 心灵契合主智，重担尽释。

<u>总结与实践建议:</u>
纯净是心灵明镜。

- 深思："凡培养自己的性灵者，必定成功。"（《古兰经》91:9）。
- 净化心灵：通过悔过与记主。
- 追寻确信：心愈纯净，愈近主智。

简化的阿拉伯文本，已翻译

第七十四章：灵喜

真主说："你说：'真主的恩惠和慈悯，叫他们因此而高兴吧！'"（《古兰经》10:58）

灵喜（السرور）是根植于真主恩典的纯净之乐，不同于世俗之欢。

分三阶：

第一阶：品尝之喜

- 消除三种忧伤：
  - 失去与主联系的恐惧。
  - 无知主真理的黑暗。
  - 远离主爱的孤寂。

第二阶：见证之喜

- 揭开人类有限认知的面纱。
- 使心灵脱离伪饰与造作。
- 提升灵魂超越世俗琐选。

第三阶：蒙允之喜

- 以近主消除孤独。
- 叩开心灵之门，窥见主之美。
- 以近主甘甜复苏灵魂。

总结与实践建议：

灵喜是真主临近的果实。

- 深思："他们信道，他们的心境因记念真主而安静。"（《古兰经》13:28）
- 感恩：主赐每一恩典皆是喜源。
- 信托主安排：祂足为你解忧。

简化的阿拉伯文本，已翻译

第七十五章：心灵密意

真主说："真主知道他们心中所想。"（《古兰经》11:31）

拥有心灵密意（السر）之人是真主特选的仆人，他们的内心藏有敬畏的秘密。

分三类：

第一类：隐中的拣选者
- 他们的志向超越尘世局限。
- 其心志如镜，无暇无瑕。
- 他们无迹可寻，是真主所藏的宝藏。

第二类：低调的敬畏者
- 他们以谦逊外表隐藏更深真理。
- 以谦卑与灵性优雅为修养。
- 他们的卓越毫无矫饰。

第三类：心离自我者
- 神圣之爱吞没他们，使其忘却自身。
- 怀有不自觉的真诚与未宣之爱。
- 其独特状态映现近主而无僭越。

总结与实践建议：

心灵密意是真诚的核心。
- 深思："难道创造者不知道吗？他是精明的，彻知的。"（《古兰经》67:14）
- 净化内在：真主明察人心之秘。
- 默默行善：幽微之功，更获主悦。

简化的阿拉伯文本，已翻译

第七十六章：呼吸

真主说："当他苏醒时，他说：'赞你超绝！'"（《古兰经》7:143）。

在灵修之旅中，呼吸（النَّفَس）反映心灵与真主的联系，分三阶：

第一息：隐匿之息

- 当心灵感到离主遥远时出现。
- 充满压抑的悲伤与理论知识。
- 呼吸如悔者叹息，言语显内心挣扎。

第二息：启示之息

- 心灵被知识之光照亮时显现。
- 引领寻求者从喜乐转向见证主美。
- 超越言语可述之境。

第三息：圣洁之息

- 以主之光净化，联结主之永恒智慧。
- 因其纯净称"光明之壳"。
- 代表近主之极而不失仆性。

象征意义：

1. 隐匿之息：守护信仰者的明灯。
2. 启示之息：通向高阶觉知的阶梯。
3. 圣洁之息：灵修成就者的冠冕。

<u>总结与实践建议：</u>

呼吸是灵魂状态的镜子。

1. 深思："他记念他的主的尊名，而谨守拜功。"（《古兰经》87:15）。
2. 正念呼吸：每次呼吸记念真主。
3. 追求纯净：净化心灵，化悲息为光明。

简化的阿拉伯文本，已翻译

第七十七章：灵性的孤行

真主说："在你之前的许多世代中，有德者阻止大地上的腐败——但被拯救者寥寥。"（《古兰经》11:116）

灵性的孤行（الغربة）是指修行者因坚守敬畏而远离世俗之道，与社会同伴隔绝。

分三阶：

第一阶：身体的孤行
- 为主迁徙（如迁徙）。
- 其人有烈士品级，灵魂与故土相连。
- 复生日将与**尔撒**等贤者同聚。

第二阶：道德的孤行
- 在堕落社会坚守正直。
- 学者居于无知者中，或诚者处于伪信者间。
- 此即圣训赞誉的"**孤行者**"。

第三阶：灵性的孤行
- 灵知者（العارف بالله）的终极孤行。
- 其状态超越一切象征与描述。
- 崇高志向使其永为真理追寻者，如生活在另一个国度。

总结与实践建议：
真正的孤行是近主之价。
- 深思："他们说'我们的主是真主'，然后恪守正道者，天使将降临他们…"（《古兰经》41:30）
- 主动选择主悦：即便孤身前行也不妥协。
- 坚定前行：孤行越深，越近主慈。

简化的阿拉伯文本，已翻译

第七十八章：全然投入

真主说："当他们俩顺服了真主，他使他的额角着地。"（《古兰经》37:103）

全然投入（الغرق）指灵修者完全融入主道，消融自我于顺服之中。

分三阶：

第一阶：知识融入行动
- 修行者知行合一。
- 领悟真诚，跻身义人之列。

第二阶：灵性启示中的投入
- 以心语代俗言。
- 依灵性启示行事，超越世俗私欲。

第三阶：见证融入真一的体悟
- 确信之光笼罩，以主智观万物。
- 摆脱世俗倾向，唯求主悦。

总结与实践建议：
真正的投入是彻底投诚于真主。
- 深思："全心归顺并行善者，确已把握坚固的把柄。"（《古兰经》31:22）
- 言行合一：让行动成为信仰的映照。
- 追求内在真谛：崇拜的核心在于心的投诚。

简化的阿拉伯文本，已翻译

第七十九章：心灵缺席

真主说："他离开他们，说：'哀哉！我优素福啊！'"（《古兰经》12:84）。

心灵缺席（الغيبة）指修行者心灵从万物抽离，专注于主，遗忘自我，只见真主。

分三阶：

第一阶：初学者的心灵缺席
- 脱离尘世牵绊与障碍，追寻神圣真理。
- 奋力挣脱私欲与忧扰，寻找通往主的路径。

第二阶：进阶者的心灵缺席
- 超越对知识表象与形式的执念。
- 以坚定之心迈步，不再犹豫徘徊，远离灵性懒惰。

第三阶：觉悟者的心灵缺席
- 忘却对自身灵性状态的觉察，唯主是念。
- 居于真主统一中的坚固堡垒，无心顾及自我或功德。

总结与实践建议：
真正的心灵缺席是心中唯主，外界无存。
- 深思："真的，一切心境因记念真主而安静。"（《古兰经》13:28）。
- 净化内心：靠恒常记主与耐心顺主，断绝内外干扰。
- 坚持不断回归：每一次努力，都是迈向灵性自由的一步。

简化的阿拉伯文本，已翻译

第八十章：灵性定稳

真主说："绝不要让不确信者动摇你。"（《古兰经》30:60）。

灵性定稳（التمكن）是心灵在主道中坚定不移，超越初步的平静与安慰。

分三阶：

第一阶：初学者的心志稳固

- 包含：
    - 真诚之意引导前行。
    - 灵感火花增强信念。
    - 明晰之路使心安踏实。

第二阶：修行者的灵性定稳

- 包含：
    - 完全摆脱世俗干扰。
    - 神启时刻揭示真理奥秘。
    - 内在清明，万境自衡。

第三阶：觉悟者的心志定稳

- 达致：
    - 无需言语，心灵亲临主前。
    - 沉浸于主之光明，信念如山。
    - 抵达终极安定，疑念无法撼动。

总结与实践建议：

定稳是耐心与信托的硕果。

- 深思："你们当借坚忍和拜功求佑助。"（《古兰经》2:45）。
- 稳固信念：持之以恒，日夜记主。
- 勿理疑惑者：因真正的信心是最坚不可摧的护盾。

第九部分：真理之境

真理之境包含以下十章:

81. 灵视直观 (المكاشفة)

82. 神圣见证 (المشاهدة)

83. 真观 (المعاينة)

84. 神圣的生命 (الحياة)

85. 主的引摄 (القبض)

86. 心灵的舒展 (البسط)

87. 神爱陶醉 (السكر)

88. 灵觉清明 (الصحو)

89. 神圣的亲近 (الاتصال)

90. 灵性的超脱 (الانفصال)

简化的阿拉伯文本，已翻译

第八十一章：灵视直观

真主说："他启示他的仆人应启示的。"（《古兰经》53:10）。

灵性揭示（المكاشفة）是主为仆人移除帷幕，使其得以领悟真理。

分三阶：

第一阶：借迹象而知真
- 修行者由万象感悟造物主的显现。
- 启示反复显现，印证修行之道，但仍可能间歇。
- 行者此时可无惧障碍，但偶有疏忽。

第二阶：坚定不移的揭示
- 启示持续而不中断。
- 心志坚定，不为疑惑、贪欲或恐惧所动摇。

第三阶：心灵直见
- 无需媒介，直接内观真理，无需推理与解说。
- 此等揭示抹除一切欲望与表象执着，唯余心灵之见。

总结与实践建议：
灵性揭示乃虔诚所得之赏赐。
- 深思："任何人，真主不会和他对话，除非依启示或在帷幕后。"（《古兰经》42:51）
- 净化意图：真诚是通向揭示的钥匙。
- 莫以揭示为目标：应求主悦，他引导所愿之人。

简化的阿拉伯文本，已翻译

第八十二章：神圣见证

真主说："对于有心或专心倾听者，此中确有教诲。"（《古兰经》50:37）。

神圣见证（المشاهدة）是彻底揭去帷幕直接见真理，超越部分迹象达至全信。

分三阶:

第一阶：知识性见证

- 超越理论知识，领悟神圣之光。
- 修行者融于主光，仍辨自我与迹象。

第二阶：直观见证

- 直接觉知，无需外证。
- 心怀圣洁，言语难表其境。

第三阶：合一见证

- 心灵与真理全然联通，明悟主独一性。
- 遨游主临之海，超越时空局限。

总结与实践建议:

见证是灵修巅峰。

- 深思："除真主外，我能寻求什么判决呢？"（《古兰经》6:114）。
- 净化心灵：以虔诚与信托获主赐慧眼。
- 追求深度：真理先由心见，再以目观。

简化的阿拉伯文本，已翻译

第八十三章：真观

真主说："难道你不知道你的主怎样伸展阴影吗？"（《古兰经》25:45）

真观（المعاينة）是以三种方式直见真理：

1. **感官之见（肉眼所见）**
   - 通过肉眼直接观察物质现象，如阴影与实物。
2. **心视**
   - 藉由深刻的信仰，获得无疑的内在确知。
   - 例如：在万象中见证真主的伟大与迹象。
3. **灵视**
   - 灵魂被圣光照耀，直接感知神圣的实在。
   - 纯净的灵魂与主的美发生共鸣，引领人心向主靠近。

总结与实践建议：
真观是心灵与灵魂的真实觉醒。
   - 深思："无论你们在哪裡，祂都与你们同在。"（《古兰经》57:4）
   - 净化内心：借主迹之沉思获得慧见。
   - 超越表象：所有事物都在彰显造物主的伟大。

简化的阿拉伯文本，已翻译

第八十四章：神圣的生命

真主说："难道死人，我使他复活？"（《古兰经》6:122）

神圣的生命（الحياة）是使心灵从无知与远离中复苏的三阶段：

1. **第一生命：知识的生命**
   - 将你从无知的黑暗引向觉悟之光。
   - 建立在三根基之上：
     ○ 对未尽主命的敬畏之心。
     ○ 对主慈悯与宽恕的希望。
     ○ 将你与主紧密连接的爱。

2. **第二生命：顺主之生**
   - 摆脱世俗纷扰，内心意志与主之意契合。
   - 建立在三根基之上：
     ○ 彻底依赖：意识到自己无力独立于主。
     ○ 深切谦卑：在主的伟大面前体认自己的渺小。
     ○ 选择之荣耀：尽管道路艰难，仍选择通向真理之路。

3. **第三生命：近主的生命**
   - 我执消融，存在与真理完全契合。
   - 建立在三根基之上：
     ○ 肃穆敬畏：忘却私欲，不求不问。
     ○ 主存于心：主之临在充满内心，心无分离之苦。
     ○ 宁静独契：在内心宁静中与主独处，无外物扰之。

<u>总结与实践建议：</u>
真正的生命，是靠近真主。
- 深思："我使已死者复活，并赐他光明行走人间。"（《古兰经》6:122）
- 寻求有益之知识：使心灵从无知中苏醒。
- 静修独处：从外在形式迈向灵性的深度。

简化的阿拉伯文本，已翻译

第八十五章：主的引摄

真主说："然后，我逐渐将它收回。"（《古兰经》25:46）

主的引摄（القبض）意指真主选中并保护那些真诚的仆人，使其处于特殊而亲近的灵性状态。

分三类：
1. **第一类：隐遁者**
   - 他们完全避世，几乎不为人知。
   - 真主隐藏他们的灵性存在，使他们仿佛消失于人前，虽肉身在人间，精神却隐而不现。
2. **第二类：被遮蔽者**
   - 真主以普通的外表遮蔽其真实地位，使大众难以识别其内在卓越。
   - 他们行为平实或简朴，以保护灵性的纯净。
3. **第三类：秘契者**
   - 真主以隐秘的纽带将他们与主联系得比一切都更紧密。
   - 他们甚至对自己的真实境界也未完全觉察，一切只在主的意愿之中。

总结与实践建议：
主的引摄是出于真主的爱与怜悯。我们的建议是：
- 深思："无论你们在哪里，祂都与你们同在。"（《古兰经》57:4）
- 勿求显名：最优秀的仆人往往隐藏在人群之后。
- 净化意图：亲近真主，并不在于被看见，而在于纯诚之心。

简化的阿拉伯文本，已翻译

第八十六章：心灵的舒展

真主说："他因此使你们繁衍。"（《古兰经》42:11）

心灵的舒展（البسط）是心胸向善的三种内在展现：

1. **第一种：以仁慈舒展**
   - 他们以仁爱之心与人相处，散发信仰之光，守护他人秘密而不自负。
   - 目标：用温柔与智慧引导众人归向真理。

2. **第二种：以坚定舒展**
   - 他们的信仰稳固，不为考验动摇，不为世俗扰乱。
   - 心灵安然，因为他们深知一切皆由真主定量。

3. **第三种：以引领舒展**
   - 如主道上的明灯，以知识与行为阐明正道。
   - 他们是活生生的榜样，展现坚守信仰的美好。

总结与实践建议：

真正的舒展是不造作的向善敞开。我们的建议是：
- 深思："你当与朝夕呼唤主的人一同耐心。"（《古兰经》18:28）
- 心怀仁慈：信士是主恩慈的映照者。
- 坚定内心：通过记主与思维主迹保持心灵的稳定与扩展。

简化的阿拉伯文本，已翻译

第八十七章：神爱陶醉

真主说："他说：'我的主啊！求你昭示我，以便我看见你。'"（《古兰经》7:143）

神爱陶醉（السُّكر）是仆人因靠近真主而喜乐忘我、失却自觉之状态，唯有真诚的爱主者方能体验。

其有三种征兆：

1. **第一征：全然专注于主**
    - 忘却一切，哪怕在人眼中极其重要的事务也不放在心上。

2. **第二征：沉浸于神圣渴慕**
    - 如同在不尽之光中畅游，无畏地投入对真主的热爱。

3. **第三征：难喻灵喜，甘忍考验**
    - 陶醉于无法言表的心灵喜悦中，甘心忍受灵途中的磨难与考验。

至于那些被称为"陶醉"的状态——如贪婪之陶醉、欲望之陶醉——实乃迷误与幻想，与真正的灵性陶醉无关。

总结与实践建议：
真正的陶醉是心神融于主爱。我们的建议是：

- 深思："信士们对真主的爱更加深厚。"（《古兰经》2:165）
- 保持平衡：别让灵性的喜乐遮蔽了世间的责任。
- 追求纯诚：真正的陶醉源自无私之爱，而非短暂之欲。

简化的阿拉伯文本，已翻译

第八十八章：灵觉清明

真主说："直到他们心中的恐惧被排除时，他们问：'你们的主说了什么？'他们说：'真理。'"（《古兰经》34:23）

灵觉清明（الصحو）是一种超越神爱陶醉的升华状态，以明晰与平衡为特征，是灵修的高峰。

其核心特质如下：

1. **全然明晰**
   - 修行者以澄澈之心领悟真理，无丝毫困惑。
   - 无需请求也无需等待，因他已步入坚定无疑的信仰境地。

2. **脱离束缚**
   - 那些生活与真主旨意协调一致之人，不会误入歧途；因为他们的正道坚行本身就是护佑。
   - 与主的智慧和谐共存，深信主的安排，无忧无惑。

3. **心灵澄明**
   - 如清镜映真理之光，毫无杂质。
   - 不为尘世变动所扰，信念坚定不移。

总结与实践建议：

清明之觉是灵性平衡的顶峰。我们的建议如下：
- 深思："你说：'他是我的主，除他外绝无应受崇拜的。我只信托他，我只向他悔过。'"（《古兰经》13:30）
- 追求明晰：通过深思主的迹象与不断忏悔，获得清明的洞察力。
- 持守坚定：真正的信仰不会因外境改变而动摇。

简化的阿拉伯文本，已翻译

第八十九章：神圣的亲近

真主说："然后他渐渐接近而降低，他相距两张弓的长度，或更近一些。"（《古兰经》53:8-9）。

神圣的亲近（الاتصال）指以三阶段近主，无关合一或融合：

第一阶段：依赖之临（依附于主）
- 净化意图：一切行为唯为主。
- 锤炼意志：摆脱私欲束缚。
- 稳固状态：灵性服从中坚忍。

第二阶段：见证之临（心灵之见）
- 无需理性证据。
- 以无疑之心见证主真。
- 奥秘消散，真理明晰。

第三阶段：存在之临（绝对近主）
- 难言的临近，如灵性之光。
- 仅可隐喻，如心感之光。

总结与实践建议：

真亲近是心近主。
- 深思："我的仆人们询问我的时候，我确是临近的。"（《古兰经》2:186）。
- 净化举意：临近始于虔诚。
- 永不绝望：主以慈悯临近其意欲者。

简化的阿拉伯文本，已翻译

第九十章：灵性的超脱

真主说："真主以他自己警告你们。"（《古兰经》3:28）。

灵性的超脱（الانفصال）指切断一切使人远离真主的牵绊。

分三类:

第一超脱：脱离物质与精神世界

- 无视其诱惑：不沉迷世俗享乐或虚假灵性收益。
- 独立于它们：唯依赖主满足需求与渴望。
- 漠视其存在：心无惧亦无求于众生。

第二超脱：脱离"超脱"概念本身

- 达至心全注于主，不觉"超脱"之念。
- 如鱼在水中而不觉水。

第三超脱：脱离"联结"之概念

- 悟近主超越"联结"或"超脱"之标签。
- 如阳光：可见不可拥，接受其存而不执。

总结与实践建议:
真超脱是使心唯属主。

1. 深思："你说：'真主！'然后任他们沉溺于妄言中。"（《古兰经》6:91）。
2. 净化心灵：通过悔悟与信托真主。
3. 无惧失去：失万物而得主者，获一切。

第十部分：终极之境

终极之境包含以下十章:

91. 真知 （المعرفة）
92. 灵性消融 （الفناء）
93. 神圣永存 （البقاء）
94. 灵性确证 （التحقيق）
95. 神圣的隐蔽 （التلبيس）
96. 主之存在 （الوجود）
97. 灵性脱执 （التجريد）
98. 专诚于独一主 （التفريد）
99. 聚合 （الجمع）
100. 认主独一 （التوحيد）

简化的阿拉伯文本，已翻译

第九十一章：真知

真主说："当他们听到降示使者的经典时，他们因认识真理而热泪盈眶。"（《古兰经》5:83）

真知（المعرفة）是对神圣真理的深刻领悟，分为三阶：

第一阶：认主属性（大众层面）

- 认识真主的属性（如慈悯、公正）而不将其类比于人类属性。
- 建立在三大基础上：
  - 信仰《古兰经》中对主属性的描述，无曲解。
  - 否定主与被造物之间的任何相似。
  - 确信主的本质高于理智所能理解。

第二阶：对主本体的领悟（精英层面）

- 将属性融入对主本体的整体领悟之中，不加分离。
- 实现方式包括：
  - 摆脱所有认知中的媒介与形式。
  - 超越表层象征与外在形式。
  - 心灵达至对主独一之安然确信。

第三阶：绝对认知（至精英层面）

- 是一种直接的灵性体验，无需言语与证据。
- 基于以下三点：
  - 以心灵体验主的临在。
  - 超越理论，进入真实的亲历状态。
  - 灵性契合而无混合之虞：心与主的真理贴近，而无合一或*混同*之意。

<u>总结与实践建议：</u>

真知使心融于主爱。

- 深思："真主的仆人中，只有学者敬畏他。"（《古兰经》35:28）
- 求有益知识：以谦卑之心寻求，不为炫耀。
- 超越表象：知识越深，确信越坚。

简化的阿拉伯文本，已翻译

第九十二章：灵性消融

真主说："凡在大地上的，都要毁灭。唯有你的主的本体，具有尊严与大德，将永恒存在。"（《古兰经》55:26-27）

灵性消融（الفناء）是指内心与存在中，除真主外一切的湮灭与虚无。

分三阶：

第一阶段：知识与认知的湮灭
- 知识的湮灭：明悟一切皆灭，唯主永存。
- 否定依赖：摆脱对被造物的依赖与倚仗。
- 真理的湮灭：在心中体验主独一的临在。

第二阶段：见证的湮灭
- 超越对尘世与来世的追求。
- 连灵性知识本身也彻底放下。
- 内心所见唯有主，无他物存在之感。

第三阶段：湮灭自身之感
- 连"湮灭"的感知也消失，因心已全然映照主光，忘我忘境。

总结与实践建议：
真消融，是在主爱中融化自我。
- 深思："他是前无始、后无终，极显著、极隐微的。"（《古兰经》57:3）
- 净化心灵：借悔过与断除非主之依附。
- 追求永恒：努力为后世耕耘，因唯有主之存为恒常。

简化的阿拉伯文本，已翻译

第九十三章：神圣永存

真主说："真主是更好的保护者，也是至慈的。"（《古兰经》20:73）

神圣永存（البقاء）指的是一切除主以外之物皆消逝后，真主的临在在心中永恒存在。

它分为三个境界：

第一境界：认知之存（即对神圣实在的觉知）
- 即使抽象理性知识消散，对安拉存在的感知仍如切实真理般存在。

第二境界：体验之存（即灵性经验的存续）
- 坚信造物主安拉是永恒的，即使今世消亡，祂依然常在。
- 求道者感受到自己如同生活在一个不朽的灵性领域，超脱于物质的衰败。

第三境界：真主本然之存
- 一切幻象消失，唯有真主作为永恒、先在的真实存在。
- 此境界不可言喻：领悟者无需解释；未达者，即使用尽言语亦难表其真。

总结与实践建议：
真永存，是内心专属独一真主。
- 深思："凡在大地上的，都要毁灭；唯有你的主的本体，具有尊严与大德，将永恒存在。"（《古兰经》28:88）
- 专注永恒：唯将时间投入于能使你更近真主的事务。
- 为永恒而耕耘：尘世短暂，主之所有，至善而永存。

简化的阿拉伯文本，已翻译

第九十四章：灵性确证

真主说："难道你不信吗？"他说："不然！但为使我的心安定。"（《古兰经》2:260）

灵性确证（التحقيق）是通过三个阶段达到对真主无疑的全然信任：

第一阶段：来自真理的确证
- 净化信仰知识，摆脱疑惑与无知混杂。
- 例证：如穆萨之母将儿投入河中，满怀对真主保护的确信。

第二阶段：依真理而确证
- 灵性体验与神圣实相和谐一致，无矛盾。
- 例证：观主迹于万物而不受欲望纷扰。

第三阶段：融入真理之确证
- 除主之外一切消融于心，超越语言与象征。
- 此境不可言喻，心如明镜，映照真主之临在，无一遮蔽。

总结与实践建议：
确证是真诚信仰的巅峰。
- 深思："信道者之心，因记念真主而获得安宁。"（《古兰经》13:28）
- 求内在平静：通过反思主的迹象与摒弃怀疑。
- 超越表象：真正的确信不止于理性，而是抵达心灵之深处。

简化的阿拉伯文本，已翻译

第九十五章：神圣的隐蔽

真主说："我使他们沉溺于他们自造的混淆之中。"（《古兰经》6:9）

神圣的隐蔽（التلبيس）是真主出于其至高智慧，对某些人隐藏真相的行为。

分三类：

第一类：以物质因由遮掩真理

- 真主安排万事仿佛与外在因素（如时间、地点、努力）相关，以试验人之信仰。
- 例：有人将成功归功于自己之努力，而忽视一切来自主之安排与赐予。

第二类：隐藏真诚者的真实境界

- 真主对虔诚者隐藏其灵性境界，以保护其不生傲慢，或显现普通行为，使旁人不觉其特殊之处。
- 例：一位敬虔者专注礼拜，泪流满面，却在人前掩饰其敬畏之状。

第三类：对先知与圣徒的隐蔽

- 先知依众人理智程度施教，虽知一切为主所为，仍表现出遵循表面因果的行为方式。
- 例：先知召唤其族人奋战，但内心全然信托真主的援助。

总结与实践建议：
神圣的隐蔽唯有凭真正的确信才能领悟。
深思："你们所愿，皆依主之意欲而定。"（《古兰经》76:30）
求真主赐智慧：主之安排非人所尽知。
勿仅观表象：主之作为超越我们所见。

简化的阿拉伯文本，已翻译

第九十六章：主之存在

真主说：

- "真主是至赦的，至慈的。"（《古兰经》4:110）
- "他们必发现真主是至宥的，至慈的。"（《古兰经》4:64）
- "他发现真主在他那里。"（《古兰经》24:39）

主之存在（الوجود）是指在心中与天地之间对真主真实的觉知与体验。

分三阶：

第一阶：知识的存在

- 通过造化中的迹象认识真主的属性（如宽恕与慈悯）。
- 例如：悔罪者深信真主的宽恕，因此内心得到安宁。

第二阶：主之自存

- 信仰真主以其圣洁之本体而存在，不可比拟，无需想象形式或处所。
- 例如：人在祷告时感到主的亲近，而不必设想其形状或位置。

第三阶：自我融于永恒主光中

- 自我意识消融于真主的光辉中，但心依然觉察真主的伟大与荣耀。
- 例如：一位专注礼拜的敬主者忘我投入其中，却心怀敬畏之念。

总结与实践建议：

真存在是心灵对主的全然觉察与连结。

- 深思："你们身处何地，主常与你们同在。"（《古兰经》57:4）
- 感恩主恩：世间万物皆显主之存在与作为。
- 净化内心：以虔诚与专注，得以明见真理与主的光辉。

简化的阿拉伯文本，已翻译

第九十七章：灵性脱执

真主说："你脱下你的鞋子吧！"（《古兰经》20:12）

灵性脱执（التجريد）是指摆脱对物质世界的依赖，以专注于真主的道。

分三阶:

第一阶段：确信的脱执

- 摆脱对外在证据的依赖，心中坚定不移地确信真主的存在。
- 例如：如母亲不见其子却深知其在，信仰亦如是。

第二阶段：知觉的脱执

- 超越理性与文字，进入心灵体验的真实临在。
- 例如：在礼拜中感受到信仰的甘美，无需哲理推理。

第三阶段：自我之忘我

- 忘却"脱执"这一过程本身，心神全然沉浸于主的临在。
- 例如：如学者沉迷研究而忘时，修行者则全神贯注于主。

总结与实践建议:

真正的脱执是让心灵专属于真主。

- 深思："我创造精灵和人类，只为要他们崇拜我。"（《古兰经》51:56）
- 在信仰中选择纯粹：让崇拜与思维保持简洁明净。
- 每日精进：以悔悟和自省净化内心，远离尘俗。

简化的阿拉伯文本，已翻译

第九十八章：专诚于独一主

真主说："他们知道真主是明显的真理。"（《古兰经》24:25）

专诚于独一主（التفريد）是使心灵与行为完全归向真主。

分三阶：

第一阶段：意向专注主
- 渴求真主的喜悦，唯他独有。
- 深沉之爱，使人忘却一切非主。
- 心灵见证主的独一，在万物中显现。

第二阶段：以真理为行
- 以属于主道为荣耀，不求浮华虚饰。
- 行走于灵修之路，展现纯正崇拜之美。
- 对心灵有所护惜，不让它被俗务扰乱。

第三阶段：传道唯主
- 简明传播真理，不加造作繁饰。
- 以行感人，让人看到伊斯兰之美。
- 保持宣扬真理与关怀众生之间的平衡。

总结与实践建议：
真正的专诚是心与行皆归于真主。
- 深思："你说：'他是真主，是独一的主。'"（《古兰经》112:1）
- 净化举意：一切行为唯为真主而作。
- 以行感人：让你的行为比言语更有力地教化他人。

简化的阿拉伯文本，已翻译

第九十九章：聚合

真主说："当时你射击时，其实不是你在射击，而是真主在射击。"（《古兰经》8:17）

聚合 (الجمع) 是一种心灵状态：仆人脱离与真主的分离感，超越物质（水与泥土）的局限，在坚定信仰、净化内心后，摆脱将万事因果视为独立于真主的力量的观念，并脱离软弱和对他物的依赖。

聚合分为三阶段：

1. **知识的聚合**
   - 世俗知识融入真主赐予虔诚者心灵的圣光。
2. **存在的聚合**
   - 与真主的分离感消失，领悟自身存在乃依赖真主而存。
3. **真理的聚合**
   - 万象的指涉皆隐退，只见真主为一切的源泉。

聚合是修行者的终极目标，是通向纯粹认主独一（توحيد）的开始。

总结与实践建议：

聚合并非神格化，也非与主合一，而是指在万事万物中洞见真主的安排，从而摆脱对表面因果的执著，并深信内心唯由真主掌控。

- 深思："为我而奋斗的人，我必定指引他们我的道路。"（《古兰经》29:69）
- 让你的心成为真理之光的镜子，坚持记念真主（"确实，记念真主使心灵安定"——《古兰经》13:28），并在每一步中祈求真主的援助。
- 心灵净化之路虽长，但只要以真诚与恒心开始，每一步都将引你更近于真主。

简化的阿拉伯文本，已翻译

第百章：认主独一

真主说："真主作证：除他外，绝无应受崇拜的。"（《古兰经》3:18）

认主独一（التوحيد）意指确认真主完全超越一切不完美、变化或缺陷。学者和苏菲行者对"认主独一"的讨论，是为了确保信仰的纯洁性。所有的灵性阶段和境界，若非建立在正确的"认主独一"基础上，皆可能被偏差污染。

认主独一的三层次：

1. **大众层面的认主独一**
   - 口与心共同承认："除真主外，别无应受崇拜者"，如《仪赫拉斯
   - 章》（《古兰经》112）中所言："他未生育，也未被生育。没有任何物可以做他的匹敌。"
   - 此阶段保护信仰远离明显的以物配主，并界定伊斯兰的基本身份。只要内心纯净，即便不精通理性论证，此阶段已足够大众进入正信。

2. **精英层面的认主独一**
   - 认识到世俗因果无效，除非真主许可。心不再依赖感官与理智，而是认清一切事物背后的操控者唯有真主。
   - 进入此阶段者，内心脱离形式争辩，见证真主的意志胜于一切表象。

3. **至高层次的认主独一**
   - 超越语言表达的境界，真主特赐予其所拣选的仆人。
   - 人类概念不再适用，一切象征皆消隐，仅显真主永恒的真理。试图用语言描述这一状态，被视为不及其境也。

<u>总结与实践建议</u>：

认主独一是信仰的核心——从一句简单的"万物非主，唯有真主"，到对无限大真主的深刻领悟，皆属此道。

- 参悟："他是前无始后无终的，是极显著极隐微的。"（《古兰经》57:3）
- 不仅用口承认，更要坚定内心对真主独掌万物的信念。
- 经常反省：你是否对被造物的担忧超越了对造物主的敬畏？
- 以认主独一为人生的中心准则，并不断祈求真主赐予坚定的信仰：
  - "谁信真主，真主将引导他的心。"（《古兰经》64:11）

全书完，唯凭真主的恩典。

澄清《行者的阶段》之意

《行者的阶段》是一部严谨的灵修指南，将寻道者通往真主的旅程划分为 100 个“修行阶位”，每个阶位又分为初级、中级、高级三个层次。这些阶位始于忏悔与自我监察，终至认主独一与融于真主之爱。本书详述寻道者如何根据灵性禀赋逐级提升。其清晰的体系与深邃的洞见，使它在修行著作中独树一帜。

赫拉维长老于约千年前完成此书。正如其他语言，术语会随时间变迁，千年前的文本对现代读者而言难免晦涩。此拙作旨在以简洁的现代语言重述《行者的阶段》，使其内涵易于理解，尤其为不熟悉古典术语的读者提供便利，同时保留权威注释的核心要义。

“Stations of the Wayfarers” is a meticulously structured spiritual guide outlining the seeker's journey to Allah through 100 "stations", each divided into three levels: the beginner's stage, the intermediate stage, and the stage of the elite. These stations begin with repentance and self-vigilance and culminate in divine unity and annihilation in the love of the Divine. The book details the seeker's ascension through each stage according to their spiritual readiness. Its systematic framework, clarity, and depth have earned it a unique status among works on spiritual conduct.

Shaykh Al-Harawi authored this book nearly a thousand years ago. As with all languages, terminology evolves over time, and texts written a millennium ago may prove challenging for the general reader to comprehend. The purpose of this humble work before you is to make the meanings of “Stations of the Wayfarers” accessible by rendering it in concise, contemporary language. This adaptation is intended for those unfamiliar with classical Sufi texts and their specialized terminology, while preserving the core content as clarified by reputable commentators.

كتاب "منازل السائرين" هو دليلٌ روحيٌّ مُحكَمٌ يَرسُمُ للمُريد طريقَ السير إلى الله عبر مئة "منزل" (مرحلة)، مقسَّمةً كلُّ منها إلى ثلاث درجات: درجة المبتدئين، ودرجة المتوسِّطين، ودرجة المحقِّقين. تبتدئُ هذه المنازلُ بالتوبة والمراقبة، وتنتهي بالتوحيد والفناء في محبة الحق سبحانه، مع تفصيلٍ دقيقٍ لِكيفيةِ ترقِّي المُريد في كلِّ مرحلةٍ وفقَ استعداده الروحي. وقد حظي هذا الكتاب بمكانةٍ فريدةٍ بين كتب السلوك لِما يَمتازُ به مِن تنظيرٍ منهجيٍ يُجسِّدُ مراحلَ السيرِ إلى الله بِوضوحٍ وعمقٍ.

كتب الشيخ الهروي هذا الكتاب قبل حوالي ألف سنة، و كما في باقي اللغات، يتغير استعمال المصطلحات مع تغير الزمن، و قد يصعب على عامّة الناس فهم النصوص المكتوبة قبل ألف سنة. و هذا العمل المتواضع بين يديكم جاء لتقريب معاني كتاب "منازل السائرين" بكتابته بلغة معاصرة سلسة مقتضبة سهلة المنال في هذا الزمان لمن ليس له اطلاع سابق لكتب القوم واصطلاحاتهم، مع الحفاظ على مضامينها كما أوضحها شُرّاح الكتاب المعتمدون.

www.ingramcontent.com/pod-product-compliance
Lightning Source LLC
Chambersburg PA
CBHW080803120626
46556CB00009B/3209
* 9 7 9 8 9 9 8 9 3 0 5 2 2 *

تقريب معاني كتاب منازل السائرين

الطبعة الصينية والعربية

الدكتور قيس أكرم مكي حمّودة

الطبعة الثانية — طبعة منقحة ١٤٤٦هـ/٢٠٢٥م

فهرس المحتويات

بسم الله الرحمن الرحيم

التعريف بالكتاب، والداعي لكتابته، والهدف منه

الحمد لله رب العالمين. اللهم صل و سلم و بارك على سيدنا محمّد النبي المبعوث رحمة للعالمين، وعلى آله وصحبه، ومن تبعه بإحسان الى يوم الدين، آمين.

أمّا بعد، فيقول الله تعالى في كتابه الكريم:
﴿ وَٱلشَّمۡسِ وَضُحَىٰهَا ۝١ وَٱلۡقَمَرِ إِذَا تَلَىٰهَا ۝٢ وَٱلنَّهَارِ إِذَا جَلَّىٰهَا ۝٣ وَٱلَّيۡلِ إِذَا يَغۡشَىٰهَا ۝٤ وَٱلسَّمَآءِ وَمَا بَنَىٰهَا ۝٥ وَٱلۡأَرۡضِ وَمَا طَحَىٰهَا ۝٦ وَنَفۡسٍ وَمَا سَوَّىٰهَا ۝٧ فَأَلۡهَمَهَا فُجُورَهَا وَتَقۡوَىٰهَا ۝٨ قَدۡ أَفۡلَحَ مَن زَكَّىٰهَا ۝٩ وَقَدۡ خَابَ مَن دَسَّىٰهَا ۝١٠ ﴾ (الشمس: ١-١٠).

هذا القَسَمُ العظيم في مطلع سورة الشمس، الذي يَعتلي بكثرَة المُقسَم به، إذ هو أطول قسمٍ في القرآن الكريم، ليُؤكّد حقيقةً جَلِيَّةً: أنَّ تزكيةَ النفس هي من الغايات التي خُلِقَ الإنسانُ مِن أجلها، وأنَّها فريضةٌ عينيةٌ على كلِّ مُسلمٍ، لا يُجزِئُ عنها غيرُها. فالنفسُ الإنسانيةُ ميدانٌ للصراع بين الفجور والتقوى، وبقَدْرِ ما يَحرصُ العبدُ على تَطهيرها وتنميتها بالخير، تَفلحُ وتَنجو، وبقَدْرِ إهمالها وتدنيسها بالمعاصي، تَخيبُ وتَخسر.

ومن الأحاديث العظيمة التي بين النبي صلى الله عليه وسلم فيها أصول الدين، حديث جبريل المشهور، عندما جاء إلى النبي صلى الله عليه وسلم على هيئة رجل يسأله ويستفتيه عن بعض المسائل الهامة، والحديث رواه الإمامان مسلم و البخاري (وهذا لفظ مسلم) عن عمر بن الخطاب رضي الله عنه قال : بينما نحن عند رسول الله صلى الله عليه وسلم ذات يوم، إذ طلع علينا رجل شديد بياض الثياب، شديد سواد الشعر، لا يُرى عليه أثر السفر، ولا يعرفه منا أحد، حتى جلس إلى النبي صلى الله عليه وسلم، فأسند ركبتيه إلى ركبتيه، ووضع كفيه على فخذيه، وقال: يا محمد، أخبرني عن الإسلام؟ فقال رسول الله صلى الله عليه وسلم : (الإسلام أن تشهد أن لا إله إلا الله وأن محمدا رسول الله، وتقيم الصلاة، وتؤتي الزكاة، وتصوم رمضان، وتحج البيت إن استطعت إليه سبيلا) . قال : صدقتَ، قال : فعجبنا له يسأله ويصدقه. قال : فأخبرني عن الإيمان؟

قال : (أن تؤمن بالله وملائكته وكتبه ورسله واليوم الآخر، وتؤمن بالقدر خيره وشره) . قال : صدقت . قال فأخبرني عن الإحسان؟ قال : (أن تعبد الله كأنك تراه، فإن لم تكن تراه فإنه يراك) . قال : فأخبرني عن الساعة؟ قال : (ما المسئول عنها بأعلم من السائل) . قال : فأخبرني عن أمارتها؟ قال : (أن تلد الأمة ربَّتها، وأن ترى الحفاة العراة العالة رعاءَ الشاء يتطاولون في البنيان) . قال : ثم انطلق، فلبثتُ مليًا، ثم قال لي : (يا عمر، أتدري من السائل؟) . قلت : الله ورسوله أعلم . قال : (فإنه جبريل أتاكم يعلمكم دينكم).

في هذا الحديث الجامع، نرى التقسيمَ الحكيمَ لأصول الدين: الإسلامُ (العبادات الظاهرة)، والإيمانُ (العقائد الباطنة)، والإحسانُ (المراقبة القلبية). وهذه الأصول الثلاثة تَطوَّرَت عبرَ التاريخِ إلى علومٍ إسلاميةٍ راسخة: فـ"الإسلامُ" نشأ منه عِلْمُ الفقه، و"الإيمانُ" عِلْمُ العقيدةِ والكلام، و"الإحسانُ" عِلْمُ التزكيةِ والسلوك.

وأهلُ علم الإحسانِ هم الصوفيةُ، الذين تَخصَّصوا في علم تزكيةِ النفوسِ وتربيةِ القلوبِ على مَحبةِ اللهِ وخشيته. و نحن هنا نتحدَّثُ عن التصوُّفِ الحقِّ الذي سارَ عليه أئمةٌ كالحسن البصري، والحارث المحاسبي، والجُنيد البغدادي، وعبدالقادر الجيلاني، وغيرهم من عمالقةِ السلوك، رحمهم الله جميعاً، الذين جعلوا الشريعةَ حاكماً والطريقةَ مرشداً، والتزكية ثمرةً.

والتزكيةُ ليستْ عِلماً يُكتَبُ في الكتبِ فحسب، بل هي مَشْيٌ على الدربِ مع الشيوخِ العارفين والصحبة الصالحة، كتعلُّم الطبِّ عند الأطباء؛ فكما لا يَكفي الطالبُ أن يقرأَ كتابًا في التشريحِ ليُصبحَ طبيبًا، كذلك لا يَكفي المُريدُ أن يقرأَ كُتبَ التصوُّفِ ليُزكِّيَ نفسَه. بل لا بدَّ مِن صُحبةِ العارفين بالله، الذين يُربُّونَ الأرواحَ بتوجيهاتهم النورانية، ويُصحِّحونَ الانحرافاتِ القلبيةَ بِحِكَمِهم الإلهية.

كتاب "منازل السائرين" للإمام الهروي:

يُعتبر كتاب "منازل السائرين" للشيخ عبدالله الأنصاري الهروي (المتوفى سنة ٤٨١ هـ) مِن أهمّ ما كُتِبَ في علم التزكية والسلوك إلى الله. فقد ألَّفه الإمام الهروي، أحد أبرز أعلام التصوف في القرن الخامس الهجري، والذي جمع بين علوم الظاهر والباطن، فكان

محدِثًا وفقيهًا حنبليّاً، وشيخًا ربانيًا يُشار إليه بالبنان في ترسيخ منهج التزكية القائم على الكتاب والسنة.

وكتاب "منازل السائرين" هو دليلٌ روحيٌّ مُحكَمٌ يَرسُمُ للمُريد طريقَ السير إلى الله عبر مئة "منزل" (مقام، مرحلة)، مقسّمةً كلُّ منها إلى ثلاث درجات: درجة المبتدئين، ودرجة المتوسّطين، ودرجة المحقّقين. تبتدئُ هذه المنازلُ بالتوبة والمراقبة، وتنتهي بالتوحيد والفناء في محبة الحق سبحانه، مع تفصيلٍ دقيقٍ لِكيفيةِ ترقِّي المُريد في كلِّ مرحلةٍ وفقَ استعداده الروحي. وقد حظي هذا الكتاب بمكانةٍ فريدةٍ بين كتب السلوك لِما يَمتازُ به مِن تنظيرٍ منهجيٍ يُجسِّدُ مراحلَ السيرِ إلى الله بِوضوحٍ وعمقٍ.

ولم يقتصر أثره على عصره فحسب، بل ظلَّ مَنارًا يُهتَدى به عبر القرون، حتى أصبح مرجعًا أساسيًّا لِكبار المشايخ. وقد أَلَّفَ حولَه عُلماءُ الصوفية شروحًا عديدةً، كشروح الشيخ عفيف الدين التلمساني (ت. ٦٩٠ هـ)، والشيخ كمال الدين الكاشاني (ت. ٧٣٥ هـ)، والشيخ عبدالرؤوف المناوي (ت. ١٠٣١ هـ)، و الشيخ المعاصر الدكتور يسري جبر الحسني، وغيرهم مِن الأعلام، مما يُؤكِّدُ مكانتَه كأحد النصوص التأسيسية في علم التزكية، وقدرتَه على استيعابِ تفاسيرِ العصورِ المُختلفة.

كتب الشيخ الهروي هذا الكتاب قبل حوالي ألف سنة، و كما في باقي اللغات، يتغير استعمال المصطلحات مع تغير الزمن، و قد يصعب على عامّة الناس فهم النصوص المكتوبة قبل ألف سنة. و قد جاءت فكرة هذا العمل المتواضع بين يديكم لتقريب معاني كتاب "منازل السائرين" بكتابته بلغة سلسة معاصرة مقتضبة سهلة المنال في هذا الزمان لمن ليس له اطلاع سابق لكتب القوم واصطلاحاتهم، مع الحفاظ على مضامينها كما أوضحها شُرّاح الكتاب المعتمدون، بدون شرح أو اسهاب، فقد كفى ووفّى من سبقنا بذلك، ولكن رأيت استبدال العبارات بعبارات مماثلة لها قدر الإمكان بلغة معاصرة، أملاً أن يكون هذا الكتاب مفتاحاً لقلوب القارئين - حفظهم الله ورعاهم - ان تتعطش لمزيد من البحث والمعرفة والتزكية من منابعها الأصليّة. وللإلمام بمختلف الاصطلاحات و التعابير المستعملة في وقتنا هذا، والتفاضل بينها لانتقاء الأنسب، استعنت بأحدث التقنيّات الحاسوبيّة المتوفّرة للبحث عن المرادفات اللغويّة في زماننا هذا، مع الفحص الشخصي الدقيق للتاكّد من توافق المعنى مع الشروح المعتمدة للنص الأصلي. كما كتبته في ثلاث لغات: العربية، والانكليزية، والصينية، لتعم الفائدة إن شاء الله تعالى.

ولكن من الضروري أن ندرك بأن تبسيط لغة هذا الكتاب العميق يحمل في طياته بالضرورة شيئاً من فقدان العمق الذي اختصت به تعبيرات الشيخ الهروي رحمه الله، إذ أن النص الأصلي يحمل في طياته إيحاءاتٍ لا تُحصى، فقد اختار الشيخ الهروي رحمه الله ألفاظه بدقةٍ تُضيء المعنى من زوايا متعددة، حتى إن شرح صفحةٍ واحدةٍ منه قد يستغرق مجلدات! لذا فقد ألزمت نفسي بإدراج النص الأصلي مع كل بابٍ تذكيراً بعمق الأصل وضرورة العودة إليه و إلى كتب الشُرّاح المعتمدة و الى سماع دروس الشيوخ العارفين.

في نهاية كل باب، أضفت بعض السطور، نصيحةً للقارئ العزيز والقارئة العزيزة، حول معنى الباب، وهي ليست من نص كتاب الشيخ الجليل الهروي، و لكنّي آمل أن تساعد في تذوّق معنى الباب.

و إذا لقي هذا العمل قبولاً، وأن كان في العمر بقيّة، فإني أنوي إن شاء الله تعالى، على طريق إحياء علوم التزكية، ان أتبع هذا الكتاب بأعمال أخرى لتقريب معاني امهات كتب التزكية لإخواننا و أخواتنا و ابنائنا و بناتنا.

و في الختام أرجو أن لا تبخلوا علي بنصائحكم، لتصحيح أي خطأ ترونه، أولتقديم اقتراح منكم، أو استعمال كلمة أخرى تفضّلونها في الترجمة، خاصّة أخوتي وأخواتي المتكلمين باللغة بالصينيّة فإتقاني لها أقل من العربيّة والانكليزيّة، ترسلونه الى البريد الاليكتروني (advice.for.author@gmail.com)، وجزاكم الله خيراً.

نسألكم الدعاء لوالدينا ووالديكم، والسلام عليكم ورحمة الله وبركاته.

قيس أكرم مكّي حمّودة
شيكاغو، في رمضان ١٤٤٦هـ (٢٠٢٥م)

كتاب : منازل السائرين
المؤلف : عبد الله الأنصاري الهروي

مقدّمة الشيخ الهروي رحمه الله

بسم الله الرحمن الرحيم

الحمد لله الواحد الأحد، القيوم الصمد اللطيف القريب الذي أمطر سرائر العارفين كرائم الكلم من غمائم الحكم وألاح لهم لوائح القدم في صفائح العدم، ودلهم على أقرب السبل إلى المنهاج الأول وردهم من تفرق العلل إلى عين الأزل وبث فيهم ذخائره وأودعهم سرائره.

وأشهد أن لا إله إلا الله وحده لا شريك له، الأول الآخر الظاهر الباطن الذي مد ظل التلوين على الخليقة مدا طويلا ثم جعل شمس التمكين لصفوته عليه دليلا، ثم قبض ظل التفرقة عنهم إليه قبضا يسيرا.وصلاته وسلامه على صفيه الذي أقسم به في إقامة حقه محمد وآله كثيرا.

وبعد، فإن جماعة من الراغبين في الوقوف على منازل السائرين إلى الحق عز اسمه من الفقراء، من أهل هراة والغرباء، طال علي مسألتهم إياي زمانا أن أبين لهم في معرفتها بيانا يكون على معالمها عنوانا. فأجبتهم بذلك بعد استخارتي الله واستعانتي به وسألوني أن أرتبها لهم ترتيبا يشير إلى تواليها ويدل على الفروع التي تليها وأن أخليه من كلام غيري وأختصره ليكون ألطف في اللفظ وأخف للحفظ وإني خفت أني إن أخذت في شرح قول أبي بكر الكتاني "إن بين العبد والحق ألف مقام من نور وظلمة" طولتُ عليّ وعليهم.

فذكرت أبنية تلك المقامات التي تشير إلى تمامها وتدل على مرامها.وأرجو لهم بعد صدق قصدهم ما قال أبو عبيد البسري "إن لله عبادا يريهم في بداياتهم ما في نهاياتهم". ثم إني رتبته لهم فصولا وأبوابا يغني ذلك الترتيب عن التطويل المؤدي إلى الملال ويكون

مندوحة عن التسآل فجعلته مائة مقام مقسومة على عشرة أقسام. وقد قال الجنيد "قد ينقل العبد من حال إلى حال أرفع منها وقد بقي عليه من التي نقل عنها بقية فيشرف عليها من الحالة الثانية فيصلحها".وعندي أن العبد لا يصح له مقام حتى يرتفع عنه ثم يشرف عليه فيصححه. **واعلم أن السائرين في هذه المقامات على اختلاف مفظع لا يجمعهم ترتيب قاطع ولا يقفهم منتهى جامع.**

وقد صنف جماعة من المتقدمين والمتأخرين في هذا الباب تصانيف عساك لا تراها أو أكثرها، على حسنها، مغنية كافية: منهم من أشار إلى الأصول ولم يف بالتفصيل، ومنهم من جمع الحكايات ولم يلخصها تلخيصا، ولم يخصص النكتة تخصيصا، ومنهم من لم يميز بين مقامات الخاصة وضرورات العامة، ومنهم من عد شطح المغلوب مقاما وجعل بوح الواجد ورمز المتمكن شيئا عاما، وأكثرهم لم ينطق عن الدرجات.

واعلم أن العامة من علماء هذه الطائفة والمشيرين إلى هذه الطريقة اتفقوا على أن النهايات لا تصح إلا بتصحيح البدايات كما أن الأبنية لا تقوم إلا على الأساس. وتصحيح البدايات هو إقامة الأمر على مشاهدة الإخلاص ومتابعة السنة وتعظيم النهي على مشاهدة الخوف ورعاية الحرمة والشفقة على العالم ببذل النصيحة وكف المؤنة ومجانبة كل صاحب يفسد الوقت وكل سبب يفتن القلب.

على أن الناس في هذا الشأن ثلاثة نفر: رجل يعمل بين الخوف والرجاء، شاخصا إلى الحب مع صحبة الحياء، فهذا هو الذي يسمى المريد، ورجل مختطف من وادي التفرق إلى وادي الجمع، وهو الذي يقال له المراد، ومن سواهما مدع مفتون مخدوع.

وجميع هذه المقامات تجمعها رتب ثلاث:
الرتبة الأولى: أخذ القاصد في السير.
الرتبة الثانية: دخوله في الغربة.
الرتبة الثالثة: حصوله على المشاهدة الجاذبة إلى عين التوحيد في طريق الفناء.

وقد اخبرنا في معنى الرتبة الأولى الحسين بن محمد بن علي الفرائضي قال: أخبرنا أحمد بن محمد بن حسنوية قال: أخبرنا الحسين بن إدريس الأنصاري قال: حدثنا عثمان بن أبي شيبة قال: حدثنا محمد بن بشر هو العبدي قال: حدثنا عمر بن راشد عن يحيى بن ابي كثير عن أبي سلمة عن أبي هريرة رضي الله عنه قال: قال رسول الله صلى الله عليه و

سلم: "سيروا سبق المفرِّدون" ، قالوا: "يا رسول الله، وما المفردون"؟ قال: "المهتزون الذين يهتزون في ذكر الله عز و جل، يضع الذكر عنهم أثقالهم فيأتون يوم القيامة خفافا".وهذا حديث حسن، لم يروه عن يحيى بن أبي كثير إلا عمر بن راشد اليماني، وخالف محمد بن يوسف الفريابي فيه محمد بن بشير العبدي فرواه عن عمر بن راشد عن يحيى عن أبي سلمة عن أبي الدرداء مرفوعا. والحديث إنما هو لأبي هريرة، رواه بندار بن بشار عن صفوان بن عيسى عن بشير بن رافع اليماني إمام أهل نجران ومفتيهم عن ابي عبد الله بن عم أبي هريرة عن أبي هريرة مرفوعا. وأحسنها طريقا وأجودها سندا حديث العلاء بن عبد الرحمن عن أبيه عن أبي هريرة عن النبي ص صلى الله عليه وسلم وهو مخرج في صحيح مسلم. وروى هذا الحديث أهل الشام عن أبي أمامة مرفوعا. قال في كلها: "سبق المُفرِّدون".

وأخبرنا في معنى الدخول في الغربة حمزة بن محمد بن عبد الله الحسيني قال: حدثنا أبو القاسم عبدالواحد بن احمد الهاشمي الصوفي قال: سمعت أبا عبد الله علان بن زيد الدينوري الصوفي بالبصرة قال: سمعت جعفر الخلدي الصوفي يقول: سمعت الجنيد قال: سمعت السري عن معروف الكرخي عن جعفر بن محمد عن أبيه عن جده عن علي رضي الله عنه عن رسول الله ص صلى الله عليه و سلم قال "طلب الحق غربة". وهذا حديث غريب ما كتبته إلا من رواية علان.

وأخبرنا في معنى الحصول على المشاهدة محمد بن علي بن الحسين الباشاني رحمه الله قال: حدثنا محمد بن اسحاق القرشي قال: حدثنا عثمان بن سعيد الدارامي قال: حدثنا سليمان بن حرب عن حماد بن زيد عن مطر الوراق عن أبي بريدة عن يحيى بن يعمر عن عبدالله بن عمر بن الخطاب في حديث سؤال جبرائيل رسول الله ص صلى الله عليه و سلم قال: "ما الإحسان"؟ قال: "أن تعبد الله كأنك تراه فإن لم تكن تراه فإنه يراك". وهذا حديث صحيح غريب أخرجه مسلم في الصحاح. وهذا الحديث إشارة جامعة لمذهب هذه الطائفة.

وإني مفصل لك درجات كل مقام منها لتعرف درجة العامة منه ثم درجة السالك ثم درجة المحقق. ولكل منهم شرعة ومنهاج ووجهة هو مولاها قد نصب له علم هو له مبعوث واتيح له غاية هو إليها محثوث وإني أسأل الله أن يجعلني في قصدي مصحوبا لا محجوبا وأن يجعل لي سلطانا مبينا، إنه سميع قريب.

واعلم أن الأقسام العشرة التي ذكرتها في صدر هذا الكتاب هي: قسم البدايات، ثم قسم الأخلاق، ثم قسم الأحوال، ثم قسم الأبواب، ثم قسم الأصول، ثم قسم الولايات، ثم قسم النهايات، ثم قسم المعاملات، ثم قسم الأودية، ثم قسم الحقائق.

١ ـ قسم البدايات

فأما قسم البدايات فهو عشرة أبواب وهي: اليقظة والتوبة والمحاسبة والإنابة والتفكر والتذكر والاعتصام والفرار والرياضة والسماع

نص الشيخ الهروي

١- باب اليقظة

قال الله عز و جل: ﴿ قُلۡ إِنَّمَآ أَعِظُكُم بِوَٰحِدَةٍۖ أَن تَقُومُواْ لِلَّهِ ﴾(سبأ: 46).

القومة لله هي اليقظة من سنة الغفلة، والنهوض من ورطة الفترة. وهي أول ما يستنير قلب العبد بالحياة لرؤية نور التنبيه.

واليقظة هي ثلاثة أشياء:

الأول، لحظ القلب إلى النعمة - على الإياس من عدها، والوقوف على حدها، والتفرغ إلى معرفة المنة بها، والعلم بالتقصير في حقها.

والثاني، مطالعة الجناية - والوقوف على الخطر فيها، والتشمر لتداركها، والتخلص من ربقها، وطلب النجاة بتمحيصها.

والثالث، الانتباه لمعرفة الزيادة والنقصان في الأيام - والتنصل عن تضييعها، والنظر إلى الضن بها، ليتدارك فائتها، ويعمر باقيها.

فأما معرفة النعمة، فإنها تصفو بثلاثة أشياء:بنور العقل، وشيم برق المنة، والاعتبار بأهل البلاء.

وأما مطالعة الجناية، فإنها تصح بثلاثة أشياء: بتعظيم الحق، ومعرفة النفس، وتصديق الوعيد.

وأما معرفة الزيادة والنقصان في الأيام، فإنها تستقيم بثلاثة أشياء: بسماع العلم، وإجابة دواعي الحرمة، وصحبة الصالحين.

وملاك ذلك كله خلع العادات.

النصّ مكتوباً بلغة مبسّطة

١- باب اليقظة (الاستيقاظ الروحي)

قال الله تعالى: ﴿ قُلۡ إِنَّمَآ أَعِظُكُم بِوَٰحِدَةٍۖ أَن تَقُومُواْ لِلَّهِ ﴾ (سبأ: ٤٦).

المقصود بـ"القومة لله" هو الاستيقاظ من غفلة القلب، والنهوض من حالة التراخي والتكاسل عن الطاعة.

هذه اليقظة هي أول خطوة يُشرق فيها القلب بنور الوعي، فيبدأ بملاحظة نعم الله وحقوقه عليه.

اليقظة ثلاثة أنواع :

١. تذكُّر النعم :

- أن تنظر إلى نعم الله عليك، حتى لو كانت قليلة في نظرك.
- أن تعترف بأنك مقصِّر في شكرها، وأن الفضل في وجودها يعود إلى الله وحده.
- أن تتأمل في أحوال من ابتُلوا بالفقر أو المرض، فتُدرك قيمة ما عندك.

٢. مراجعة الأخطاء :

- أن تتأمل في ذنوبك وأخطائك بجدية، ولا تستخف بها.
- أن تخاف عواقبها، وتسعى للتوبة منها.
- أن تطلب من الله أن يُطهِّر قلبك منها، ويعينك على عدم العودة إليها.

٣. مراقبة الوقت:

- أن تحسب كل يوم يمر: هل زاد إيمانك أم نقص؟
- أن تحافظ على وقتك، ولا تضيعه في ما لا يفيد.
- أن تستفيد من صحبة الصالحين، وتتعلم من نصائحهم.

كيف تصل إلى هذه اليقظة؟

- تذكُّر النعم يحتاج إلى: عقل واعٍ، وقلب شاكر، ومقارنة نفسك بمن هم أقل منك.
- مراجعة الأخطاء تحتاج إلى: احترام حقوق الله، ومعرفة ضعف نفسك، والإيمان بوعيد الله للعصاة.
- مراقبة الوقت تحتاج إلى: سماع المواعظ، والاستجابة لنداء الخير، ومصاحبة الصادقين.

الخلاصة:

مفتاح كل هذا هو التخلص من العادات السيئة التي تُثقل القلب، وتجعلك تعيش في غفلة.

موجز ونصيحة عملية:

اليقظة الروحية تبدأ بالتوقف عن "العيش الآلي" ومراجعة حياتك بصدق:

- خصص دقائق يوميًّا لتذكر نعمة واحدة وتشكر الله عليها.
- اكتب ذنبًا واحدًا تُريد التخلص منه، واطلب العون من الله لتركه.
- اسأل نفسك كل ليلة: "ماذا أضفت اليوم لإيماني؟".
- الاستمرار على هذه الخطوات البسيطة سيُعيد توجيه قلبك نحو الله، خطوة بخطوة.

نص الشيخ الهروي

٢- باب التوبة

قال الله عز و جل: ﴿ وَمَن لَّمْ يَتُبْ فَأُولَـٰئِكَ هُمُ الظَّالِمُونَ ﴾(الحجرات: ١١)، فأسقط اسم الظلم عن التائب.

والتوبة لا تصح إلا بعد معرفة الذنب. وهي أن تنظر في الذنب إلى ثلاثة أشياء: إلى انخلاعك من العصمة حين إتيانة، وفرحك عند الظفر به، وقعودك على الإصرار عن تداركه مع يقينك بنظر الحق إليك.

وشرائط التوبة ثلاثة أشياء: الندم، والاعتذار، والإقلاع.
وحقائق التوبة ثلاثة أشياء: تعظيم الجناية، واتهام التوبة، وطلب إعذار الخليقة.
وسرائر حقيقة التوبة ثلاثة أشياء: تمييز التقية من العزة، ونسيان الجناية، والتوبة من التوبة أبدا، لأن التائب داخل في الجميع من قوله تعالى: ﴿وتوبوا إلى الله جميعا﴾(النور: ٣١) فأمر التائب بالتوبة.

ولطائف سرائر التوبة ثلاثة أشياء:
أولهما أن تنظر بين الجناية والقضية، فتتعرف مراد الله فيها إذ خلاك وإتيانها، فإن الله عز و جل إنما يخلي العبد والذنب لأحد معنيين: أحدهما أن تعرف عزته في قضائه وبره في ستره وحلمه في إمهال راكبه وكرمه في قبول العذر منه وفضله في مغفرته، والثاني ليقيم على العبد حجة عدله فيعاقبه على ذنبه بحجته.
واللطيفة الثانية: أن تعلم أن طلب البصير الصادق سيئته لم يبق له حسنة بحال لأنه يسير بين مشاهدة المنة وتطلب عيب النفس والعمل.
واللطيفة الثالثة: أن مشاهدة العبد الحكم لم تدع له استحسان حسنة ولا استقباح سيئة، لصعوده من جميع المعاني إلى معنى الحكم.

فتوبة العامة لاستكثار الطاعة. فإنه يدعو إلى ثلاثة أشياء إلى جحود نعمة الستر والإمهال، ورؤية الحق على الله، والاستغناء الذي هو عين الجبروت والتوثب على الله.

وتوبة الأوساط من استقلال المعصية. وهو عين الجرأة والمبارزة، ومحض التزين بالحمية، والاسترسال للقطيعة.

وتوبة الخاصة من تضييع الوقت. فإنه يدعو إلى درك النقيصة، ويطفئ نور المراقبة، ويكدر عين الصحبة.

ولا يتم مقام التوبة إلا بالانتهاء إلى التوبة مما دون الحق، ثم رؤية علة تلك التوبة، ثم التوبة من رؤية تلك العلة.

النصّ مكتوباً بلغة مبسّطة

٢- باب التوبة

قال الله تعالى: ﴿وَمَن لَّمْ يَتُبْ فَأُولَـٰئِكَ هُمُ الظَّالِمُونَ﴾ (الحجرات: ١١).

فالله يرفع وصف "الظالم" عن التائب.

مقومات التوبة الصحيحة :

١ .معرفة الذنب:

- أن تدرك أن ثلاثة أمور صارت عند فعل المعصية:
  - خروجك من حماية الله حين أقدمتَ عليها.
  - فرحك المؤقت بفعلها.
  - أنك قد أخّرت التوبة رغم علمك أن الله يراك.

٢ .شروط التوبة:

- الندم: أن تحزن على ما فعلت.
- الإقلاع: أن تتوقف عن الذنب فورًا.
- الاعتذار: أن تطلب المغفرة من الله بصدق.

٣ .حقائق التوبة:

- أن تعترف بخطورة ذنبك.
- أن تشكّ في قبول توبتك (لا تثق بنفسك).
- أن تسامح الآخرين إذا أخطؤوا في حقك.

٤ .أسرار التوبة الداخلية:

- أن تُميّز بين التوبة الخالصة والخوف من الناس.
- أن تنسى ذنبك بعد التوبة ولا تعود إليه.
- أن تتوب دائمًا، حتى من تقصيرك في التوبة نفسها.

درجات التوبة:

- توبة العامة: ترك الذنب خوفًا من العقاب.
- توبة المتوسطين: أن يتوب من استصغار الذنب الصغير ثقة بكثرة الطاعات (وهذا خطر، فالصغيرة قد تكبر).
- توبة الخاصة: التوبة من تضييع الوقت في غير طاعة الله.

كيف تكتمل التوبة؟

- بالتوبة من كل ما يُبعدك عن الله، حتى من نقص توبتك نفسها!

<u>موجز ونصيحة عملية:</u>
التوبة ليست كلمات تُقال، بل قلبٌ نادم وعملٌ صالح:

- كل ليلة: افحص يومك واسأل: "هل أخطأت؟ وكيف أصلحه؟".
- بعد كل ذنب: قل بصدق: "اللهم إني تبتُ إليك، أعِنّي على عدم العودة".
- تجنب الأماكن أو الأشخاص الذين يدفعونك للخطأ.
- التوبة باب مفتوح دائمًا – لا تؤجلها!

نص الشيخ الهروي

٣- باب المحاسبة

قال الله عز و جل: ﴿ٱتَّقُواْ ٱللَّهَ وَلۡتَنظُرۡ نَفۡسٞ مَّا قَدَّمَتۡ لِغَدٖۖ﴾(الحشر:١٨).
وإنما يسلك طريق المحاسبة بعد العزيمة على عقد التوبة.
والعزيمة لها ثلاثة أركان:
أحدها: أن تقيس بين نعمته وجنايتك، وهذا يشق على من ليس له ثلاثة أشياء: نور الحكمة، وسوء الظن بالنفس، وتمييز النعمة من الفتنة.
والثاني: تمييز ما للحق عما لك أو منك، فتعلم أن الجناية عليك حجة، والطاعة عليك منة، والحكم عليك حجة ما هو لك معذرة.
والثالث: أن تعرف أن كل طاعة رضيتها منك فهي عليك، وكل معصية عيرت بها أخاك فهي إليك، ولا تضع ميزان وقتك من يديك.

النصّ مكتوباً بلغة مبسّطة

٣- باب المحاسبة (مراجعة النفس)

قال الله تعالى: ﴿ٱتَّقُواْ ٱللَّهَ وَلۡتَنظُرۡ نَفۡسٞ مَّا قَدَّمَتۡ لِغَدٖۖ﴾ (الحشر: ١٨).

المحاسبة هي مراجعة النفس بعد العزم على التوبة.

ولتحقيق هذا العزم ثلاثة أسس:

١ .مقارنة النعمة بالذنب:
- قارن بين نعم الله الكثيرة عليك وبين أخطائك.
- هذا يحتاج إلى:
  - فطنة لرؤية النعم.
  - شكٍّ في صلاح نفسك (لا تعتدّ بها كثيرًا).
  - تمييز النعمة الحقيقية من الاختبارات الصعبة.

٢. فَرْقُ ما لله وما لك:

- اعترف أن:

- الذنب دليلٌ على تقصيرك.
- الطاعة نعمةٌ من الله، وليست مجهودك الشخصي.
- حكم الله عليك عدلٌ، وليس عذرًا لتبرير أخطائك.

٣. عدم الانشغال بغيرك:

- كل طاعة تفرح بها في نفسك قد تكون مصدر كِبْرٍ.
- كل ذنب تلوم عليه أخاك قد يكون موجودًا فيك.
- ركز على تحسين نفسك، ولا تضيع وقتك في مراقبة الآخرين.

موجز ونصيحة عملية:

المحاسبة ليست تأنيبًا قاسيًا، بل فرصة للتطور:

- كل صباح: اكتب نعمة واحدة تشكر الله عليها، وذنبًا واحدًا ستتجنبه اليوم.
- قبل النوم: اسأل نفسك: "ماذا قدمت لغدي؟ هل أنا أفضل من الصباح؟".
- توقف عن مقارنة نفسك بالآخرين؛ ركز على مسارك الروحي الخاص.
- التقدم يأتي بخطوات صغيرة متتالية، لا بانتظار الكمال!

نص الشيخ الهروي

٤- باب الإنابة

قال الله عز و جل: ﴿وَأَنِيبُوٓاْ إِلَىٰ رَبِّكُمۡ﴾(الزمر:54).

الإنابة ثلاثة أشياء:
الرجوع إلى الحق إصلاحاً، كما رجع إليه اعتذاراً.
والرجوع إليه وفاءً، كما رجع إليه عهداً.
والرجوع إليه حالاً، كما رجع إليه إجابة.

وإنما يستقيم الرجوع إليه إصلاحاً بثلاثة أشياء: بالخروج من التبعات، والتوجع للعثرات، واستدراك الفائتات.
وإنما يستقيم الرجوع إليه وفاءً بثلاثة أشياء: بالخلاص من لذة الذنب، وبترك الاستهانة بأهل الغفلة تخوفا عليهم مع الرجاء لنفسك، وبالاستقصاء في رؤية علل الخدمة.
وإنما يستقيم الرجوع إليه حالاً بثلاثة أشياء: بالإياس من عملك، ومعاينة اضطرارك، وشيم برق لطفه بك.

النصّ مكتوباً بلغة مبسّطة

٤ - باب الإنابة

قال الله تعالى: ﴿وَأَنِيبُوٓاْ إِلَىٰ رَبِّكُمۡ﴾ (الزمر: ٥٤).

الإنابة هي الرجوع إلى الله بصدق.
وهي ثلاثة أنواع:

١. رجوع الإصلاح:
- العودة إلى الله لتصحيح الأخطاء، مثل الاعتذار بعد الذنب.

- يشترط له ثلاثة أمور:
  - التخلص من عواقب الذنوب السابقة.
  - الشعور بالألم للزلات التي ارتكبتها.
  - تعويض ما فاتك من طاعات.

٢ .رجوع الوفاء:

- العودة إلى الله وفاءً بعهدك معه.
- يشترط له ثلاثة أمور:
  - التخلي عن متعة الذنب حتى لو كانت صغيرة.
  - عدم الاستهانة بمن غفل عن الله (لا تحتقرهم، بل اخشَ عليهم وارجو لنفسك).
  - البحث عن نقاط الضعف في عبادتك لتحسينها.

٣ .رجوع الاستجابة:

- العودة إلى الله استجابةً لنداء قلبك.
- يشترط له ثلاثة أمور:
  - اليأس من الاعتماد على أعمالك الصالحة (فالفضل لله).
  - إدراك أنك مضطرٌّ إلى رحمة الله دائمًا.
  - تذكُّر لطف الله الخفيّ عليك في كل لحظة.

<u>موجز ونصيحة عملية:</u>

الإنابة ليست خطوة واحدة، بل رحلة مستمرة:

- بعد كل صلاة: قل: "اللهم أرني عيوب نفسي، وأعنّي على إصلاحها".
- اختر صديقًا يُذكرك بالله إذا نسيت.
- احمل مفكرةً صغيرة لكتابة اللحظات التي شعرت فيها بقرب الله أو ابتعدت عنها.

كل رجوع إلى الله – ولو صغيرًا – يزيدك قربًا منه!

نص الشيخ الهروي

٥- باب التفكر

قال الله عز و جل:﴿ وَأَنزَلْنَآ إِلَيْكَ ٱلذِّكْرَ لِتُبَيِّنَ لِلنَّاسِ مَا نُزِّلَ إِلَيْهِمْ وَلَعَلَّهُمْ يَتَفَكَّرُونَ ﴾(النحل:٤٤).

إعلم أن التفكر تلمس البصيرة لاستدراك البغية.

وهو ثلاثة أنواع: فكرة في عين التوحيد، وفكرة في لطائف الصنعة، وفكرة في معاني الأعمال والأحوال.

فأما الفكرة في عين التوحيد، فهي اقتحام بحر الجحود، لا ينجى منه إلا الاعتصام بضياء الكشف، والتمسك بالعلم الظاهر.

وأما الفكرة في لطائف الصنائع، فهي ماء يسقي زرع الحكمة.

وأما الفكرة في معاني الأعمال والأحوال، فهي تسهل سلوك طريق الحقيقة.

وإنما يتخلص من الفكرة في عين التوحيد بثلاثة أشياء: بمعرفة عجز العقل، وبالإياس من الوقوف على الغاية، وبالاعتصام بحبل التعظيم.

وإنما تدرك لطائف الصنائع بثلاثة أشياء: بحسن النظر في مبادئ المنن، والإجابة لدواعي الإشارات، وبالخلاص من رق الشهوات.

وإنما يوقف بالفكرة على مراتب الأعمال والأحوال بثلاثة أشياء: باستصحاب العلم، واتهام المرسومات، ومعرفة مواقع الغير.

النصّ مكتوباً بلغة مبسّطة

٥- باب التفكُّر (التأمل الروحي)

قال الله تعالى:﴿وَأَنزَلْنَآ إِلَيْكَ ٱلذِّكْرَ لِتُبَيِّنَ لِلنَّاسِ مَا نُزِّلَ إِلَيْهِمْ وَلَعَلَّهُمْ يَتَفَكَّرُونَ﴾ (النحل: ٤٤).

التفكُّر هو استخدام البصيرة لتحقيق الفهم العميق، وهو ثلاثة أنواع:

١ .التفكُّر في حقيقة التوحيد :

- التأمل في عظمة الله ووحدانيته، كالغوص في بحر عميق.

- يُنجيك من الغرق فيه ثلاثة أمور:

- اعترافك بأن العقل محدودٌ في إدراك كمال الله.

- توقُّفك عن محاولة الوصول إلى "كيفية" ذات الله.

- التمسك بتعظيم الله دون تشبيه.

٢ .التفكُّر في إبداع الخلق:

- النظر في دقة صنع الله (كالسماء، الجبال، الإنسان).

- يحتاج إلى ثلاثة أمور:

- ملاحظة بدايات النعم وكيف تتجلى.

- تفسير الإشارات الإلهية في الكون (مثل المطر دليل رحمة).

- التحرر من شهوات تشغل قلبك عن التأمل.

٣ .التفكُّر في أعمالك وأحوالك :

- تحليل نواياك وأفعالك اليومية.

- يحتاج إلى ثلاثة أمور:

- التزامك بالعلم الشرعي في تقييم نفسك.

- شكّك في صدق نواياك (قد تخدع نفسك!).

- فهم تأثير أفعالك على الآخرين.

<u>موجز ونصيحة عملية:</u>

التفكُّر ليس فلسفة معقدة، بل هو عادة يومية:

- خمس دقائق صباحًا: تأمَّل في آية قرآنية أو مخلوقٍ طبيعي (كورقة شجر) واسأل: "ماذا تعلمني عن الله؟"

- قبل أي قرار: توقف ثانيةً وفكر: "هل هذا يُرضي الله؟ "

- اكتب ملاحظاتك الروحية في دفترٍ صغير كل أسبوع.

كل تأمل صادق يقربك من الحكمة!

نص الشيخ الهروي

٦- باب التذكر

قال الله عز و جل: ﴿ وَمَا يَتَذَكَّرُ إِلَّا مَن يُنِيبُ ﴾(غافر:١٣).

التذكر فوق التفكر، فإن التفكر طلب، والتذكر وجود.

وأبنية التذكر ثلاثة أشياء:

الانتفاع بالعظة، واستبصار العبرة، والظفر بثمر الفكرة.

وإنما ينتفع بالعظة بعد حصول ثلاثة أشياء: بشدة الافتقار إليها، والعمي عن عيب الواعظ، وبذكر الوعد والوعيد.

وإنما تستبصر العبرة بثلاثة أشياء: بحياة العقل، ومعرفة الأيام، والسلامة من الأغراض.

وإنما تجنى ثمرة الفكرة بثلاثة أشياء: بقصر الأمل، والتأمل في القرآن، وقلة الخلطة والتمني والتعلق والشبع والمنام.

النصّ مكتوباً بلغة مبسّطة

٦- باب التذكُّر (الاستفادة من العِبَر)

قال الله تعالى: ﴿ وَمَا يَتَذَكَّرُ إِلَّا مَن يُنِيبُ ﴾ (غافر: ١٣).

التذكُّر أعلى من التفكُّر؛ فالتفكُّر بحثٌ عن الحكمة، أما التذكُّر فهو وصولٌ إليها.

وله ثلاثة أركان:

١. الانتفاع بالموعظة:

- أن تستفيد من النصائح والتحذيرات.
- يشترط له ثلاثة أمور:

- شعورك بالحاجة الماسّة لهذه الموعظة.
- ترك التركيز على عيوب الناصح (لا تنتقد شخصه، بل استمع لرسالته).
- تذكُّر وعد الله بالثواب ووعيده بالعقاب.

28

٢ .رؤية العِبَر في الأحداث:

- أن تستخرج الدروس من مواقف الحياة.
- يشترط له ثلاثة أمور:
  - عقلٌ واعٍ يربط الأسباب بالنتائج.
  - معرفة سنن الله في الكون (مثل: الظلم يؤدي للهلاك).
  - نيةٌ خالصة لطلب الحق (لا تبحث عن مصلحة شخصية).

٣ .حصاد ثمرة التأمل:

- أن تترجم أفكارك إلى أفعالٍ نافعة.
- يشترط له ثلاثة أمور:
  - تقصير الأمل (لا تؤجل التغيير).
  - تدبُّر القرآن وفهم معانيه.
  - تجنُّب الإفراط في: الاختلاط باللهو، التمنّي الفارغ، التعلق بالدنيا، الشبع الزائد، النوم الكثير.

<u>موجز ونصيحة عملية:</u>

التذكُّر هو التطبيق العملي للحكمة:

- كل يوم: اقرأ موعظةً قصيرة (من القرآن أو حكمة) واسأل: "كيف أطبق هذا اليوم؟".
- عند سماع خبرٍ سلبي: ابحث عن العبرة (مثل: كيف أتجنب هذا الخطأ؟).
- خفِّف من الأشياء التي تُشتت قلبك (كالتلفاز أو السهر غير المفيد).

التذكُّر الحقيقي يجعلك تعيش بوعي، لا بغفلة!

نص الشيخ الهروي

٧- باب الاعتصام

قال الله عز و جل: ﴿واعتصموا بحبل الله جميعاً﴾(آل عمران:١٠٣)، ﴿وَٱعْتَصِمُواْ بِٱللَّهِ هُوَ مَوْلَىٰكُمْ﴾(الحج:٧٨).

الاعتصام بحبل الله هو المحافظة على طاعته مراقبا لأمره، والاعتصام بالله هو الترقي عن كل موهوم والتخلص من كل تردد. والاعتصام على ثلاث درجات:

اعتصام العامة: بالخبر، استسلاما وإذعاناً بتصديق الوعد والوعيد، وتعظيم الأمر والنهي، وتأسيس المعاملة على اليقين والإنصاف. وهو الاعتصام بحبل الله.

واعتصام الخاصة: بالانقطاع، وهو صون الإرادة قبضاً، وإسبال الخلق على الخلق بسطاً، ورفض العلائق عزماً. وهو التمسك ﴿بالعروة الوثقى﴾(البقرة:٢٥٦).

واعتصام خاصة الخاصة: بالاتصال، وهو شهود الحق تفريداً، بعد الاستخذاء له تعظيماً، والاشتغال به قرباً. وهو الاعتصام بالله.

النصّ مكتوباً بلغة مبسّطة

٧- باب الاعتصام

قال الله تعالى: ﴿وَاعْتَصِمُوا بِحَبْلِ اللَّهِ جَمِيعًا﴾ (آل عمران: ١٠٣)،
وقال: ﴿وَٱعْتَصِمُواْ بِٱللَّهِ هُوَ مَوْلَىٰكُمْ﴾ (الحج: ٧٨).

الاعتصام هو التمسك بالله بقوة. وهو ثلاثة مستويات:

١ .اعتصام العامة (المبتدئين):
التمسك بأوامر الله ونواهيه عبر:

- الإيمان بوعد الله (الجنة) ووعيده (النار).
- احترام الحدود الشرعية (الصلاة، الصوم، إلخ).
- التعامل مع الناس بالعدل واليقين.

- هذا هو التمسك بحبل الله (القرآن والسنة).

٢ .اعتصام الخاصة (المتقدمين):
- التحرر من التعلقات الدنيوية عبر:

- ضبط الرغبات (كالإقلال من الكلام الزائد).
- التواضع مع الخلق (عدم التكبر).
- قطع العلاقات التي تُبعد عن الله.

- هذا هو التمسك بـ "العروة الوثقى" (الإخلاص لله).

٣ .اعتصام خاصة الخاصة (الخواص):
- الوصول إلى مرحلة الاتصال القلبي بالله عبر:

- رؤية عظمة الله في كل شيء.
- الخضوع الكامل له بالقلب والجوارح.
- الانشغال بذكره دائمًا.

- هذا هو الاعتصام بالله نفسه.

موجز ونصيحة عملية:

الاعتصام بالله درجاتٌ متصاعدة:

- ابدأ بالأساسيات: حافظ على الصلاة واقرأ القرآن يوميًا.
- تخلَّص تدريجيًا: قلل من عاداتك واحدةً تُشتتك (كالتصفّح في الانترنت).
- اختر صُحبةً: اجلس مع من يذكرك بالله إذا نسيت.

كلما تمسكت بالله، زادت قوتك الداخلية وقربك منه!

نص الشيخ الهروي

٨- باب الفرار

قال الله عز وجل: ﴿ففروا إلى الله﴾(الذاريات:٥٠).
الفرار هو الهرب مما لم يكن إلى ما لم يزل.
وهو على ثلاث درجات:
فرار العامة: من الجهل إلى العلم عقداً وسعياً، ومن الكسل إلى التشمير حذراً وعزماً، ومن الضيق إلى السعة ثقةً ورجاءً.
وفرار الخاصة: من الخبر إلى الشهود، ومن الرسوم إلى الأصول، ومن الحظوظ إلى التجريد.
وفرار خاصة ألخاصة: مما دون الحق إلى الحق، ثم من شهود الفرار إلى الحق، ثم الفرار من الفرار إلى الحق.

النصّ مكتوباً بلغة مبسّطة

٨- باب الفرار (الهروب إلى الله)

قال الله تعالى: ﴿فَفِرُّوا إِلَى اللَّهِ﴾ (الذاريات: ٥٠).

الفرار هو الهروب من كل شيء زائل إلى الله الدائم.

وهو ثلاثة مستويات:

١ .فرار العامة (المبتدئين):
- الهروب من:

- الجهل إلى العلم (بالدراسة والعمل).
- الكسل إلى الاجتهاد (بالحذر والعزيمة).
- الضيق النفسي إلى الثقة برحمة الله (بالأمل والرجاء).

٢ .فرار الخاصة (المتقدمين):

- الهروب من:

- الكلام النظري إلى اختبار حلاوة الإيمان (بالقلب لا بالأذن).
- العبادات الشكلية إلى جوهر التقوى (كالإخلاص).
- التمسك بالدنيا إلى التجرد الروحي (عدم التعلق بالمال أو المنصب).

٣ .فرار خاصة الخاصة (الخواص):

- الهروب من:

- كل ما سوى الله إلى الله نفسه (حتى من الأفكار الروحية!).
- الفرار كفعلٍ إرادي إلى الاستسلام الكامل (كطفل بين يدي والديه).

موجز ونصيحة عملية:

الفرار إلى الله ليس هروبًا من الحياة، بل تحرُّرٌ نحو الأفضل:

- ابدأ بالأساس: خصص 10 دقائق يوميًا لتعلم دينك (كتفسير آية).
- انتبه للنوايا: حوِّل عاداتك اليومية (كالأكل) إلى عبادة بالشكر.
- تخلَّص من الفخاخ: ابتعد عن العلاقات أو الأعمال التي تُنسيك الله.

الهروب الحقيقي هو أن تعيش مع الله في كل لحظة!

نص الشيخ الهروي

٩- باب الرياضة

قال الله عز وجل: ﴿وَٱلَّذِينَ يُؤْتُونَ مَآ ءَاتَواْ وَّقُلُوبُهُمْ وَجِلَةٌ﴾(المؤمنون:٦٠).
الرياضة تمرين النفس على قبول الصدق.
وهي على ثلاث درجات:
رياضة العامة: تهذيب الأخلاق بالعلم، وتصفية الأعمال بالإخلاص، وتوفير الحقوق في المعاملة.
ورياضة الخاصة: حسم التفرق، وقطع الالتفات إلى المقام الذي جاوزه، وإبقاء العلم يجري مجاريه.
ورياضة خاصة الخاصة: تجريد الشهود، والصعود إلى الجمع، ورفض المعارضات والمعاوضات.

النصّ مكتوباً بلغة مبسّطة

٩- باب الرياضة (التدريب الروحي):

قال الله تعالى: ﴿وَٱلَّذِينَ يُؤْتُونَ مَآ ءَاتَواْ وَّقُلُوبُهُمْ وَجِلَةٌ﴾ (المؤمنون: ٦٠).

الرياضة هي تدريب النفس على قبول الحق والعمل به.

وهي ثلاثة مستويات:

١ .رياضة العامة (المبتدئين):

- تهذيب الأخلاق: تطوير شخصيتك عبر تعلُّم الأخلاق الإسلامية (كالصدق والأمانة).
- تصفية الأعمال: إخلاص النية في كل عمل (حتى لو كان بسيطًا كإماطة الأذى عن الطريق).
- توفير الحقوق: العدل في التعامل مع الناس (رد الودائع، عدم الغش في البيع).

٢ .رياضة الخاصة (المتقدمين):

- قطع التشتت: التوقف عن الانشغال بأمور تافهة (كالإفراط في المزاح أو الفضول).
- عدم التعلق بالماضي: عدم الرضا بالإنجازات الروحية السابقة (كأن تقول: "لقد صمت الشهر كله، هذا يكفي!").
- استمرار التعلُّم: تطبيق العلم حتى لا يتحول إلى مجرد معلومات مكتوبة.

٣ .رياضة خاصة الخاصة (الخواص):

- التجرد الكامل: ترك كل ما يشغل عن الله (حتى الأفكار الروحية إن أصبحت مصدر فخر!).
- التركيز على الوحدة: رؤية يد الله في كل حدث (كأن يقول القلب: "هذا الخير هو نعمة من الله").
- رفض المساومات: عدم المقايضة بين الطاعة والمعصية (مثل: "سأصلي لكن سأغتاب!").

<u>موجز ونصيحة عملية:</u>
الرياضة الروحية هي رحلة تحويل المعرفة إلى فعل:

- ابدأ بالأخلاق: اختر خُلُقًا واحدًا (كالكرم) وحاول تطبيقه أسبوعًا.
- راقب نيتك: قبل أي عمل، اسأل: "هل هذا لوجه الله أم لمدح الناس؟".
- تخلَّص من الفوضويات: قلل من عادةٍ واحدة تُضيع وقتك (كالتصفح العشوائي للإنترنت).

التدريب المستمر يصنع منك إنسانًا أفضل، خطوة بخطوة!

نص الشيخ الهروي

١٠- باب السماع

قال الله عز و جل: ﴿ولو علم الله فيهم خيرا لأسمعهم﴾(الأنفال:٢٣).
نكتة السماع حقيقة الانتباه.
وهو على ثلاثة درجات:
سماع العامة: ثلاثة أشياء: إجابة زجر الوعيد رعَةً، وإجابة دعوة الوعد جهداً، وبلوغ مشاهدة المنة استبصاراً.
وسماع الخاصة: ثلاثة أشياء: شهود المقصود في كل رمز، والوقوف على الغاية في كل حي، والخلاص من التلذذ بالتفرق.
وسماع خاصة الخاصة: سماع يغسل العلل عن الكشف، ويصل الأبد بالأزل، ويَرُدّ النهايات إلى الأول.

النصّ مكتوباً بلغة مبسّطة

١٠- باب السماع (الاستماع الواعي):

قال الله تعالى: ﴿وَلَوْ عَلِمَ اللَّهُ فِيهِمْ خَيْرًا لَّأَسْمَعَهُمْ﴾ (الأنفال: ٢٣).

السماع الحقيقي هو انتباه القلب والعقل معًا.

وهو ثلاثة مستويات:

١ .سماع العامة (المبتدئين):

- الاستجابة للتحذيرات: الخوف من عقاب الله (كالتوقف عن الذنب عند تذكيرك بالوعيد).
- الاستجابة للوعود: السعي لنيل رحمة الله (كزيادة الصدقة عند سماع آيات الجنة).
- رؤية النعم: إدراك بركات الله في حياتك (كالصحة والأمن).

٢ .سماع الخاصة (المتقدمين):

- فهم الرموز: استخلاص الحكمة من كل موقف (كأن ترى في المطر إشارةً لغفران الذنوب).
- إدراك الغاية: معرفة هدف الله من كل شيء (كالصبر في المرض لرفع الدرجات).
- التوحيد القلبي: عدم التعلق بغير الله (حتى في الأشياء الروحية!).

٣ .سماع خاصة الخاصة (الخواص):

- تطهير القلب: سماعٌ يزيل الحجب بينك وبين الله (كأن تشعر بوجوده في كل نبضة قلب).
- الاتصال الأبدي: الشعور بأنك جزء من خطة الله الأزلية (كقطرة في نهر أبدي).
- العودة للأصل: رؤية كل النهايات مرتبطة ببداية الخلق (كإدراك أن الموت بداية حقيقية).

<u>موجز ونصيحة عملية:</u>

السماع الواعي يُحوِّل الكلمات إلى أفعالٍ وحِكَم:

- استمع بتركيز: عند قراءة القرآن، تخيَّل أن الله يُخاطبك مباشرةً.
- اسأل: بعد كل موعظة، فكِّر: "ماذا يعلمني هذا عن الله؟".
- دوِّن: اكتب لحظةً واحدة يوميًّا شعرتَ فيها بمعنىً عميق من كلامٍ سمعته.

السماع الحقيقي يربطك بالله في كل تفصيلة !

٢ـ قسم الأبواب

وأما قسم الأبواب فهو عشرة أبواب وهي الحزن والخوف والإشفاق والخشوع والإخبات والزهد والورع والتبتل والرجاء والرغبة.

نص الشيخ الهروي

١١- باب الحزن

قال الله عز وجل: (تولوا وأعينهم تفيض من الدمع حزنا) (التوبة:٩٢).
الحزن توجع لفائت أو تأسف على ممتنع.
وله ثلاث درجات:
الدرجة الأولى، حزن العامة: وهو حزن على التفريط في الخدمة، وعلى التورط في الجفاء وعلى ضياع الأيام.
والدرجة الثانية، حزن أهل الإرادة: وهو حزن على تعلق الوقت بالتفرق وعلى اشتغال النفس عن الشهود وعلى التسلي عن الحزن.
وليست الخاصة من مقام الحزن في شيء، ولكن الدرجة الثالثة من الحزن: التحزن للعارضات دون الخواطر، ومعارضات القصود، والاعتراضات على الأحكام.

النصّ مكتوباً بلغة مبسّطة

١١- باب الحزن

قال الله تعالى: ﴿تَوَلَّوْا وَأَعْيُنُهُمْ تَفِيضُ مِنَ الدَّمْعِ حُزْنًا﴾ (التوبة: ٩٢).

الحزن هو ألمٌ على شيء فاتك أو شيء لم تستطع تحقيقه. وله ثلاث درجات:

١ .حزن العامة (العادي):
- حزنٌ بسبب:

- التقصير في العبادات (كترك صلاة أو إهمال صدقة).
- الوقوع في أخطاء تُبعدك عن الله (كالكذب أو الغيبة).
- ضياع الوقت في أمور غير مفيدة.

٢ .حزن أهل الإرادة (الجادين في الطريق):
- حزنٌ بسبب:

- انشغال القلب بغير الله (حتى لو كان عملًا مباحًا).
- عدم القدرة على التركيز في العبادات (كالتفكير في الدنيا أثناء الصلاة).
- محاولة الهروب من الحزن نفسه (كالتلهي بالمسلسلات أو السفر بدل مواجهة الأخطاء).

٣ .حزن الخاصة (المُتقدِّمين):
- حزنٌ نادر لا يشعر به إلا من بلغ مرتبة عالية، وهو:

- ألمٌ بسبب أي عائقٍ مؤقتٍ يقطع طريقهم إلى الله (حتى لو كان سببًا بسيطًا).
- تألمٌ عندما تُعارض نواياهم الصادقة (كأن يمنعك مرضٌ من صلاة الجماعة).
- حساسيةٌ تجاه أي نقصٍ في فهم حكمة الله (كالتساؤل: "لماذا حدث هذا؟").

<u>موجز ونصيحة عملية:</u>
الحزن الروحي ليس ضعفًا، بل دليل على حياة القلب:

- لا تخف من الحزن: دونهُ في دفترك: "أحزن لأني..."، ثم اطلب من الله الإعانة.
- حوِّل الحزن إلى فعل: إن حزنت على ضياع الوقت، خطِّط لبرنامج يوميٍ روحي.
- تأمَّل: اقرأ الآية الكريمة السابقة وفكِّر: كيف يجعلني حزني أقرب إلى الله؟

الحزن النقي يُذكِّرك بأنك لا تزال على الطريق – استمر !

نص الشيخ الهروي

١٢- باب الخوف

قال الله عز وجل: (يخافون ربهم من فوقهم)(النحل: ٥٠).

الخوف هو الانخلاع عن طمأنينة الأمن بمطالعة الخبر.

وهو على ثلاث درجات:

الدرجة الأولى: الخوف من العقوبة. وهو الخوف الذي يصح به الإيمان، وهو خوف العامة، وهو يتولد من تصديق الوعيد، وذكر الجناية، ومراقبة العاقبة.

والدرجة الثانية: خوف المكر في جريان الأنفاس المستغرقة في اليقظة، المشوبة بالحلاوة.

وليس في مقام أهل الخصوص وحشة الخوف، إلا هيبة الإجلال: وهي أقصى درجة يشار إليها في غاية الخوف، وهي هيبة تعارض المكاشف أوقات المناجاة، وتصون المشاهد أحيان المسامرة، وتقصم المعاين بصدمة العزة.

النصّ مكتوباً بلغة مبسّطة

١٢- باب الخوف

قال الله تعالى: ﴿يَخَافُونَ رَبَّهُم مِّن فَوْقِهِمْ﴾ (النحل: ٥٠).

الخوف هو فقدان الشعور بالأمان بسبب تذكُّر عذاب الله. وهو ثلاثة أنواع:

١ .خوف العامة (العادي):

- الخوف من عقاب الله على الذنوب (كالنار).
- ينشأ هذا الخوف من:

- الإيمان بوعيد الله في القرآن.
- تذكُّر أخطائك السابقة.
- التفكير في عواقب الأعمال يوم القيامة.

٢ .خوف الخاصة (المتقدمين):

- خوفٌ ممزوج بالرهبة واللذة الروحية، يشعر به من:

- مراقبة كل لحظة من حياته (حتى أثناء التنفس!).
- الخشية من أن تُخدعَ نفسُه بالراحة الزائفة.
- الشعور بحلاوة الإيمان مع قلقٍ دائمٍ من التقصير.

٣ .خوف خاصة الخاصة (الخواص):

- ليس خوفًا تقليديًّا، بل هيبة عظيمة لله، تظهر في:

- الشعور بالعجز أمام عظمة الله أثناء الدعاء.
- الحفاظ على إخلاص القلب حتى في لحظات الفرح.
- الانهيار الداخلي عند رؤية جمال الله وقدرته.

موجز ونصيحة عملية:

الخوف الصحي طريقٌ للتقوى:

- استغل خوفك: اكتب ذنبًا واحدًا تخشى عقابه، وخطط للتوبة منه.
- راقب نيتك: قبل أي عمل، اسأل: "هل هذا يرضي الله أم يزيد خوفي منه؟".
- اقرأ الآية يوميًّا: ﴿يَخَافُونَ رَبَّهُم مِّن فَوْقِهِمْ﴾ وفكِّر: كيف تجعل خوفك سببًا لقربك من الله؟

الخوف الحقيقي لا يُضعفك، بل يُعيد توجيه قلبك نحو الطاعة !

نص الشيخ الهروي

١٣- باب الاشفاق

قال الله عز وجل: (قالوا إنا كنا قبل في أهلنا مشفقين) (الطور:٢٦).

الإشفاق دوام الحذر مقرونا بالترحم.

وهو على ثلاث درجات:

الدرجة الأولى: إشفاق على النفس أن تجمح إلى العناد، وإشفاق على العمل أن يصير إلى الضياع، وإشفاق على الخليقة لمعرفة معاذيرها.

والدرجة الثانية: إشفاق على الوقت أن يشوبه تفرق، وعلى القلب أن يزاحمه عارض، وعلى اليقين أن يداخله سبب.

والدرجة الثالثة: إشفاق يصون سعيه من العجب، ويكف صاحبه عن مخاصمة الخلق، ويحمل المريد على حفظ الحد.

النصّ مكتوباً بلغة مبسّطة

١٣- باب الاشفاق

قال الله تعالى: ﴿قَالُوا إِنَّا كُنَّا قَبْلُ فِي أَهْلِنَا مُشْفِقِينَ﴾ (الطور: ٢٦).

الإشفاق هو خوفٌ ممزوج بالرحمة، يشعر به الإنسان تجاه نفسه والآخرين. وهو ثلاثة أنواع:

١. إشفاق العامة (المبتدئين):

- خوفٌ على:

- النفس من التمرد على الله (كالعناد في الطاعة).
- الأعمال الصالحة من الضياع (كأن تذهب الصدقة بلا إخلاص).
- الآخرين من الوقوع في الخطأ (مع فهم أعذارهم).

٢ .إشفاق الخاصة (المتقدمين):

- خوفٌ على:

- الوقت من التشتت بين أمور الدنيا.
- القلب من انشغاله بأي شيءٍ يبعده عن الله.
- اليقين من الشكوك التي تُضعف الإيمان.

٣ .إشفاق خاصة الخاصة (الخواص):

- خوفٌ يمنع:

- العُجب بالنفس (كأن تشعر بالفخر لصلاحك!).
- المشاجرات مع الناس (حتى لو كنتَ محقًّا).
- تجاوز الحدود في العبادة (كالإفراط في الصوم حتى الإعياء).

<u>موجز ونصيحة عملية:</u>

الإشفاق توازن بين الخوف والرحمة:

-اسأل نفسك يوميًّا: "هل أخاف على إيماني كما أخاف على صحتي؟".

-اختر علاقةً واحدة: تحسَّن طريقة تعاملك فيها (كالتعاطف مع صديقٍ مقصِّر).

-اقرأ الآية: ﴿إِنَّا كُنَّا قَبْلُ فِي أَهْلِنَا مُشْفِقِينَ﴾ وتذكَّر: الخوف النافع يجعل قلبك حيًّا !

نص الشيخ الهروي

١٤- باب الخشوع

قال الله عز وجل: (ألم يأن للذين آمنوا أن تخشع قلوبهم لذكر الله وما نزل من الحق)(الحديد:١٦).
الخشوع خمود النفس وهمود الطباع لمتعاظم أو مفزع.
وهو على ثلاث درجات:
الدرجة الأولى: التذلل للأمر، والاستسلام للحكم، والاتضاع لنظر الحق.
والدرجة الثانية: ترقب آفات النفس والعمل، ورؤية فضل كل ذي فضل عليك، وتنسم نسيم الفناء.
الدرجة الثالثة: حفظ الحرمة عند المكاشفة، وتصفية الوقت من مراياة الخلق، وتجريد رؤية الفضل.

النصّ مكتوباً بلغة مبسّطة

١٤- باب الخشوع

قال الله تعالى: ﴿أَلَمْ يَأْنِ لِلَّذِينَ آمَنُوا أَنْ تَخْشَعَ قُلُوبُهُمْ لِذِكْرِ اللَّهِ وَمَا نَزَلَ مِنَ الْحَقِّ﴾ (الحديد: ١٦).

الخشوع هو سكون القلب وخضوعه أمام عظمة الله.

وهو ثلاثة أنواع:

١ .خشوع العامة (المبتدئين):

- الخضوع للأوامر: طاعة الله دون تذمر (كأداء الصلاة بخشوع).
- الاستسلام للقدر: تقبُّل ابتلاءات الحياة برضا (كفقدان مال أو صحة).
- التواضع لله: الشعور بصغار النفس أمام عظمة الخالق.

٢ .خشوع الخاصة (المتقدمين):

- مراقبة العيوب: اكتشاف نقائص النفس والأعمال (كالتفكير في نيَّة الصدقة).
- رؤية فضل الآخرين: الاعتراف بمن هم أفضل منك في العبادة أو الأخلاق.
- التأهب للقاء الله: تذكُّر الموت وزوال الدنيا (كالتفكير في الآخرة أثناء النعيم).

٣ .خشوع خاصة الخاصة (الخواص):

- حفظ الأدب مع الله: حتى في لحظات الكشف الروحي (كعدم الادعاء بالتقوى).
- تصفية الوقت من الرياء: عدم الاهتمام بمدح الناس أثناء العبادة.
- رؤية الفضل الإلهي: إدراك أن كل خيرٍ من الله وليس من نفسك.

<u>موجز ونصيحة عملية:</u>
الخشوع سرُّ التواصل مع الله:

- ابدأ بلحظة: اختر ركعة واحدة في الصلاة لتركيز القلب فيها.
- دوّن: اكتب خطأً واحدًا اكتشفته في نفسك اليوم، واطلب من الله الإعانة على تصحيحه.
- اقرأ الآية يوميًّا: ﴿أَلَمْ يَأْنِ لِلَّذِينَ آمَنُوا...﴾ واسأل: "هل قلبي خاشع حقًّا؟".

الخشوع الحقيقي يجعلك ترى الله في كل تفصيل !

نص الشيخ الهروي

١٥ـ باب الاخبات

قال الله عز وجل: (وبشر المخبتين)(الحج:٣٤).

الإخبات من أوائل مقام الطمأنينة، وهو ورود المأمن من الرجوع والتردد.

وهو على ثلاث درجات:

الدرجة الأولى: أن تستغرق العصمة الشهوة، وتستدرك الإدارة الغفلة، ويستهوي الطلب السلوة.

والدرجة الثانية: ان لا ينقص إرادته سبب، ولا يوحش قلبه عارض، ولا تقطع الطريق عليه فتنة.

والدرجة الثالثة: أن يستوي عنده المدح والذم، وتدوم لائمته لنفسه، ويعمى عن نقصان الخلق عن درجته.

النصّ مكتوباً بلغة مبسّطة

١٥ـ باب الاخبات

قال الله تعالى: ﴿وَبَشِّرِ الْمُخْبِتِينَ﴾ (الحج: ٣٤) .

الإخبات (الطمأنينة الروحية) هو استقرار القلب وهدوء النفس مع الله.

وهو ثلاثة أنواع:

١ . إخبات العامة (المبتدئين):

- قهر الشهوات: استخدام قوة الإيمان لتحويل الرغبات الدنيوية إلى طاعة (كالصوم لترويض النفس).
- علاج الغفلة: تذكير النفس بمراقبة الله عند النسيان (كالتسبيح عند التشتت).
- الانسجام مع العبادة: الاستمتاع بالطاعة بدل البحث عن الملذات المؤقتة.

٢ .إخبات الخاصة (المتقدمين):

- ثبات الإرادة: عدم تأثر العزم بالأزمات (كالمرض الذي لا يمنعك من الدعاء).
- سلامة القلب: عدم اضطراب المشاعر بالهموم (كالثقة في الله أثناء المصائب).
- عبور الفتن: تجاوز الاختبارات دون تراجع (كالصمود أمام الإغراءات).

٣ .إخبات خاصة الخاصة (الخواص):

- الاستواء بين المدح والذم: عدم التأثر بمدح الناس أو انتقادهم (فعملك لله وحده).
- النقد الذاتي الدائم: رؤية أخطائك قبل انتقاد الآخرين.
- التواضع المطلق: عدم الشعور بالتفوق حتى على من يظهر ضعفه.

<u>موجز ونصيحة عملية:</u>

الإخبات هو ملاذ القلب الآمن:

- ابدأ صباحك: قل: "اللهم اجعلني من المخبتين" ٣ مرات.
- دوّن إنجازًا واحدًا: حققته برضا الله (ليس لإعجاب الناس).
- اقرأ الآية يوميًا: ﴿وَبَشِّرِ الْمُخْبِتِينَ﴾ واسأل: "هل أنا منهم؟".

الطمأنينة الحقيقية هي أن تعيش كما يريدك الله، لا كما يريدك العالم !

نص الشيخ الهروي

١٦ـ باب الزهد

قال الله عز وجل: (بَقِيَّتُ ٱللَّهِ خَيْرٌ لَّكُمْ)(هود:٨٦).

الزهد إسقاط الرغبة عن الشيء بالكلية.

وهو للعامة قربة، وللمريد ضرورة، وللخاصة خسّة.

وهو على ثلاث درجات:

الدرجة الأولى: الزهد في الشبهة بعد ترك الحرام؛ بالحذر من المعتبة، والأنفة من المنقصة، وكراهة مشاركة الفساق.

والدرجة الثانية: الزهد في الفضول وما زاد على المسكة والبلاغ من القوت؛ باغتنام التفرغ إلى عمارة الوقت، وحسم الجأش، والتحلي بحلية الأنبياء والصديقين.

والدرجة الثالثة: الزهد في الزهد بثلاثة أشياء: باستحقار ما زهدت فيه، واستواء الحالات عندك، والذهاب عن شهود الاكتساب ناظراً إلى وادي الحقائق.

النصّ مكتوباً بلغة مبسّطة

١٦ـ باب الزهد

قال الله تعالى: ﴿بَقِيَّتُ ٱللَّهِ خَيْرٌ لَّكُمْ﴾ (هود: ٨٦).

الزهد هو التخلي التام عن التعلق بالدنيا. وهو ثلاثة أنواع:

١ .زهد العامة (المبتدئين):

- تجنُّب ما هو مشبوه (حتى لو كان حلالًا) خوفًا من:

  - لوم الناس أو انتقادهم.
  - النقص في مكانتك الاجتماعية.
  - التشبه بالفسَّاق في سلوكياتهم.

٢ .زهد الخاصة (المتقدمين):

- الاكتفاء بالقليل من الطعام والملبس لـ:

- توفير الوقت للعبادة والتفكُّر.
- تقوية العزيمة وضبط النفس.
- الاقتداء بالأنبياء والصالحين في بساطة العيش.

٣ .زهد خاصة الخاصة (الخواص):

- تجاوز مفهوم الزهد نفسه عبر:

- استصغار كل ما تخلَّيت عنه (فالدنيا كلها لا تساوي عند الله جناح بعوضة!).
- عدم الاهتمام بمدح الناس أو ذمهم.
- رؤية أن كل شيء من الله، فلا تفخر بزهدك أو أعمالك.

<u>موجز ونصيحة عملية:</u>

الزهد ليس حرمانًا، بل تحرُّرٌ لروحك:

- ابدأ صغيرًا: اختر شيئًا واحدًا تُقلِّل منه (كالمبالغة في الملابس أو الطعام).
- تذكَّر الآية: ﴿بَقِيَّتُ ٱللَّهِ خَيْرٌ لَّكُمْ﴾ واسأل: "هل أفضِّل رضا الله على شهواتي؟".
- اقرأ: «ٱعْلَمُوٓاْ أَنَّمَا ٱلْحَيَوٰةُ ٱلدُّنْيَا لَعِبٌ وَلَهْوٌ وَزِينَةٌ... » (الحديد: ٢٠) وفكِّر: كيف تجعل زهدك جسرًا للقرب من الله؟

نص الشيخ الهروي

١٧- باب الورع

قال الله عز وجل: (وثيابك فطهر)(المدثر:٤).

الورع توق مستقصي على حذر، أو تحرج على تعظيم.

وهو آخر مقام الزهد للعامة، وأول مقام الزهد للمريد.

وهو على ثلاث درجات:

الدرجة الأولى: تجنب القبائح؛ لصون النفس، وتوفير الحسنات، وصيانة الإيمان.

والدرجة الثانية: حفظ الحدود عند ما لا بأس به؛ إبقاء على الصيانة والتقوى، وصعودا على الدناءة، وتخلصاً عن اقتحام الحدود.

والدرجة الثالثة: التورع عن كل داعية تدعو إلى شتات الوقت والتعلق بالتفرق، وعارض يعارض حال الجمع.

النصّ مكتوباً بلغة مبسّطة

١٧- باب الورع

قال الله تعالى: ﴿وَثِيَابَكَ فَطَهِّرْ﴾ (المدثر: ٤).

الورع هو الحذر الشديد من كل ما قد يُغضب الله، حتى في الأمور المُباحة.

وهو ثلاثة أنواع:

١ .ورع العامة (المبتدئين):

- تجنُّب الكبائر: مثل الكذب والسرقة لحماية النفس من السقوط.
- زيادة الحسنات: كالصدقة اليومية لتعويض التقصير.
- حماية الإيمان: بالابتعاد عن أماكن الفتنة (كالمجالس التي يُستهزأ فيها بالدين).

٢ .ورع الخاصة (المتقدمين):

- الحذر في الحلال: مثل عدم الإفراط في الأكل (حتى لو كان حلالًا) حفظًا للصحة والوقت.
- الالتزام بآداب الإسلام: كخفض الصوت في الأسواق تجنبًا للرياء.
- عدم تجاوز الحدود: مثل ترك النكتة الجارحة حتى لو كانت "مزحة".

٣ .ورع خاصة الخاصة (الخواص):

- التنقية الكاملة: تجنُّب كل ما يشتت القلب عن الله، حتى لو كان مباحًا (كالإقلال من استخدام وسائل التواصل الاجتماعي في الانترنت للتسلّي).
- التركيز على الوحدة مع الله: عدم الانشغال بأي شيءٍ سواه حتى في أوقات الراحة.
- عدم اقتحام الأمور المشكوك فيها: مثل ترك العمل في مجالٍ مُربحٍ لكنه يُلهي عن الصلاة.

<u>موجز ونصيحة عملية:</u>
الورع هو حراسة القلب من الخفيّ من الذنوب:

- ابدأ بتدقيق يومي: اسأل نفسك قبل النوم: "هل فعلتُ اليوم شيئًا قد يُسخط الله؟".
- اختر عادةً واحدة: مثل تقليل الكلام غير المفيد أو مراقبة نظراتك.
- اقرأ: «وَثِيَابَكَ فَطَهِّرْ» وتذكَّر: تطهير الظاهر دليل على نقاء الباطن !

نص الشيخ الهروي

١٨- باب التبتل

قال الله عز وجل: (وتبتل إليه تبتيلا)(المزمل:٨).
التبتل الانقطاع بالكلية، وقوله (إليه) دعوة إلى التجريد المحض.
وهو على ثلاث درجات:
الدرجة الأولى: تجريد الانقطاع عن الحظوظ واللحوظ إلى العالم؛ خوفاً، أو رجاءً، أو مبالاة بحال: بحسم الرجاء بالرضى، وقطع الخوف بالتسليم، ورفض المبالاة بشهود الحقيقة.
والدرجة الثانية: تجريد الانقطاع عن التعريج على النفس؛ بمجانبة الهوى، وتنسم روح الأنس، وشيم برق الكشف.
والدرجة الثالثة: تجريد الانقطاع إلى السبق؛ بتصحيح الاستقامة، والاستغراق في قصد الوصول، والنظر إلى أوائل الجمع.

النصّ مكتوباً بلغة مبسّطة

١٨- باب التبتل

قال الله تعالى: ﴿وَتَبَتَّلْ إِلَيْهِ تَبْتِيلًا﴾ (المزمل: ٨).

التبتل هو الانفصال الكامل عن كل ما يشغل عن الله.
وهو ثلاثة مستويات:

- تبتل العامة (المبتدئين):
- قطع العلائق الدنيوية: مثل التخلي عن طلب المدح أو الثروة أو المنصب.
- الرضا بالقدر: التوقف عن الخوف من المستقبل أو الندم على الماضي.
- ترك الاهتمام بآراء الناس: التركيز على رضا الله بدلًا من إعجاب الخلق.

٢ .تبتل الخاصة (المتقدمين):

- تحرير القلب من الأهواء: مثل مقاومة الرغبة في الظهور أو التفوق على الآخرين.
- الشعور بلذة القرب من الله: كالاستمتاع بالدعاء أكثر من أي متعة دنيوية.
- رؤية علامات الله في الكون: كالتفكر في خلق السماء والأرض أثناء العبادة.

٣ .تبتل خاصة الخاصة (الخواص):

- التركيز المطلق على الله: كأن ينفصل القلب عن كل شيء سواه حتى أثناء العمل أو الكلام.
- السعي نحو الكمال الروحي: تصحيح النوايا في كل عمل، ولو كان بسيطًا.
- الاستعداد للقاء الله: العيش وكأن كل يوم هو الأخير في الدنيا.

موجز ونصيحة عملية:

التبتل هو رحلة تحرير القلب من كل قيد:

- خصص وقتًا يوميًا: 10 دقائق للتفكر في آية قرآنية أو دعاء خالص.
- اختر عملًا واحدًا: أخلص نيته لله تمامًا (مثل مساعدة شخص دون إخبار أحد).
- اقرأ الآية: ﴿وَتَبَتَّلْ إِلَيْهِ تَبْتِيلًا﴾ وتذكَّر: «وَمَا خَلَقْتُ الْجِنَّ وَالْإِنْسَ إِلَّا لِيَعْبُدُونِ» (الذاريات: ٥٦).

الانقطاع لله ليس هروبًا من الحياة، بل هو عيشٌ بقلبٍ حرٍّ !

نص الشيخ الهروي

١٩- باب الرجاء

قال الله عز وجل: (لقد كان لكم في رسول الله أسوة حسنة لمن كان يرجو الله واليوم الآخر)(الأحزاب: ٢١).
الرجاء أضعف منازل المريد، لأنه معارضة من وجه، واعتراض من وجه.
وهو وقوع في الرعونة في مذهب هذه الطائفة، إلا ما فيه من فائدة واحدة، ولها نطق باسمه التنزيل والسنة ودخل في مسالك المحققين، وتلك الفائدة أنه يفثأ حرارة الخوف حتى لا يعدو إلى الإياس.
والرجاء على ثلاث درجات:
الدرجة الأولى: رجاء يبعث العامل على الاجتهاد، ويولد التلذذ بالخدمة، ويوقظ لسماحة الطباع بترك المناهي.
والدرجة الثانية: رجاء أرباب الرياضات، أن يبلغوا موقفا تصفو فيه همهم؛ برفض الملذوذات، ولزوم شروط العلم، واستقصاء حدود الحمية.
والدرجة الثالثة: رجاء أرباب طيب القلوب، وهو رجاء لقاء الحق عز وجل؛ الباعث على الاشتياق، المنغص للعيش، المزهد في الخلق.

النصّ مكتوباً بلغة مبسّطة

١٩- باب الرجاء

قال الله تعالى: ﴿لَقَدْ كَانَ لَكُمْ فِي رَسُولِ اللَّهِ أُسْوَةٌ حَسَنَةٌ لِّمَن كَانَ يَرْجُو اللَّهَ وَالْيَوْمَ الْآخِرَ﴾ (الأحزاب: ٢١).

الرجاء هو تعلق القلب برحمة الله، لكنه قد يُضعف العزيمة إذا تحول إلى تواكل.

وهو ثلاثة أنواع:

١ .رجاء العامة (المبتدئين):

- الأمل في الثواب: كالاجتهاد في الصلاة والصوم طمعًا في الجنة.
- الاستمتاع بالطاعة: الشعور بالسعادة أثناء العبادة.
- التخلص من الذنوب: ترك المعاصي تدريجيًّا بدافع الأمل في المغفرة.

٢ .رجاء الخاصة (المتقدمين):

- الأمل في بلوغ المراتب الروحية: عبر:

- التخلي عن الملذات الدنيوية (كالإقلال من الطعام والكلام).
- الالتزام بآداب العلم والعمل (كطلب العلم النافع).
- مراقبة الحدود الشرعية بدقة (كعدم تجاوز وقت الصلاة).

٣ .رجاء خاصة الخاصة (الخواص):

- الشوق للقاء الله: وهو أسمى أنواع الرجاء، ويظهر في:

- اشتياق القلب الدائم لرؤية الله في الآخرة.
- عدم الاهتمام بزينة الدنيا وزخرفها.
- الشعور بأن الحياة دون القرب من الله مريرة.

<u>موجز ونصيحة عملية:</u>

الرجاء الصادق يوازن بين الخوف والطمع:

- ابدأ يومك بتفاؤل: قل: "اللهم إني أرجو رحمتك، وأتوب من تقصيري".
- اقرأ الآية: ﴿لَقَدْ كَانَ لَكُمْ فِي رَسُولِ اللَّهِ أُسْوَةٌ﴾ وتذكَّر: اتباع النبي صلى الله عليه وسلم هو طريق الأمل الحقيقي.
- دوِّن لحظة أمل: اكتب مرة أسبوعيًّا موقفًا شعرتَ فيه برحمة الله تغمرك.

لا تدع الرجاء يجعلك تتكاسل، بل اجعله دافعًا للعمل !

نص الشيخ الهروي

٢٠ـ باب الرغبة

قال الله عز وجل: (ويدعوننا رغبا ورهبا)(الأنبياء:٩٠).

الرغبة ألحَقُ بالحقيقة من الرجاء، وهي فوق الرجاء، لأن الرجاء طمع يحتاج إلى تحقيق، والرغبة سلوك على تحقيق.

والرغبة على ثلاث درجات:

الدرجة الأولى: رغبة أهل الخبر، تتولد من العلم؛ فتبعث على الاجتهاد المنوط بالشهود، وتصون السالك من وهن الفترة، وتمنع صاحبها من الرجوع إلى غثاثة الرخص.

والدرجة الثانية: رغبة أرباب الحال؛ وهي رغبة لا تبقى من المجهود إلا مبذولاً، ولا تدع للهمة ذبولاً، ولا تترك غير المقصود مأمولا.

والدرجة الثالثة: رغبة أهل الشهود؛ وهي تشرف تصحبة تقية، و تحمله همّة نقيّة، لا تبقى معه من التفرّق بقية.

النصّ مكتوباً بلغة مبسّطة

٢٠ـ باب الرغبة

قال الله تعالى: ﴿وَيَدْعُونَنَا رَغَبًا وَرَهَبًا﴾ (الأنبياء: ٩٠).

الرغبة هي اشتياق القلب إلى القرب من الله، وهي أعلى من مجرد الأمل لأنها فعلٌ مستمرٌ نحو الهدف.

وهي ثلاثة أنواع:

١. رغبة العامة (أصحاب العلم):

- تنشأ من العلم بفضل الطاعة وعواقب المعصية.
- تدفعك إلى:

- الاجتهاد في العبادة (كإطالة السجود في الصلاة).
- تجنب الكسل الروحي (كالمحافظة على ورد يومي من الذكر).
- عدم التعلل بأعذار ضعيفة لترك الواجبات.

٢ .رغبة الخاصة (أصحاب الحال):

- تظهر في:

- بذل كل الجهد لتحقيق الهدف (كالتضحية بالوقت والمال في سبيل الله).
- عدم تراجع الهمة حتى في أصعب الظروف.
- ترك كل ما لا يُقرِّب من الله (حتى المباحات الزائدة).

٣ .رغبة خاصة الخاصة (أصحاب الشهود):

- التفرغ الكامل لله:

- صحبةٌ روحيةٌ نقيةٌ لا تشوبها رياء.
- همةٌ عاليةٌ لا تضعف أمام الصعوبات.
- وحدةٌ مع الله تجعل القلب لا يشتاق لسواه.

<u>موجز ونصيحة عملية:</u>

الرغبة الحقيقية هي وقود السائرين إلى الله:

- خطط لهدفٍ روحاني: مثل ختم القرآن مرة شهريًا أو إطعام محتاج كل أسبوع.
- اسأل نفسك يوميًا: "هل فعلتُ اليوم ما يُقرِّبني من الله حقًا؟".
- اقرأ الآية: ﴿وَإِذَا سَأَلَكَ عِبَادِي عَنِّي فَإِنِّي قَرِيبٌ﴾ (البقرة: ١٨٦) وتذكَّر: الله معك في كل خطوة !

٣ـ قسم المعاملات

وأما قسم المعاملات، فهو عشرة أبواب وهي:
الرعاية والمراقبة والحرمة والإخلاص والتهذيب والاستقامة والتوكل والتفويض والثقة والتسليم.

نص الشيخ الهروي

٢١- باب الرعاية

قال الله عز وجل: (فما رعوها حق رعايتها)(الحديد:٢٧).
الرعاية صون بالعناية.
وهي على ثلاث درجات:
الدرجة الأولى: رعاية الأعمال.
والدرجة الثانية: رعاية الأحوال.
والدرجة الثالثة: رعاية الأوقات.
فأما رعاية الأعمال؛ فتوفيرها بتحقيرها، والقيام بها من غير نظر إليها، وإجراؤها مجرى العلم لا على التزين بها.
وأما رعاية الأحوال؛ فهي أن يعد الاجتهاد مراياةً، والنفس تشبعاً، والحال دعوى.
وأما رعاية الأوقات؛ فأن يقف مع خطوة، ثم أن يغيب عن خطوه بالصفاء من رسمه، ثم أن يذهب عن شهود صفوه.

النصّ مكتوباً بلغة مبسّطة

٢١- باب الرعاية

قال الله تعالى: ﴿فَمَا رَعَوْهَا حَقَّ رِعَايَتِهَا﴾ (الحديد: ٢٧).

الرعاية هي حمايةٌ مدعومةٌ بالاهتمام، وهي ثلاثة أنواع:

١ .رعاية الأعمال (العبادات):

- إتقان العمل: أداء الصلاة والصدقة بإخلاص دون التفاتٍ لإعجاب الناس.
- عدم التفاخر: التعامل مع الطاعة كواجبٍ لا كمصدر فخر.
- التواضع: اعتبار الأعمال هبةً من الله، لا مجهودًا شخصيًّا.

٢ .رعاية الأحوال (الحالة القلبية):

- مراقبة النوايا: التأكد من خلو العبادة من الرياء (كالصوم لوجه الله لا لإنقاص الوزن).
- عدم الاغترار: التوقف عن الشعور بالتفوق الروحي على الآخرين.
- التخلص من الادعاء: عدم تصوير النفس كـ"شخصٍ صالح" أمام الناس.

٣ .رعاية الأوقات (إدارة الزمن):

- التركيز على اللحظة: عدم تشتيت الذهن أثناء العبادة (كالتفكير في العمل أثناء الصلاة).
- التجرد من التخطيط المفرط: الثقة بأن الله سيُصلح الأمور إذا أخلصت النية.
- العيش بسلام داخلي: نسيان الماضي والمستقبل، والاستمتاع بحاضرٍ قريبٍ من الله.

<u>موجز ونصيحة عملية:</u>

الرعاية الحقيقية هي أن تكون خادمًا لله في كل تفصيل:

- قبل كل عمل: اسأل: "هل هذا يُرضي الله أم أفعله لسببٍ آخر؟".
- اختر وقتًا يوميًّا: 5 دقائق لمراجعة نواياك (مثلًا بعد العصر).
- اقرأ الآية: ﴿وَاعْبُدْ رَبَّكَ حَتَّىٰ يَأْتِيَكَ الْيَقِينُ﴾ (الحجر: ٩٩) وتذكَّر: الإخلاص سرُّ القبول !

نص الشيخ الهروي

٢٢- باب المراقبة

قال الله عز وجل: (لَا يَرْقُبُونَ فِى مُؤْمِنٍ إِلًّا وَلَا ذِمَّةً)(التوبة:١٠).

المراقبة دوام ملاحظة المقصود.

وهي على ثلاث درجات:

الدرجة الأولى: مراقبة الحق في السير إليه على الدوام؛ بين تعظيم مذهل، ومداناة حاملة، وسرور باعث.

والدرجة الثانية: مراقبة نظر الحق إليك؛ برفض المعارضة، وبالإعراض عن الاعتراض، ونقض رعونة التعرض.

والدرجة الثالثة: مراقبة الأزل بمطالعة عين السبق استقبالا لعلم التوحيد، ومراقبة ظهور إشارات الأزل على أحايين الأبد، ومراقبة الخلاص من ربطة المراقبة.

النصّ مكتوباً بلغة مبسّطة

٢٢- باب المراقبة

قال الله تعالى: (لَا يَرْقُبُونَ فِى مُؤْمِنٍ إِلًّا وَلَا ذِمَّةً)(التوبة:١٠).

المراقبة هي استحضار حضور الله في كل لحظة.

وهي ثلاثة مستويات:

١.مراقبة العامة (المبتدئين):

- الاستمرار في السير إلى الله: عبر:

- تعظيم الله في القلب (كالتفكر في عظمته أثناء الدعاء).

- الشعور بالتقصير دافعًا للاجتهاد (كزيادة الصدقات بعد تفويت صلاة).

- الفرح بالطاعة كأنها هديةٌ من الله (كالبكاء خشوعًا في الصلاة).

٢ .مراقبة الخاصة (المتقدمين):

- مراقبة نظر الله إليك: عبر:

- ترك الاعتراض على قدر الله (كالقبول بالمرض دون تذمر).

- تجنب الجدال العقيم الذي يُبعد عن الله.

- التخلص من التصرفات الطائشة التي تُضعف الإيمان.

٣ .مراقبة خاصة الخاصة (الخواص):

- الارتقاء إلى أعلى المراتب:

- رؤية حكمة الله في كل حدث (كالتفكر في خلق الكون).

- ملاحظة علامات الأزل في الأبد (كربط الأحداث بحكمة إلهية).

- التحرر حتى من شعور المراقبة (كأن تعيش مع الله دون وعيٍ بالذات).

<u>موجز ونصيحة عملية:</u>

المراقبة هي عين اليقظة الروحية:

- ابدأ بلحظات وعي: خصص دقيقتين كل ساعة لتذكُّر اسم الله "الرقيب".

- حارب التشتت: اكتب عبارة "الله يراني" على ورقة وضعها في مكانٍ بارز.

- اقرأ الآية: ﴿أَلَمْ يَعْلَمْ بِأَنَّ اللَّهَ يَرَىٰ﴾ (العلق: ١٤) وتذكَّر: الله معك في كل نفس !

نص الشيخ الهروي

٢٣- باب الحرمة

قال الله عز وجل: (وَمَن يُعَظِّمْ حُرُمَـٰتِ ٱللَّهِ فَهُوَ خَيْرٌ لَّهُۥ عِندَ رَبِّهِۦ)(الحج:٣٠).
الحرمة هي التحرج عن المخالفات والمجاسرات.
وهي على ثلاث درجات:
الدرجة الأولى: تعظيم الأمر والنهي؛
لا خوفا من العقوبة، فيكون خصومة للنفس.
ولا طلبا لمثوبة، فيكون مسترقا للأجرة.
ولا شاهدا للجد، فيكون متدينا بالمراياة.
فإن هذه الأوصاف كلها شعب من عبادة النفس.
والدرجة الثانية: إجراء الخبر على ظاهره؛ وهو أن يبقى أعلام توحيد العامة الخبرية على ظواهرها؛
لا يتحمل البحث عنها تعسفا، ولا يتكلف لها تأويلا.
ولا يتجاوز ظواهرها تمثيلا، ولا يدعي عليها إدراكا أو توهما.
والدرجة الثالثة: صيانة الانبساط أن تشوبه جرأة، وصيانة السرور أن يداخله أمن، وصيانة الشهود أن يعارضه سبب.

النصّ مكتوباً بلغة مبسّطة

٢٣- باب الحرمة

قال الله تعالى: ﴿وَمَن يُعَظِّمْ حُرُمَـٰتِ ٱللَّهِ فَهُوَ خَيْرٌ لَّهُۥ عِندَ رَبِّهِۦ﴾ (الحج: ٣٠).

الحرمة هي احترامٌ عميقٌ لحدود الله، وتجنُّب كل ما يُخالفها.
وهي ثلاثة أنواع:

١ .حرمة العامة (المبتدئين):
- تعظيم أوامر الله ونواهيه:

- ليس خوفًا من العقاب (كمن يصلي خوفًا من النار).

- ولا طمعًا في الثواب (كمن يتصدق طمعًا في الجنة).
- ولا ليراه الناس (كمن يصوم ليُمدح).

- الغاية هنا: الإخلاص لله وحده دون شوائب النفس.

٢ .حرمة الخاصة (المتقدمين):

- التعامل مع النصوص الشرعية ببساطة:

- عدم تحميل النصوص معانيَ معقدةً بعيدًا عن ظاهرها (كالتأويلات المتكلفة).
- الابتعاد عن التمثيل المبالغ فيه (كوصف الجنة والنار بتفاصيل لم يرد بها نص).
- عدم الادعاء بفهمٍ خاصٍ للدين دون دليل.

٣ .حرمة خاصة الخاصة (الخواص):

- حماية القلب من الانحرافات الخفية:

- عدم السماح للثقة بالنفس بأن تتحول إلى جرأةٍ على الله (كالتسويف في التوبة).
- عدم تحوُّل الفرح بالطاعة إلى أمانٍ زائفٍ من الحساب.
- عدم تشتيت الشهود الروحي (كالتفكير في الدنيا أثناء الذكر).

<u>موجز ونصيحة عملية:</u>

الحرمة الحقيقية هي احترام الله في السر والعلن:

- حاسِب نفسك: قبل أي عمل، اسأل: "هل هذا يُعظِّم حدود الله أم يتجاوزها؟".
- اقرأ النصوص ببساطة: لا تبحث عن تعقيداتٍ فلسفية في الآيات والأحاديث.
- دوِّن: اكتب ثلاثة أمورٍ تُقدِّسها في حياتك (كالصلاة في وقتها، بر الوالدين).
- التقديس ليس خوفًا، بل هو حبٌ واحترامٌ لصاحب الجلالة !

نص الشيخ الهروي

٢٤ـ باب الإخلاص

قال الله عز وجل: (ألا لله الدين الخالص)(الزمر:٣).

الإخلاص تصفية العمل من كل شوب.

وهو على ثلاث درجات:

الدرجة الأولى: إخراج رؤية العمل من العمل، والخلاص من طلب العوض على العمل، والنزول عن الرضى بالعمل.

والدرجة الثانية: الخجل من العمل مع بذل المجهود، وتوفير الجهد بالاحتماء من الشهود، ورؤية العمل في نور التوفيق من عين الجود.

والدرجة الثالثة: إخلاص العمل بالخلاص من العمل؛ تدعه يسير مسير العلم، وتسير أنت مشاهداً للحكم، حرا من رق الرسم.

النصّ مكتوباً بلغة مبسّطة

٢٤ـ باب الإخلاص

قال الله تعالى: ﴿أَلَا لِلَّهِ الدِّينُ الْخَالِصُ﴾ (الزمر: ٣).

الإخلاص (النية الخالصة لله) هو تنقية الأعمال من أي شائبةٍ غير الله.

وهو ثلاثة مستويات:

١. إخلاص العامة (المبتدئين):

- عدم ربط العمل بنفسك: أداء العبادة دون التفكير في مدح الناس أو الفخر بها.

- عدم انتظار مقابل: الصدقة دون تمني الشكر أو الدعاء لك.

- عدم الرضا عن العمل: اعتبار الطاعة هبةً من الله، لا إنجازًا شخصيًا.

٢ .إخلاص الخاصة (المتقدمين):

- الخجل من العمل: الشعور بالتقصير حتى مع بذل الجهد (كمن يصوم ويقول: "لعل الله يتقبل").
- إخفاء العمل: فعل الخير سرًّا (كإطعام محتاج دون إخبار أحد).
- رؤية التوفيق من الله: الاعتراف أن نجاح العمل بفضل الله، لا بقدراتك.

٣ .إخلاص خاصة الخاصة (الخواص):

- التحرر من رقابة الذات: العبادة كأنها جزء من طبيعتك (كالتنفس لا تفكر فيه!).
- العيش كمشاهدٍ لحكم الله: ترك الأعمال تسير بقدرة الله، دون تدخل الأنا.
- التجرد من الصورة الروحية: عدم الادعاء بالتقوى حتى لو كنتَ تفعل الخير دائمًا.

<u>موجز ونصيحة عملية:</u>

الإخلاص هو سرُّ قبول الأعمال:

- قبل أي عمل: اسأل: "لو لم يرني أحد، هل سأفعله بنفس الجودة؟".
- اختر عملًا سريًا: مثل مساعدة جارٍ دون أن يعلم.
- اقرأ الآية: ﴿وَمَا أُمِرُوا إِلَّا لِيَعْبُدُوا اللَّهَ مُخْلِصِينَ﴾ (البينة: ٥) وتذكَّر: الله يرى ما تخفيه القلوب !

نص الشيخ الهروي

٢٥- باب التهذيب

قال الله عز وجل: (فَلَمَّآ أَفَلَ قَالَ لَآ أُحِبُّ ٱلۡـَٔافِلِينَ)(الأنعام:٧٦).
التهذيب محنة أهل البدايات، وهو شريعة من شرائع الرياضة.
وهو على ثلاث درجات:
الدرجة الأولى: تهذيب الخدمة؛ أن لا تخالجها جهالة، ولا تسوقها عادة، ولا تقف عندها همة.
والدرجة الثانية: تهذيب الحال؛ وهو أن لا يجمح الحال إلى علم، ولا يخضع لرسم، ولا يلتفت إلى حظ.
والدرجة الثالثة: تهذيب القصد؛ وهو تصفيته من ذل الإكراه، وتحفظه من مرض الفتور، ونصرته على منازعات العلم.

النصّ مكتوباً بلغة مبسّطة

٢٥- باب التهذيب

قال الله تعالى: ﴿ فَلَمَّآ أَفَلَ قَالَ لَآ أُحِبُّ ٱلۡـَٔافِلِينَ ﴾ (الأنعام: ٧٦).

التهذيب هو تدريب النفس على التخلص من العادات السيئة والانحرافات.

وهو ثلاثة أنواع:

١ .تهذيب العبادات:
- تحسين جودة العبادة:

- عدم أدائها بجهل (كالصلاة دون فهم معاني الأذكار).
- عدم تحويلها إلى روتين ممل (كالتسبيح بلا تركيز).
- عدم التوقف عن تطويرها (كزيادة الخشوع في الصلاة).

٢ .تهذيب الحالة القلبية:
- ضبط المشاعر الروحية:

- عدم تحوُّل الفرح بالطاعة إلى كبرياء (كالتفاخر بالصيام).
- عدم التقيُّد بالشكليات (كالتركيز على شكل الصلاة دون جوهرها).
- عدم الانشغال بمصالح شخصية أثناء العبادة (كالدعاء للنجاح الدنيوي فقط).

٣ .تهذيب النوايا:
- تنقية القصد الداخلي:

- التخلص من الإجبار في الطاعة (كالصدقة بدافع الضغط الاجتماعي).
- الحماية من الكسل الروحي (كترك الوِرد اليومي لانشغال بسيط).
- تجنُّب الجدالات العقيمة التي تُضعف الإيمان (كالنقاشات حول أمور غيبية بلا فائدة).

موجز ونصيحة عملية:

التهذيب هو رحلة تحويل العادات إلى عبادة:

- قيم نفسك يوميًّا: اسأل: "هل تحسَّنت عباداتي اليوم أم بقيت على حالها؟".
- حوِّل عادةً واحدة: مثل استبدال التصفح العشوائي في الانترنت بقراءة آيتين قبل النوم.
- اقرأ الآية ﴿ قَدۡ أَفۡلَحَ مَن زَكَّىٰهَا ﴾ (الشمس: ٩) وتذكَّر: النجاح في تزكية النفس هو أعظم الفلاح !

نص الشيخ الهروي

٢٦- باب الاستقامة

قال الله عز وجل: (فاستقيموا إليه)(فصلت:٦).

قوله عز وجل (إليه) إشارة إلى عين التفريد.

والاستقامة روح تحيى بها الأحوال، كما تربو للعامة عليها الأعمال.

وهي برزخ بين أوهاد التفرق وروابي الجمع.

وهي على ثلاث درجات:

الدرجة الأولى: الاستقامة على الاجتهاد في الاقتصاد، لا عادياً رسم العلم، ولا متجوزا حد الإخلاص، ولا مخالفا نهج السنة.

والدرجة الثانية: استقامة الأحوال؛ وهي شهود الحقيقة لا كسباً، ورفض الدعوى لا علماً، والبقاء مع نور اليقظة لا تحفظاً.

والدرجة الثالثة: استقامة بترك رؤية الاستقامة، وبالغيبة عن تطلب الاستقامة، بشهود إقامة الحق وتقويمه عز اسمه.

النصّ مكتوباً بلغة مبسّطة

٢٦- باب الاستقامة

قال الله تعالى: ﴿فَاسْتَقِيمُوا إِلَيْهِ﴾ (فصلت: ٦).

الاستقامة هي الثبات على طريق الله دون انحراف.

الاستقامة روحٌ تُحيي الحالات القلبية، فكما تنمو أعمال العامة الظاهرة، تنمو بها الأحوال الباطنة. وهي جسرٌ بين وديان التشتت (الانحرافات) وروابي القرب من الله (الاتصال الروحي الآمن).

وهي ثلاثة أنواع:

١ .استقامة المبتدئين (الاعتدال في العبادة):
- التزام الاعتدال:

- لا تُبالغ في العبادات (كصيام أيام متتالية دون قدرة).
- لا تتجاوز حدود الإخلاص (كطلب مدح الناس).
- التزم بالسنة النبوية دون ابتداع (كالصلاة كما علَّمنا النبي صلى الله عليه وسلم).

٢ .استقامة المتقدمين (سلامة القلب):
- التجرد من الادعاءات:

- اشهد الحقائق الإيمانية بقلب نقي (كأن تعبد الله كأنك تراه).
- ارفض التظاهر بالتقوى (كعدم الادعاء بمعرفة غيبية).
- ابقَ مع نور اليقظة الداخلية (راقب أفكارك السلبية واقطعها).

٣ .استقامة الخواص (التجرد الكامل):
- التحرر من رؤية الذات:

- انسَ أنك "مستقيم" (عِشْ لله دون وعي بذاتك).
- توقف عن السعي وراء الشعور بالكمال (فالكمال لله وحده).
- اشهد أن الله هو المُقيم لك (التوكل المطلق عليه).

موجز ونصيحة عملية:
الاستقامة ليست كمالًا، بل ثباتٌ على المبدأ:

- ابدأ يومك بدعاء: "اللهم ثبت قلبي على دينك".
- التزم بعادة صغيرة: حافظ على ركعتي الضحى يوميًا.
- اقرأ الآية: ﴿ إِنَّ ٱلَّذِينَ قَالُواْ رَبُّنَا ٱللَّهُ ثُمَّ ٱسْتَقَٰمُواْ﴾ (فصلت: ٣٠) وفكِّر: الثواب العظيم للثابتين!

نص الشيخ الهروي

٢٧- باب التوكل

قال الله عز وجل: (وعلى الله فتوكلوا إن كنتم مؤمنين)(المائدة:٢٣).
التوكل كِلَةُ الأمر كُلّه إلى مالكه، والتعويل على وكالته.
وهو من أصعب منازل العامة عليهم، وأوهى السبل عند الخاصة؛ لأن الحق قد وكل الأمور كلها إلى نفسه، وأيْأسَ العالم من ملك شيء منها.
وهو على ثلاث درجات، كلها تسير مسير العامة:
الدرجة الأولى: التوكل مع الطلب، ومعاطاة السبب؛ على نية شغل النفس، ونفع الخلق، وترك الدعوى.
والدرجة الثانية: التوكل مع إسقاط الطلب، وغض العين عن السبب؛ اجتهادا في تصحيح التوكل، وقمع تشرف النفس، وتفرغاً إلى حفظ الواجبات.
والدرجة الثالثة: التوكل مع معرفة التوكل، النازعة إلى الخلاص من علة التوكل؛ وهو أن يعلم أن ملكه الحق تعالى للأشياء ملكة عزة لا يشاركه فيها مشارك فيكل شركته إليه.
فإن من ضرورة العبودية أن يعلم العبد أن الحق هو مالك الأشياء وحده.

النصّ مكتوباً بلغة مبسّطة

٢٧- باب التوكل

قال الله عز وجل: ﴿وَعَلَى اللَّهِ فَتَوَكَّلُوا إِنْ كُنْتُمْ مُؤْمِنِينَ﴾ (المائدة: ٢٣).

التوكل هو إيكالُ كلِّ الأمور إلى الله مالكها الحقيقي، والاعتماد الكامل على تدبيره وحكمته.

هذا الباب صعبٌ على عامة الناس، لأنه يتطلب تسليمًا تامًّا، بينما يرى المخلصون (الخاصة) أن التوكل سهلٌ؛ لأن الله وحده هو المتحكم في الكون، ولا قدرة لأحدٍ غيره على التصرف في أمرٍ من الأمور.

والتوكل ثلاث درجات، جميعها تصلح لعامة الناس:

الدرجة الأولى:
التوكل مع السعي والحرص على الأسباب الظاهرة (كالعمل والعلاج)، لكن بنية إشغال النفس وإفادة الآخرين، دون ادعاء أن السعي هو سبب النجاح.

الدرجة الثانية:
التوكل مع ترك التعلق بالطلب (أي عدم التوسل إلى الله بخشية)، وعدم الالتفات للأسباب؛ لتدريب النفس على التسليم، وتفريغ القلب للعبادة وواجبات الإيمان.

الدرجة الثالثة:
التوكل مع اليقين بأن الله هو المالك الحقيقي لكل شيء، فلا يحتاج العبد حتى إلى "التفكير" في التوكل؛ لأنه يعلم أن الله مُدبِّرٌ لا يُشارِكُه أحد، فيستريح قلبه من همِّ التدبير.

فالعبودية الحقيقية تعني إدراك أن الله هو المُتَصَرِّفُ الوحيد في الخلق، وأن البشر لا يملكون شيئًا.

<u>موجز المعاني ونصيحة عملية:</u>

- التوكل ليس مجرد كلمة، بل هو ثقةٌ تُغَذِّيها اليقين بأن الله كافٍ لعبده.
- ابدأ بتدريب نفسك على التسليم في المواقف الصغيرة: كأن تقول عند الخروج من البيت: "حسبي الله"، أو تترك القلق عند فقدان فرصةٍ ظاهرًا. تذكَّر قول الله: ﴿فَإِذَا عَزَمْتَ فَتَوَكَّلْ عَلَى اللَّهِ﴾ (آل عمران: ١٥٩).
- لا تيأس إن وجدت نفسك تتعلق بالأسباب؛ الروحُ تحتاج إلى تدريب.
- اقرأ القرآن بتأمل، خاصة آيات التوكل مثل: ﴿وَمَنْ يَتَوَكَّلْ عَلَى اللَّهِ فَهُوَ حَسْبُهُ﴾ (الطلاق: ٣)، وسلِّم قلبك لله خطوةً خطوةً.

-

نص الشيخ الهروي

٢٨- باب التفويض

قال الله عز وجل حاكيا عن مؤمن آل فرعون: (وأفوض أمري إلى الله إن الله بصير بالعباد)(غافر:٤٤).

التفويض ألطف إشارة وأوسع معنى من التوكل؛ فإن التوكل بعد وقوع السبب، والتفويض قبل وقوعه وبعده، وهو عين الاستسلام، والتوكل شعبة منه.

وهو على ثلاث درجات:

الدرجة الأولى: أن تعلم أن العبد لا يملك قبل عمله استطاعة؛ فلا يأمن من مكر، ولا ييأس من معونة، ولا يعول على نية.

والدرجة الثانية: معاينة الاضطرار؛ فلا ترى عملا منجيا، ولا ذنبا مهلكا، ولا سببا حاملاً.

والدرجة الثالثة: شهودك انفراد الحق؛ بملك الحركة والسكون، والقبض والبسط، ومعرفته بتصريف التفرقة والجمع.

النصّ مكتوباً بلغة مبسّطة

٢٨- باب التفويض

قال الله عز وجل: ﴿وَأُفَوِّضُ أَمْرِي إِلَى اللهِ إِنَّ اللهَ بَصِيرٌ بِالْعِبَادِ﴾ (غافر: ٤٤).

التفويض هو تسليمُ الأمر كُلِّه لله بلا تردد، وهو أرقى من التوكل؛ لأن التوكل يَتبع الأسباب الظاهرة، أما التفويض فهو استسلامٌ مطلقٌ قبل الأسباب وبعدها، وهو جوهرُ الاستقامة الروحية.

وله ثلاث درجات :

الدرجة الأولى:
أن تعترف أنك لا تملك حقيقةً قدرةً على ضمان نتائج أعمالك، فلا تَغترَّ بجهودك (كأن تظن أن عملك يحميك من قَدَر الله)، ولا تَقنَطْ من رحمته إن فشلت، ولا تَعتمدْ على مجرد نواياك.

الدرجة الثانية:
أن تدرك عجزك الكامل، فلا ترى عملاً يُنجيك (كأن تظن الصلاة تُغني عن تقوى القلب)، ولا ذنبًا يُهلكك (لأن المغفرة بيد الله)، ولا سببًا يَحملك على الطمع في النتائج.

الدرجة الثالثة:
أن تشهدَ بقلبك أن الله وحده هو مُدبِّرُ حالات "التفرقة" و"الجمع" الروحية؛ فـ"التفرقة" هي شعورك بالبُعد عن الله (كالحيرة أو الضيق)، و"الجمع" هي ذوقك القرب منه (كالطمأنينة)، وهو الذي يُقلِّبك بينهما لِيُصفِّي إيمانك.

موجز المعاني ونصيحة عملية:

- التفويض هو أن تَخلعَ يدَك من التصرف، وتَرى الله هو الفاعل الحقيقي في كل شيء.
- ابدأ يومك بقول: "حسبي الله ونعم الوكيل"، وتأمَّل قول الله: ﴿وَمَا تَشَاءُونَ إِلَّا أَنْ يَشَاءَ اللَّهُ﴾ (الإنسان: ٣٠).
- إذا مررتَ بضيقٍ روحي (تفرقة)، فاعلم أنها مرحلةٌ لتنقية قلبك، وإذا ذقتَ سكينةً (جمع)، فاعلم أنها هبةٌ منه.
- اقرأ سورة الفاتحة بتدبُّرٍ، وكرِّر: "إياك نعبد وإياك نستعين"، وثق أن الله يُديرُ أحوالك بحكمةٍ لا تُدركها.

نص الشيخ الهروي

٢٩- باب الثقة

قال الله عز وجل: (فإذا خفت عليه فألقيه في اليم)(القصص:٧).

الثقة سواد عين التوكل، ونقطة دائرة التفويض وسويداء قلب التسليم

وهي على ثلاث درجات:

الدرجة الأولى درجة الإياس؛ وهو إياس العبد من مقاواة الأحكام، ليقعد عن منازعة الأقسام، وليتخلص من قحة الإقدام.

والدرجة الثانية: درجة الأمن؛ وهو أمن العبد من فوت المقدور، وانتقاص المسطور؛ فيظفر بروح الرضى، وإلا فبغنى اليقين، وإلا فبظلف الصبر.

والدرجة الثالثة: معاينة أولية الحق؛ ليتخلص من محن القصود، وتكاليف الحمايات، والتعريج على مدارج الوسائل.

النصّ مكتوباً بلغة مبسّطة

٢٩- باب الثقة

قال الله عز وجل: ﴿فَإِذَا خِفْتِ عَلَيْهِ فَأَلْقِيهِ فِي الْيَمِّ﴾ (القصص: ٧).

الثقة هي روح التوكل، وأساس التفويض، وجوهر التسليم لله.
فهي ليست مجرد طمأنينة، بل يقينٌ بأن ما قَدَّره الله هو الخير، حتى لو خَفِيَ الحكمة.

وللثقة ثلاث درجات:

الدرجة الأولى (اليأس من المقاومة):
أن تيأسَ من قدرتك على تغيير قضاء الله، فتُوقِفَ الجدال مع الأقدار، وتتخلَّص من تهور التصرفات التي تُعارض حكمته.

الدرجة الثانية (الأمان من الخوف):
أن تشعرَ بأمانٍ تامٍ من ضياع ما كتبه الله لك، فإما أن تنالَ راحة الرضا، أو غنى اليقين بأن الله كافيك، أو صبرًا ثابتًا كالجبل.

الدرجة الثالثة (مشاهدة تدبير الله):
أن ترى بعين القلب أن الله هو المدبر الأول لكل شيء، فتَخرُجَ من حيرة الخطط البشرية، ولا تتعب نفسك بالاعتماد على الوسائل، بل تترك الأمر له وحده.

<u>موجز المعاني ونصيحة عملية:</u>

- الثقة الحقيقية هي أن تعيشَ وكأنك رأيتَ يدَ الله تعمل في كل تفصيل.
- ابدأ بتطبيقها في مواقف بسيطة: إذا شعرت بالقلق على رزقٍ أو صحةٍ، ردد: "حسبي الله لا إله إلا هو عليه توكلت"، وتأمّل قوله تعالى: ﴿وَمَن يَتَوَكَّلْ عَلَى اللَّهِ فَهُوَ حَسْبُهُ﴾ (الطلاق: ٣).
- لا تُرهق نفسك بالخطط المبالغ فيها؛ فالله يقول: ﴿وَكَفَى بِاللَّهِ وَكِيلًا﴾ (النساء: ٨١).
- اقرأ سورة القصص بتدبُّر، وتذكَّر أن أم موسى ألقت بابنها في اليم بثقةٍ عمياء، فحفظه الله. الثقةُ تحتاج إلى تمرينٍ يومي، فاجعل قلبك مرسىً لإيمانك.

نص الشيخ الهروي

٣٠- باب التسليم

قال الله عز وجل: (فلا وربك لا يؤمنون حتى يحكموك فيما شجر بينهم ثم لا يجدوا في أنفسهم حرجا مما قضيت ويسلموا تسليماً)(النساء:٦٥).

وفي التسليم والثقة والتفويض ما في التوكل من الاعتلال، وهو من أعلى درجات سبيل العامة. وهو على ثلاث درجات:

الدرجة الأولى: تسليم ما يزاحم العقول مما يشق على الأوهام من الغيب، والإذعان لما يغالب القياس من سير الدول والقسم، والإجابة لما يفزع المريد من ركوب الأحوال.

والدرجة الثانية: تسليم العلم إلى الحال، والقصد إلى الكشف، والرسم إلى الحقيقة.

والدرجة الثالثة: تسليم ما دون الحق إلى الحق، مع السلامة من رؤية التسليم، بمعاينة تسليم الحق إياك إليه.

النصّ مكتوباً بلغة مبسّطة

٣٠- باب التسليم

قال الله عز وجل: ﴿فَلَا وَرَبِّكَ لَا يُؤْمِنُونَ حَتَّى يُحَكِّمُوكَ فِيمَا شَجَرَ بَيْنَهُمْ ثُمَّ لَا يَجِدُوا فِي أَنْفُسِهِمْ حَرَجًا مِمَّا قَضَيْتَ وَيُسَلِّمُوا تَسْلِيمًا﴾ (النساء: ٦٥).

التسليم هو ذروة الاستجابة لله، وهو يشترك مع الثقة والتفويض في جوهر الاعتماد على الله، لكنه أعلى درجات السالكين من العامة.

وله ثلاث مراحل:

الدرجة الأولى:

قبول ما يُعارض العقل البشري (كأمور الغيب)، والخضوع للأقدار التي لا تُفسَّر بالمنطق (كتقلبات الزمن)، والاستجابة للتوجيهات الروحية حتى لو كانت مُخيفة (كالدعوة للتضحية).

الدرجة الثانية:
التخلي عن الاعتماد على المعرفة النظرية لصالح الاختبار القلبي (كاستبدال الجدل بالخشوع)، وترك التمسك بالشكليات الدينية لصالح الحقائق الروحية (كالانتقال من الصورة إلى الجوهر).

الدرجة الثالثة:
أن تذوب إرادتك في إرادة الله، فلا ترى حتى أنك "مُسَلِّم"، لأنك تشهد أن الله هو الذي سلَّمك إليه، فأنت مُجرد مرآةٍ لإرادته.

موجز المعاني ونصيحة عملية:
التسليم هو أن ترميَ وراءك كل "لماذا؟" و"كيف؟".

- ابدأ بتدريب نفسك على قَبول الأقدار المؤلمة بقلبٍ هادئ، وتأمَّل قول الله: ﴿وَمَا كَانَ لِمُؤْمِنٍ وَلَا مُؤْمِنَةٍ إِذَا قَضَى اللَّهُ وَرَسُولُهُ أَمْرًا أَنْ يَكُونَ لَهُمُ الْخِيَرَةُ مِنْ أَمْرِهِمْ﴾ (الأحزاب: ٣٦).
- إذا واجهتك محنةٌ لا تُحتمل، تذكَّر قصة النبي يونس في بطن الحوت، حين نادى في الظلمات: ﴿لَّا إِلَـٰهَ إِلَّا أَنتَ سُبْحَانَكَ إِنِّي كُنتُ مِنَ الظَّالِمِينَ﴾ (الأنبياء: ٨٧)، فاستجاب الله له وأنقذه.
- التسليم يحتاج إلى تمرينٍ يومي: اختم صلاتك بقول: "ربِّ لا تكلني إلى نفسي طرفة عين"، وثق أن الله يكتب لك الخير حيثما اتجهت.

٤ـ قسم الأخلاق

وأما قسم الأخلاق فهو عشرة أبواب وهي الصبر والرضى والشكر والحياء والصدق والإيثار والخلق والتواضع والفتوة والانبساط.

نص الشيخ الهروي

٣١- باب الصبر

قال الله عز وجل: (واصبر وما صبرك إلا بالله)(النحل:١٢٧).
الصبر حبس النفس على جزع كامن عن الشكوى. وهو أيضا من أصعب المنازل على العامة، وأوحشها في طريق المحبة، وأنكرها في طريق التوحيد. وهو على ثلاث درجات:
الدرجة الأولى: الصبر عن المعصية بمطالعة الوعيد؛ إبقاء على الإيمان، وحذرا من الجزاء. وأحسن منها الصبر عن المعصية حياء.
والدرجة الثانية: الصبر على الطاعة؛ بالمحافظة عليها دواماً، وبرعايتها إخلاصاً، وبتحسينها علماً.
والدرجة الثالثة: الصبر في البلاء؛ بملاحظة حسن الجزاء، وانتظار روح الفرج، وتهوين البلية بعد أيادي المنن، وتذكر سوالف النعم.
وفي هذه الدرجات الثلاث من الصبر نزلت (اصبروا) يعني في البلاء و(صابروا) يعني عن المعصية (ورابطوا)(الأنعام:٢٠٠)، يعني على الطاعة.
وأضعف الصبر: الصبر لله، وهو صبر العامة.
وفوقه الصبر بالله: وهو صبر المريد.
وفوقهما الصبر على الله: وهو صبر السالك.

النصّ مكتوباً بلغة مبسّطة

٣١- باب الصبر

قال الله عز وجل: ﴿وَاصْبِرْ وَمَا صَبْرُكَ إِلَّا بِاللَّهِ﴾ (النحل: ١٢٧).

الصبر هو ضبطُ النفس عن الشكوى رغم الألم الداخلي. وهو من أصعب المراحل على عامة الناس، ويبدو كطريقٍ موحشٍ في الطريق الى المحبة والتوحيد.
وله ثلاث درجات:

<u>الدرجة الأولى (الصبر عن المعصية):</u>
الامتناع عن الذنوب خوفًا من عقاب الله، أو حياءً منه. هذا الصبر يحمي الإيمان ويُبقي على سلامة القلب.

الدرجة الثانية (الصبر على الطاعة):
المثابرة على العبادات بانتظام (كالصلاة والصوم)، مع إخلاص النية، وتعلُّم تفاصيلها لتحسين أدائها.
الدرجة الثالثة (الصبر في البلاء):
تقبُّل الابتلاءات بثلاثة مفاتيح:
- تذكُّر ثواب الصبر العظيم.
- انتظار فرج الله مع اليقين بقدومه.
- مقارنة البلاء بالنعم السابقة لتهوين المصيبة.

وفي القرآن إشارة لهذه الدرجات:
"اصبروا" (في البلاء)
"صابروا" (عن المعصية)
"رابطوا" (على الطاعة) (الأنعام: ٢٠٠)

مستويات الصبر:
-الصبر لله (العامة): الصبر خوفًا من العقاب أو طمعًا في الثواب.
-الصبر بالله (المريدون): الصبر باستعانة بقوة الله ورحمته.
-الصبر على الله (السالكون): الصبر بمعرفة أن البلاء نفسه نعمةٌ من الله لترقية الروح.

موجز المعاني ونصيحة عملية:
الصبر ليس مجرد "انتظار"، بل هو مدرسةٌ لتربية الإيمان. ابدأ بتدريب نفسك على:

- الدرجة الأولى: تجنُّب ذنبٍ واحدٍ يوميًا (كالغيبة) مع تذكُّر عذاب النار.
- الدرجة الثانية: أَدِّ صلاة الفجر بانتظام، وحسِّن وضوءك أو خشوعك.
- الدرجة الثالثة: إذا أصابك همٌّ، اكتب قائمةً بنعم الله عليك، وتأمَّل قوله: ﴿إِنَّ مَعَ الْعُسْرِ يُسْرًا﴾ (الشرح: ٦).

الصبر يحتاج إلى مراقبة القلب: قل دائمًا: "اللهم أعني على ذكرك وشكرك وحسن عبادتك".

نص الشيخ الهروي

٣٢- باب الرضى

قال الله عز وجل: (إرجعي إلى ربك راضية مرضية)(الفجر:٢٨).
لم يدع في هذه الآية للمتسخط إليه سبيلا، وشرط للقاصد الدخول في الرضى.
والرضى اسم للوقوف الصادق حيث ما وقف العبد، لا يلتمس متقدما ولا متأخرا، ولا يستزيد مزيدا، ولا يستبدل حالا.
وهو من أوائل مسالك أهل الخصوص، وأشقها على العامة.
وهو على ثلاث درجات:
الدرجة الأولى: رضى العامة؛ وهو الرضى بالله ربّاً، بسخط عبادة ما دونه. وهذا قطب رحى الإسلام، وهو يطهر من الشرك الأكبر.
وهو يصح بثلاث شرائط: أن يكون الله عز وجل أحب الأشياء إلى العبد، وأولى الأشياء بالتعظيم، وأحق الأشياء بالطاعة.
والدرجة الثانية: الرضى عن الله عز وجل. وبهذا الرضى نطقت آيات التنزيل؛ وهو الرضى عنه في كل ما قضى، وهذا من أوائل مسالك أهل الخصوص.
ويصح بثلاث شرائط: باستواء الحالات عند العبد، وبسقوط الخصومة مع الخلق، وبالخلاص من المسألة والإلحاح.
والدرجة الثالثة: الرضى برضى الله. فلا يرى العبد لنفسه سخطا ولا رضى، فيبعثه على ترك التحكم وحسم الاختيار، وإسقاط التمييز ولو أدخل النار.

النصّ مكتوباً بلغة مبسّطة

٣٢- باب الرضى

قال الله عز وجل: ﴿ارْجِعِي إِلَى رَبِّكِ رَاضِيَةً مَرْضِيَّةً﴾ (الفجر: ٢٨).

الرضى هو القناعة الكاملة بقضاء الله دون تذمر أو طلب تغيير، وهو طريقٌ مُغلق أمام الشكوى، وشرطٌ أساسي للسالكين نحو الله.
الرضى ثلاث درجات:

الدرجة الأولى (رضى العامة):
- الرضا بالله ربًّا واحدًا، ورفض عبادة غيره.

- يشترط لتحقيقه:
  - أن يكون الله أحبَّ شيءٍ إلى قلبك.
  - أن تُعظِّمه فوق كل شيء.
  - أن تُطيعه قبل كل شيء.
- هذا الرضى يُطهِّر القلب من الشرك الأكبر (عبادة غير الله).

الدرجة الثانية (الرضى عن الله):

- الرضا بكل ما قدَّره الله، سواءً كان خيرًا أو شرًا في ظاهره.
- يشترط لتحقيقه:
  - التساوي عندك بين النعم والابتلاءات.
  - عدم الخصام مع الناس على أقدار الله.
  - التوقف عن طلب تغيير القضاء.
- هذا الرضى هو بداية طريق الخواص (المقرَّبين).

الدرجة الثالثة (الرضى برضى الله):

- أن تَذوب إرادتك في إرادة الله، فلا تطلب ما يرضيك، بل ما يرضيه.
- هنا، لا تهتمُّ حتى بدخول الجنة أو النار؛ لأن رضى الله هو غايتك الوحيدة.

موجز المعاني ونصيحة عملية:

الرضى ليس استسلامًا سلبيًّا، بل هو قوةُ قلبٍ تُريك الجمال في كل قضاء. ابدأ بتدريب نفسك على:

-الدرجة الأولى: كرِّر يوميًّا: "رضيتُ بالله ربًّا، وبالإسلام دينًا"، وتأمَّل قول الله: ﴿وَمَنْ يُسْلِمْ وَجْهَهُ إِلَى اللَّهِ وَهُوَ مُحْسِنٌ فَقَدِ اسْتَمْسَكَ بِالْعُرْوَةِ الْوُثْقَى﴾ (لقمان: ٢٢).

-الدرجة الثانية: إذا أصابك مكروه، قل: "الحمد لله على كل حال"، واقرأ قصة النبي أيوب الذي قال: ﴿ أَنِّي مَسَّنِيَ ٱلضُّرُّ وَأَنتَ أَرْحَمُ ٱلرَّٰحِمِينَ ﴾ (الأنبياء: ٨٣).

-الدرجة الثالثة: خصص وقتًا يوميًا لتلاوة آية ﴿رَضِيَ اللَّهُ عَنْهُمْ وَرَضُوا عَنْهُ﴾ (المائدة: ١١٩)، وتأمل معنى الرضى المتبادل بينك وبين الله. اسأل نفسك: "هل أفعالي تُرضي الله؟". حوِّلْ هذا التساؤل إلى مرآةٍ تُصحِّح بها نواياك قبل أعمالك.

نص الشيخ الهروي

٣٣- باب الشكر

قال الله عز وجل: (وقليل من عبادي الشكور)(سبأ:١٣).
الشكر اسم لمعرفة النعمة لأنها السبيل إلى معرفة المنعم، ولهذا المعنى سمي الله تعالى الإسلام والإيمان في القرآن شكراً.
ومعاني الشكر ثلاثة أشياء: معرفة النعمة، ثم قبول النعمة، ثم الثناء بها.
وهو أيضا من سبل العامة. وهو على ثلاث درجات:
الدرجة الأولى: الشكر في المحاب؛ وهذا شكر شاركت المسلمين فيه اليهود والنصارى والمجوس، ومن سعة بر البارئ أنه عده شكرا ووعد عليه الزيادة وأوجب له المثوبة.
والدرجة الثانية: الشكر في المكاره؛ وهذا ممن يستوى عنده الحالات إظهار الرضى، وممن يميز بين الأحوال كظم الشكوى ورعاية الأدب وسلوك مسلك العلم، وهذا الشاكر أول من يدعى إلى الجنة.
والدرجة الثالثة: أن لا يشهد العبد إلا المنعم. فإذا شهد المنعم عبودة استعظم منه النعمة، وإذا شهده حبا استحلى منه الشدة، وإذا شهده تفريدا لم يشهد منه شدة ولا نعمة.

النصّ مكتوباً بلغة مبسّطة

٣٣- باب الشكر

قال الله عز وجل: ﴿وَقَلِيلٌ مِنْ عِبَادِيَ الشَّكُورُ﴾ (سَبَأ: ١٣).

الشكر هو معرفةُ النعمة واعترافٌ بأنها هِبةٌ من الله، وهو طريقٌ لمعرفة المُنعِم سبحانه.

وله ثلاثة أركان:
معرفة النعمة: إدراك أن كل ما تملكه هو مِن فضل الله.
قبول النعمة: استخدامها في طاعة الله.
الثناء بها: حمد الله عليها بالقلب واللسان والعمل.

وهو ثلاثة أنواع:

الدرجة الأولى (الشكر في النعم):

- شكر الله على الخيرات الظاهرة (كالصحة والمال).
- يشترك فيه حتى غير المسلمين، والله يقبله ويُضاعف ثوابه.

الدرجة الثانية (الشكر في المصائب):

- شكر الله على الابتلاءات بتسليم القلب وعدم الشكوى.
- هنا يظهر المؤمنُ رضاه بقضاء الله، ويكتم ألمه حفاظًا على أدب العبودية.
- هؤلاء الشاكرون هم أول مَن يُدعى إلى الجنة.

الدرجة الثالثة (الشكر بالقلب لا بالحدث):

- أن ترى الله هو المُنعِم الحقيقي في كل حال، فلا تنشغل بالنعمة أو المصيبة، بل بمن وهبها.
- هنا يذوب قلبك في محبة الله، فلا فرق عندك بين الرخاء والشدّة؛ لأن كِلَيْهما مِن حكمته.

<u>موجز المعاني ونصيحة عملية:</u>

الشكر الحقيقي هو أن ترى يدَ الله في كل شيء. ابدأ يومك بـ "الحمد لله الذي بنعمته تتم الصالحات"، وخُذْ خطواتٍ عملية:

- الدرجة الأولى: اكتب ثلاث نِعَمٍ جديدةٍ تشكر الله عليها كل يوم.
- الدرجة الثانية: إذا أصابك همٌّ، قل: "الحمد لله على كل حال"، وتأمَّل قول الله: ﴿لَئِنْ شَكَرْتُمْ لَأَزِيدَنَّكُمْ﴾ (إبراهيم: ٧).
- الدرجة الثالثة: حوِّلْ نظرتك للأحداث؛ فبدلًا من قول "لماذا أصابني هذا؟"، قل: "ما الحكمة التي يريدها الله مني هنا؟".

نص الشيخ الهروي

٣٤- باب الحياء

قال عز وجل: (ألم يعلم بأن الله يرى)(العلق:١٤).
الحياء من أوائل مدارج أهل الخصوص؛ يتولد من تعظيم منوط بود.
وهو على ثلاث درجات:
الدرجة الأولى: حياء يتولد من علم العبد بنظر الحق إليه؛ فيجذبه إلى تحمل المجاهدة، ويحمله على استقباح الجناية، ويسكته عن الشكوى.
والدرجة الثانية: حياء يتولد من النظر في علم القرب؛ فيدعوه إلى ركوب المحبة، ويربطه بروح الأنس، ويكره إليه ملابسة الخلق.
والدرجة الثالثة: حياء يتولد من شهود الحضرة؛ وهي التي تشوبها هيبة، ولا تقاويها تفرقة، ولا يوقف لها على غاية.

النصّ مكتوباً بلغة مبسّطة

٣٤- باب الحياء

قال الله عز وجل: ﴿أَلَمْ يَعْلَمْ بِأَنَّ اللَّهَ يَرَى﴾ (العلق: ١٤).

الحياء هو خُلقٌ يمنعك من فعل القبيح خوفًا من نظرة الله إليك، وهو مفتاحُ طريق المقرَّبين إلى الله.

الحياء ثلاث درجات:

الدرجة الأولى (حياء المراقبة):

- ينشأ من إدراكك أن الله يراك دائمًا، فيدفعك لتجنب المعاصي، ويُقبِّحُ في عينيك فعلَ الذنب، ويُسكِتُ لسانك عن الشكوى.

الدرجة الثانية (حياء القرب):

- ينشأ من شعورك بصلتك الوثيقة بالله، فيجعلك تُفضِّلُ عزلتَك مع حبِّه على مخالطة الناس، ويملأ قلبك طمأنينةً وأنسًا به.

الدرجة الثالثة (حياء الشهود):

- ينشأ من إحساسك بالهيبة الإلهية في حضور الله، فلا تستطيع وصفه، ولا تقوى على مفارقته، ولا تعرف له نهايةً.

موجز المعاني ونصيحة عملية:

الحياءُ هو جدارٌ واقٍ بينك وبين المعاصي. ابدأ بتدريب نفسك:

- الدرجة الأولى: قُلْ قبل أي فعل: "الله يراني"، وتأمَّل قول الله: ﴿إِنَّ اللَّهَ كَانَ عَلَيْكُمْ رَقِيبًا﴾ (النساء: ١).
- الدرجة الثانية: خصص وقتًا يوميًا للخلوة مع الله (كصلاة الضحى أو الدعاء)، وحاول أن تشعر بوجودِه معك.
- الدرجة الثالثة: اقرأ سورة "الملك" قبل النوم، وتذكَّر عظمة الله في خلق السماوات، واسأله: "اللهم ارزقني حياءً يمنعني من معصيتك".

نص الشيخ الهروي

٣٥ـ باب الصدق

قال الله عز وجل: (فإذا عزم الأمر فلو صدقوا الله لكان خيرا لهم)(محمد:٢١).

الصدق اسم لحقيقة الشيء بعينه حصولا ووجودا.

وهو على ثلاث درجات:

الدرجة الأولى: صدق القصد. وبه يصح الدخول في هذا الشأن، ويتلافى به كل تفريط، ويتدارك كل فائت، ويعمر كل خراب.

وعلامة هذا الصادق أن لا يحتمل داعية تدعو إلى نقض عهد، ولا يصبر على صحبة ضِدّ، ولا يقعد عن الجد بحال.

والدرجة الثانية: أن لا يتمنى الحياة إلا للحق، ولا يشهد من نفسه إلا أثر النقصان، ولا يلتفت إلى ترفيه الرخص.

والدرجة الثالثة: الصدق في معرفة الصدق. فإن الصدق لا يستقيم في علم الخصوص إلا على حرف واحد، وهو أن يتفق رضى الحق بعمل العبد أو حاله أو وقته، وإتيان العبد وقصده، فيكون العبد راضيا مرضيا، فأعماله إذا مرضية، وأحواله صادقة، وقصوده مستقيمة.

وإن كان العبد كسي ثوبا معارا؛ فأحسن أعماله ذنب، وأصدق أحواله زور، وأصفى قصوده قعود.

النصّ مكتوباً بلغة مبسّطة

٣٥ـ باب الصدق

قال الله عز وجل: ﴿فَإِذَا عَزَمَ الْأَمْرُ فَلَوْ صَدَقُوا اللَّهَ لَكَانَ خَيْرًا لَهُمْ﴾ (محمد: ٢١).

الصدق هو أن تكون أفعالك ونواياك مُطابقة لحقيقة إيمانك بالله، وهو أساس كل خير.

الصدق ثلاث درجات:

الدرجة الأولى (صدق النية):

- أن تنوي بعملك وجه الله فقط، دون رياء أو طمع دنيوي.
- علامة صاحبها: لا يخون عهده، ولا يصاحب من يضلُّه، ولا يتوقف عن السعي في الخير.

الدرجة الثانية (صدق التجرُّد):

- أن تعيشَ للحق فقط، وتَعترفَ دائمًا بقصورك، ولا تتهاونَ في التزاماتك الدينية.

الدرجة الثالثة (صدق التطابق):

- أن تتوافق أعمالك وأحوالك مع رضى الله تمامًا، حتى يصير رضاه هو دافعك الوحيد.
- هنا، حتى أفضل أعمالك قد تراها ناقصةً لأنك تُدرك أن الكمال لله وحده.

<u>موجز المعاني ونصيحة عملية:</u>

الصدقُ الحقيقي هو أن ترى الله في كل حركةٍ وسكنة. ابدأ بتدريب نفسك على:

- الدرجة الأولى: اسأل نفسك قبل أي عمل: "لماذا أفعل هذا؟"، وتأمَّل قول الله: ﴿ وَٱلَّذِى جَآءَ بِٱلصِّدْقِ وَصَدَّقَ بِهِۦٓ أُوْلَٰٓئِكَ هُمُ ٱلْمُتَّقُونَ﴾ (الزمر: ٣٣).
- الدرجة الثانية: اكتبْ يوميًّا خطأً واحدًا اعترفتَ به، واستغفر منه.
- الدرجة الثالثة: حوِّلْ همَّك من "كيف يُرضيني الناس؟" إلى "كيف أُرضي الله؟".

نص الشيخ الهروي

٣٦ـ باب الإيثار

قال الله عز وجل: (ويؤثرون على أنفسهم ولو كان بهم خصاصة)(الحشر:٩).
الإيثار تخصيص واختيار. والأثرة تحسن طوعاً، وتصح كرهاً.
وهو على ثلاث درجات:
الدرجة الأولى: أن تؤثر الخلق على نفسك فيما لا يحرم عليك ديناً، ولا يقطع عليك طريقاً، ولايفسد عليك وقتاً.
ويستطاع هذا بثلاثة أشياء: بتعظيم الحقوق، ومقت الشح، والرغبة في مكارم الأخلاق.
والدرجة الثانية: إيثار رضى الله تعالى على رضى غيره؛ وإن عظمت فيه المحن، وثقلت به المؤن، وضعفت عنه الطول والبدن.
ويستطاع هذا بثلاثة أشياء: بطيب العود، وحسن الإسلام، وقوة الصبر.
والدرجة الثالثة: إيثار إيثار الله تعالى؛ فإن الخوض في الإيثار دعوى في الملك، ثم ترك شهود رؤيتك إيثار الله، ثم غيبتك عن الترك.

النصّ مكتوباً بلغة مبسّطة

٣٦ـ باب الإيثار

قال الله عز وجل: ﴿وَيُؤْثِرُونَ عَلَى أَنْفُسِهِمْ وَلَوْ كَانَ بِهِمْ خَصَاصَةٌ﴾ (الحشر: ٩).
الإيثار هو تقديمُ غيرك على نفسك في الخير، حتى لو كنتَ في حاجةٍ إليه.
وهو ثلاث درجات:

الدرجة الأولى (إيثار الناس):

- تقديم مصلحة الآخرين على نفسك في الأمور المباحة، بشرط ألا:

- تُخالفَ شرعًا.
- تُضيّعَ وقتك أو طاقتك.

- يُكتسب هذا بثلاثة أمور:

- احترام حقوق الناس.
- كراهية البخل.
- الرغبة في اكتساب الأخلاق العظيمة.

الدرجة الثانية (إيثار رضى الله):

- تقديم رضى الله على رضى الناس، حتى لو تسبَّبَ لك في مشقَّةٍ أو خسارةٍ دنيوية.

- يُكتسب هذا بثلاثة أمور:

- نقاء القلب من الأنانية.
- فهم حقيقة الإسلام (الاستسلام الكامل لله).
- قوة الصبر على التحديات.

الدرجة الثالثة (إيثار الإيثار نفسه):

- أن تدرك أن امتلاكك لأي شيء هو وهمٌ، فكل شيء ملكٌ لله. حتى عندما تُؤثِرُ غيرك، فأنت مجرد وسيطٍ لإرادة الله.
- هنا لا ترى نفسك "مُؤثِرًا"، بل تشهد أن الله هو المُؤثِر الحقيقي. تختفي ذاتك، فلا تطلب ثوابًا ولا تخشى لومًا، لأنك تعلم أن الفعل لله وحده.

<u>موجز المعاني ونصيحة عملية:</u>

الإيثارُ الحقيقي هو أن تنسى نفسك في سبيل الله والآخرين. ابدأ بتدريب نفسك على:

- الدرجة الأولى: تبرَّعْ بشيءٍ تحتاجه أنت (كطعامٍ أو وقت) لشخصٍ أكثر حاجةً، وتذكَّر قول الله: ﴿وَمَا تُقَدِّمُوا لِأَنْفُسِكُمْ مِنْ خَيْرٍ تَجِدُوهُ عِنْدَ اللَّهِ﴾ (البقرة: ١١٠).
- الدرجة الثانية: اخترْ قرارًا يُرضي الله حتى لو أغضب الناس (كرفض رشوةٍ أو دفاعٍ عن مظلوم)، وتأمَّل قوله تعالى: ﴿وَاللَّهُ يُحِبُّ الْمُحْسِنِينَ﴾ (آل عمران: ١٣٤).
- الدرجة الثالثة: تأمَّل قوله: ﴿وَلِلَّهِ مُلْكُ السَّمَاوَاتِ وَالْأَرْضِ﴾ (آل عمران: ١٨٩). اسأل نفسك: "هل أنا أملك شيئًا حتى أُؤثِر به؟".

نص الشيخ الهروي

٣٧- باب الخُلُق

قال الله عز وجل: (وإنك لعلى خلق عظيم)(القلم:٤).
الخلق ما يرجع إليه المتكلف من نعته.
واجتمعت كلمة الناطقين في هذا العلم أن التصوف هو الخُلُق، وجماع الكلام فيه يدور على قطب واحد، وهو بذل المعروف وكف الأذى.
وإنما يدرك إمكان ذلك قي ثلاثة أشياء: في العلم، والجود، والصبر.
وهو على ثلاث درجات:
الدرجة الأولى: أن تعرف مقام الخلق، أنهم بأقدارهم مربوطون، وفي طاقتهم محبوسون، وعلى الحكم موقوفون. فتستفيد بهذه المعرفة ثلاثة أشياء: أمن الخلق منك حتى الكلب، ومحبة الخلق إياك، ونجاة الخلق بك.
والدرجة الثانية: تحسين خُلُقك مع الحق، وتحسينه منك أن تعلم أن كل ما يأتي منك يوجب عذراً، وكل ما يأتي من الحق يوجب شكراً، وأن لا ترى له من الوفاء بدّاً.
والدرجة الثالثة: التخلّق بتصفية الخُلُق، ثم الصعود عن تفرق التخلّق، ثم التخلق بمجاوزة الأخلاق.

النصّ مكتوباً بلغة مبسّطة

٣٧- باب الخُلُق

قال الله عز وجل: ﴿وَإِنَّكَ لَعَلَى خُلُقٍ عَظِيمٍ﴾ (القلم: ٤).

الخُلُق هو أساس التصوف، ويُختصر في فعل الخير واجتناب الأذى.

وهو مبني على ثلاثة أركان:
العلم بأصول الأخلاق، والجود بالعطاء، والصبر على المشاق.

الخُلُق ثلاث درجات:

الدرجة الأولى (فهم طبيعة الناس):

- إدراك أن الناس محدودون بأقدارهم وقدراتهم، فلا تحمل عليهم فوق طاقتهم.
- ثمرات هذه الدرجة:

- أمان الناس من أذاك.
- حبهم لك.
- كونك سببًا في هدايتهم.

الدرجة الثانية (تحسين الخُلُق مع الله):

- أن تعترف أن كل تقصير منك يحتاج إلى استغفار، وكل نعمة من الله تحتاج إلى شكر.
- هنا تصل إلى حالةٍ من الرضا الدائم بقضاء الله، فلا ترى لنفسك فضلًا في الطاعة.

الدرجة الثالثة (تجاوز الخُلُق الاعتيادي):

- تصل إلى مرحلةٍ تصفو فيها أخلاقك تمامًا، فلا تحتاج إلى مجاهدةٍ لفعل الخير، بل يصير جزءًا من كيانك.
- بعدها ترتفع عن التصنُّع في الأخلاق، وتتجاوز المفاهيم التقليدية للخير والشر؛ لأن أفعالك تنبع من اتصالك بالله مباشرةً.

موجز المعاني ونصيحة عملية:

الأخلاق الحسنة هي مرآة الإيمان. ابدأ بتدريب نفسك على:

- الدرجة الأولى: تعامَلْ بلطفٍ مع شخصٍ يُزعجك، وتذكَّر قول النبي ﷺ: "إنما بُعثت لأتمم مكارم الأخلاق".
- الدرجة الثانية: اكتبْ كل ليلةٍ خطأً واحدًا اعترفتَ به، ونعمةً واحدةً شكرتَ الله عليها.
- الدرجة الثالثة: صلِّ ركعتين بنية تحسين الخُلُق، واقرأ سورة "الحجرات" بتدبُّر، خاصة قوله تعالى: ﴿ إِنَّ أَكْرَمَكُمْ عِندَ ٱللَّهِ أَتْقَىٰكُمْ﴾ (الحجرات: ١٣).

نص الشيخ الهروي

٣٨- باب التواضع

قال الله عز وجل: (وعباد الرحمن الذين يمشون على الأرض هونا)(الفرقان:٦٣).
التواضع أن يتضع العبد لصولة الحق.
وهو على ثلاث درجات:
الدرجة الأولى: التواضع للدين. وهو أن لا يعارض بمعقول منقولا، ولا يتهم على الدين دليلا، ولا يرى إلى الخلاف سبيلا.
ولا يصح ذلك له إلا بأن يعلم أن النجاة في البصيرة، والاستقامة بعد الثقة، وأن البينة وراء الحجة.
والدرجة الثانية: أن ترضى بمن رضى الحق لنفسه عبداً، من المسلمين أخاً، وأن لا ترد على عدوك حقاً، وتقبل من المعتذر معاذيره.
والدرجة الثالثة: أن تتضع للحق، فتنزل عن رأيك في الخدمة، ورؤية حقك في الصحبة، وعن رسمك في المشاهدة.

النصّ مكتوباً بلغة مبسّطة

٣٨- باب التواضع

قال الله عز وجل: ﴿وَعِبَادُ الرَّحْمَٰنِ الَّذِينَ يَمْشُونَ عَلَى الْأَرْضِ هَوْنًا﴾ (الفرقان: ٦٣).

التواضع هو الخضوع الكامل لحُكم الله، وعدم التفاخر بالذات أو الجدال بغير حكمة.

وهو ثلاث درجات:

الدرجة الأولى (التواضع للدين):
- التسليم الكامل لأحكام الشرع دون معارضة النصوص الدينية بالرأي الشخصي أو المنطق.
- يشترط لتحقيقه:

- الإيمان بأن النجاة في اتباع الوحي، لا في الجدال.
- الثقة بأن الاستقامة طريقُ الأمان.
- فهم أن الحقائق الإلهية تفوق حجج البشر.

الدرجة الثانية (التواضع مع الخَلق):
- تقبُّل الآخرين كما هم:

- رضا بما رضيه الله لهم من منزلة.
- عدم ردِّ الإساءة بمثلها، وقبول اعتذار المُخطئ.
- التعامل بلطف حتى مع الخصوم، لأنهم عباد الله.

الدرجة الثالثة (التواضع مع الحق):
- التخلي عن الأنانية تمامًا:

- ترك التمسك بالرأي الشخصي في خدمة الله.
- عدم المطالبة بحقوقك في العلاقات الإنسانية.
- نسيان الذات أثناء العبادة، فلا ترى نفسك "صاحب فضل".

موجز المعاني ونصيحة عملية:
التواضعُ هو تاجُ المؤمن. ابدأ بتدريب نفسك على:

- الدرجة الأولى: اقرأ آية ﴿يَمْشُونَ عَلَى الْأَرْضِ هَوْنًا﴾ يوميًا، وتخيل كيف تمشي بخشوعٍ كأنك تحمل كتابًا مقدسًا على رأسك.
- الدرجة الثانية: إذا أساء إليك أحد، قل: "اللهم اغفر له، فهو لا يعلم"، وتذكَّر قول النبي ﷺ: "مَنْ تَوَاضَعَ لِلَّهِ رَفَعَهُ اللَّهُ".
- الدرجة الثالثة: اختم يومك بسؤال: "هل فعلتُ اليوم شيئًا لوجه الله فقط؟"، واقرأ سورة "لقمان" بتدبُّر، خاصة قوله تعالى: ﴿وَلَا تُصَعِّرْ خَدَّكَ لِلنَّاسِ وَلَا تَمْشِ فِي الْأَرْضِ مَرَحًا﴾ (لقمان: ١٨).

نص الشيخ الهروي

٣٩- باب الفتوة

قال الله عز وجل: (إِنَّهُمْ فِتْيَةٌ ءَامَنُواْ بِرَبِّهِمْ وَزِدْنَـٰهُمْ هُدًى)(الكهف:١٣).
نكتة الفتوة أن لا تشهد لك فضلاً، ولا ترى لك حقاً.
وهي على ثلاث درجات:
الدرجة الأولى: ترك الخصومة، والتغافل عن الزلة، ونسيان الأذية.
والدرجة الثانية: أن تقرب من يقصيك، وتكرم من يؤذيك، وتعتذر إلى من يجنى عليك. سماحاً لا كظماً، وبراحا لا مصابرة.
والدرجة الثالثة: أن لا تتعلق في المسير بدليل، ولا تشوب إجابتك بعوض، ولا تقف في شهودك على رسم.
واعلم أن من أحوج عدوه إلى شفاعة، ولم يخجل من المعذرة إليه، لم يشم رائحة الفتوة.
ثم في علم الخصوص، من طلب نور الحقيقة على قدم الاستدلال، لم يحل له دعوى الفتوة أبداً.

النصّ مكتوباً بلغة مبسّطة

٣٩- باب الفتوة

قال الله عز وجل: ﴿إِنَّهُمْ فِتْيَةٌ ءَامَنُواْ بِرَبِّهِمْ وَزِدْنَـٰهُمْ هُدًى﴾ (الكهف: ١٣).

الفتوة هي روح النبل الروحي، وتعني التجرُّد من الأنانية وعدم المطالبة بحقوقك.

الفتوة ثلاث درجات:

الدرجة الأولى (التسامح البسيط):
- تجنُّب الخصومات، وتجاهل أخطاء الآخرين، ونسيان الأذى الذي تعرَّضتَ له.

الدرجة الثانية (التسامح الفعَّال):

- تقرُّبٌ ممن يبتعد عنك، وإكرامٌ لمن يؤذيك، واعتذارٌ لمن يظلمك – ليس كتمًا للغضب، بل نقاءً في القلب.

الدرجة الثالثة (التجرُّد الكامل):

- الاستغناء عن الدليل العقلي المجرد (الاعتماد على المنطق البشري دون الوحي أو توجيه الشيخ)، وعدم انتظار مقابلٍ لأعمالك، وعدم التقيُّد بالشكليات في عبادة الله.

تحذيرات:

- من احتاج إلى وسيطٍ (شفيع) ليُصالح عدوَّه أو يقبل اعتذاره، وَمَنْ كَانَ الْاعْتِذَارُ عَلَيْهِ صَعْبًا، فهو لم يفهم الفتوة الحقيقية.
- من سعى لفهم الحقائق الإلهية بالمنطق المجرد (بدون توجيه روحي أو اتّباع الوحي)، لا يستحق أن يدَّعي الفتوة.

موجز المعاني ونصيحة عملية:

الفتوةُ هي أن تَعِيشَ كـ"فتى الكهف" – مُخلصًا لإيمانك بلا تردد. ابدأ بتدريب نفسك على:

- الدرجة الأولى: اكتب ثلاثة مواقف غضبتَ فيها مؤخرًا، وحلِّلها بعين التسامح.
- الدرجة الثانية: قدِّم هديةً رمزيةً لشخصٍ أساء إليك، وتأمَّل قول الله: ﴿وَلَا تَسْتَوِي الْحَسَنَةُ وَلَا السَّيِّئَةُ ادْفَعْ بِالَّتِي هِيَ أَحْسَنُ﴾ (فصلت: ٣٤).
- الدرجة الثالثة: صلِّ ركعتين بنية التجرُّد من حب الظهور، واقرأ قصة "أصحاب الكهف" بتدبُّر.

نص الشيخ الهروي

٤٠- باب الانبساط

قال الله عز وجل حاكيا عن كليمة عليه السلام: (أتهلكنا بما فعل السفهاء منا إن هي إلا فتنتك تضل بها من تشاء وتهدي من تشاء)(الأعراف:١٥٥).
الانبساط إرسال السجية والتحاشي من وحشة الحشمة. وهو السير مع الجبلة.
وهو على ثلاث درجات:
الدرجة الأولى: الانبساط مع الخلق. وهو أن لا تعتز لهم ضنا على نفسك، أو شحا على حظك، وتسترسل لهم في فضلك، وتسعهم بخلقك، وتدعهم يطؤونك، والعلم قائم، وشهودك المعنى دائم.
والدرجة الثانية: الانبساط مع الحق. وهو أن لا يجنبك خوف، ولا يحجبك رجاء، ولا يحول بينك وبينه آدم وحواء.
والدرجة الثالثة: الانبساط في الانطواء عن الانبساط. وهو رحب الهمة لانطواء انبساط العبد في بسط الحق جل جلالة.

النصّ مكتوباً بلغة مبسّطة

٤٠- باب الانبساط

قال الله عز وجل: ﴿أَتَهْلِكُنَا بِمَا فَعَلَ السُّفَهَاءُ مِنَّا إِنْ هِيَ إِلَّا فِتْنَتُكَ تُضِلُّ بِهَا مَنْ تَشَاءُ وَتَهْدِي مَنْ تَشَاءُ﴾ (الأعراف: ١٥٥).

الانبساط هو انفتاحُ القلب وصفاؤه، وعدم التكلُّف في التعامل مع الخلق أو مع الله.

وهو ثلاثة أنواع:

الدرجة الأولى (الانبساط مع الخلق):

- التعامل ببساطةٍ وسماحةٍ مع الناس دون أنانيةٍ أو خوفٍ من النقص.
- أن تمنح الآخرين من وقتك ومواردك بلا تردد، وتتقبَّل أخطاءهم، وتبقى مُطمئنًّا أن الله هو الرزاق.

الدرجة الثانية (الانبساط مع الحق):

- التحرُّر من قيود الخوف من العقاب أو الطمع في الثواب، والاتصال بالله بحريةٍ كأنك تُحدِّث صديقًا حميمًا.
- هنا لا يحجُبُك عن الله شيء، حتى الأسباب المادية أو العلاقات البشرية.

الدرجة الثالثة (الانبساط في الانطواء):

- الوصول إلى حالةٍ من السلام الداخلي حيث لا تحتاج إلى بذل جهدٍ للانفتاح، لأن قلبك مُتَّصلٌ بالله دائمًا.
- هنا تختفي الحدود بين "الانبساط" و"الانطواء"، فأنت في سكينةٍ مع الله دون حاجةٍ إلى مظاهر.

موجز المعاني ونصيحة عملية:

الانبساط هو أن تعيشَ بقلبٍ خفيفٍ كالفراشة. ابدأ بتدريب نفسك على:

- الدرجة الأولى: ساعد شخصًا غريبًا دون انتظار شكر، وتأمَّل قول الله: ﴿وَمَا تُنفِقُوا مِنْ خَيْرٍ يُوَفَّ إِلَيْكُمْ﴾ (البقرة: ٢٧٢).
- الدرجة الثانية: صلِّ ركعتين بنية التقرُّب إلى الله، واقرأ دعاء: "اللهم اجعلني من الذين إذا أَنعَمتَ عليهم شكروا، وإذا ابتليتَهم صبروا".
- الدرجة الثالثة: اقرأ سورة "الرعد" بتدبُّر، خاصة قوله تعالى: ﴿الَّذِينَ آمَنُوا وَتَطْمَئِنُّ قُلُوبُهُم بِذِكْرِ اللَّهِ ۗ أَلَا بِذِكْرِ اللَّهِ تَطْمَئِنُّ الْقُلُوبُ﴾ (الرعد: ٢٨)، وكرِّر يوميًّا: "حسبي الله ونعم الوكيل" ١٠٠ مرة.

٥ ـ قسم الأصول

وأما قسم الأصول فهو عشرة أبواب وهي:
القصد والعزم والإرادة والأدب واليقين والأنس والذكر والفقر والغنى ومقام المراد.

نص الشيخ الهروي

٤١- باب القصد

قال الله عز وجل: (ومن يخرج من بيته مهاجرا إلى الله ورسوله ثم يدركه الموت فقد وقع أجره على الله)(النساء:١٠٠).
القصد: الإزماع على التجرد للطاعة وهو على ثلاث درجات:
الدرجة الأولى: قصد يبعث على الارتياض، ويخلص من التردد، ويدعو إلى مجانبة الأغراض.
والدرجة الثانية: قصد لا يلتقي سببا إلا قطعه، ولا يدع حائلا إلا منعه، ولا تحاملا إلا سهله.
والدرجة الثالثة: قصد استسلام لتهذيب العلم، وقصد إجابة لوطئ الحكم، وقصد اقتحام في بحر الفناء.

النصّ مكتوباً بلغة مبسّطة

٤١- باب القصد

قال الله عز وجل: ﴿وَمَنْ يَخْرُجْ مِنْ بَيْتِهِ مُهَاجِرًا إِلَى اللَّهِ وَرَسُولِهِ ثُمَّ يُدْرِكْهُ الْمَوْتُ فَقَدْ وَقَعَ أَجْرُهُ عَلَى اللَّهِ﴾ (النساء: ١٠٠).

القصد هو العزمُ الصادق على طاعة الله.
وهو ثلاثة مستويات:

١ .الدرجة الأولى (القصد التمهيدي):

- بدايةُ تشكيل النية الخالصة، والتدريب على ترك التردد، والابتعاد عن الأهداف الدنيوية.
- مثل: أن تنوي الصيام لوجه الله، وتتجنب المباهاة بذلك.

٢ .الدرجة الثانية (القصد الجاد):

- عزمٌ لا يعترف بالعوائق، يُزيل الصعاب، ويُسهِّل التحديات.
- مثل: الاستمرار في العبادة رغم المشاغل، ورفض التأجيل بحججٍ واهية.

٣ .الدرجة الثالثة (القصد الكامل):

- استسلامٌ تامٌّ لإرادة الله، واستجابةٌ فوريةٌ لأمره، وانغماسٌ في محبته حتى تذوب الأنانية.
- هنا يصل العبد إلى حالةٍ يشعر فيها أن أفعاله ليست إلا انعكاسًا لإرادة الله.

<u>موجز المعاني ونصيحة عملية:</u>

القصدُ الحقيقي هو أن تتحول نيتك إلى بوصلةٍ توجه كل خطواتك نحو الله. ابدأ بتدريب نفسك على:

- الدرجة الأولى: اكتب نيةً واحدةً صادقةً كل صباح (كمساعدة محتاج أو قراءة قرآن)، وتأمل قوله تعالى: ﴿وَمِنَ النَّاسِ مَنْ يَشْرِي نَفْسَهُ ابْتِغَاءَ مَرْضَاتِ اللَّهِ﴾ (البقرة: ٢٠٧).
- الدرجة الثانية: إذا فكرت في تأجيل عملٍ صالح، قل: "اللهم أعني على ذِكرك وشكرك وحُسن عبادتك"، وافعلهُ فورًا.
- الدرجة الثالثة: خصص ٥ دقائق يوميًّا للجلوس في صمت، واسأل نفسك: "هل ما أفعله الآن يُرضي الله؟"، واقرأ سورة "العنكبوت" بتدبر، خاصة قوله: ﴿ وَمَن جَـٰهَدَ فَإِنَّمَا يُجَـٰهِدُ لِنَفْسِهِۦٓ﴾ (العنكبوت: ٦).

نص الشيخ الهروي

٤٢- باب العزم

قال الله عز وجل: (فإذا عزمت فتوكل على الله)(آل عمران:١٥٩).

العزم تحقيق القصد طوعاً أو كرهاً.

وهو على ثلاث درجات:

الدرجة الأولى: إباء الحال على العلم، بشَيْم برق الكشف، واستدامة نور الأنس، والإجابة لإماتة الهوى.

والدرجة الثانية: الاستغراق في لوائح المشاهدة، واستنارة ضياء الطريق، واستجماع قوى الاستقامة.

والدرجة الثالثة: معرفة علة العزم، ثم العزم على التخلص من العزم، ثم الخلاص من تكاليف ترك العزم، فإن العزائم لم تورث أربابها ميراثا أكرم من وقوفهم على علل العزائم.

النصّ مكتوباً بلغة مبسّطة

٤٢- باب العزم

قال الله عز وجل: ﴿فَإِذَا عَزَمْتَ فَتَوَكَّلْ عَلَى اللَّهِ﴾ (آل عمران: ١٥٩).

العزم هو التحقيق العملي للنية، سواءً برغبةٍ أو بغيرها.

وهو ثلاث درجات:

١. الدرجة الأولى (العزم الأساسي):

- رفض الركود الروحي والسعي نحو المعرفة الإلهية.

- الحفاظ على نور الإيمان في القلب.

- مقاومة الأهواء الشخصية بقوة الإرادة.

٢ .الدرجة الثانية (العزم المتقدّم):

- الانغماس الكامل في مراقبة آيات الله في الكون.
- استنارة البصيرة لرؤية طريق الحق بوضوح.
- جمع قوى النفس للثبات على الاستقامة.

٣ .الدرجة الثالثة (العزم الكامل):

- فهم الدوافع الخفية وراء عزمك (مثل الرغبة في الثواب أو الخوف من العقاب).
- التحرر من الحاجة إلى "العزم" كجهدٍ بشري، والاعتماد الكلي على توفيق الله.
- الوصول إلى مرحلةٍ حيث الأفعال تنبع تلقائيًّا من الاستسلام التام لإرادة الله، دون حاجةٍ إلى تكلف.

موجز المعاني ونصيحة عملية:
العزم الحقيقي هو أن تتحول إرادتك إلى جسرٍ بينك وبين الله.
ابدأ بتدريب نفسك على:

- الدرجة الأولى: خصص ٥ دقائق صباحًا لقراءة آية ﴿فَإِذَا عَزَمْتَ فَتَوَكَّلْ عَلَى اللَّهِ﴾(آل عمران:١٥٩)، واكتب قرارًا واحدًا ستلتزم به اليوم (كترك غيبة أو مساعدة محتاج).
- الدرجة الثانية: صلِّ ركعتين بنية طلب الثبات، وتأمل قول الله: ﴿ وَٱلَّذِينَ جَـٰهَدُواْ فِينَا لَنَهْدِيَنَّهُمْ سُبُلَنَا﴾ (العنكبوت: ٦٩).
- الدرجة الثالثة: اسأل نفسك قبل أي عمل: "هل هذا الفعل لوجه الله أم لشهوة نفسي؟"، واقرأ سورة "الشرح" بتدبر.

نص الشيخ الهروي

٤٣- باب الإرادة

قال الله عز وجل: (قل كل يعمل على شاكلته)(الإسراء:٨٤).
الإرادة من قوانين هذا العلم وجوامع أبنيته، وهي الإجابة لدواعي الحقيقة طوعاً.
وهي على ثلاث درجات:
الدرجة الأولى: ذهاب عن العادات بصحبة العلم، وتعلق بأنفاس السالكين مع صدق القصد، وخلع كل شاغل من الإخوان، ومشتت من الأوطان.
والدرجة الثانية: تقطّعٌ بصحبة الحال، وترويح الأنس، والسير بين القبض والبسط.
والدرجة الثالثة: ذهولٌ مع صحة الاستقامة، وملازمة الرعاية على تهذيب الأدب.

النصّ مكتوباً بلغة مبسّطة

٤٣- باب الإرادة

قال الله عز وجل: ﴿قُلْ كُلٌّ يَعْمَلُ عَلَىٰ شَاكِلَتِهِ﴾ (الإسراء: ٨٤).

الإرادة هي القوة الدافعة نحو الحق.

وهي ثلاث مراحل:

١ .الدرجة الأولى (الإرادة التأسيسية):

- التخلص من العادات السيئة بمرافقة العلم النافع.
- الارتباط بالصالحين بنية صادقة، وقطع العلاقات المشتتة عن الطريق.

٢ .الدرجة الثانية (الإرادة المتقدمة):

- تجاوز التعلق بالحالات الروحية المؤقتة (كالفرح أو الحزن).
- التمتع بالأنس مع الله في كل الظروف، والتوازن بين الشدائد والنعم.

٣. الدرجة الثالثة (الإرادة الكاملة):

- الاندماج الكامل في عبادة الله مع الحفاظ على الاستقامة.
- صقل الأخلاق باستمرار، حتى تصير الأفعال انعكاسًا طبيعيًّا للإيمان.

<u>موجز المعاني ونصيحة عملية:</u>

الإرادة الحقيقية هي أن تتحول رغباتك إلى وقودٍ للتقرب إلى الله.

ابدأ بتدريب نفسك على:

- الدرجة الأولى: اكتب عادةً واحدةً تريد تركها (كالتأخر عن الصلاة)، واربطها بعملٍ إيجابي (كقراءة آية يوميًّا). تأمل قوله تعالى: ﴿إِنَّ اللَّهَ لَا يُغَيِّرُ مَا بِقَوْمٍ حَتَّى يُغَيِّرُوا مَا بِأَنْفُسِهِمْ﴾ (الرعد: ١١).

- الدرجة الثانية: إذا شعرت بضيقٍ روحي، صلِّ ركعتين وردِّد: "يا مُقَلِّبَ القلوب ثَبِّتْ قَلْبِي عَلَى دِينِكَ".

- الدرجة الثالثة: اختتم يومك بسؤال: "هل أخلاقي اليوم رضيتُ عنها؟"، واقرأ سورة "القصص" بتدبُّر، خاصة قوله: ﴿وَمَا تَوْفِيقِي إِلَّا بِاللَّهِ﴾ (القصص: ٥٦).

نص الشيخ الهروي

٤٤- باب الأدب

قال الله عز وجل: (وَٱلْحَـٰفِظُونَ لِحُدُودِ ٱللَّهِ)(التوبة:١١٢).
الأدب حفظ الحد بين الغلو والجفاء بمعرفة ضرر العدوان.
وهو على ثلاث درجات:
الدرجة الأولى: منع الخوف أن يتعدى إلى الإياس، وحبس الرجاء أن يخرج إلى الأمن، وضبط السرور أن يضاهي الجرأة.
والدرجة الثانية: الخروج من الخوف إلى ميدان القبض، والصعود عن الرجاء إلى ميدان البسط، والترقي عن السرور إلى ميدان المشاهدة.
والدرجة الثالثة: معرفة الأدب، ثم الغنى عن التأدب بتأديب الحق، ثم الخلاص من شهود أعباء الأدب.

النصّ مكتوباً بلغة مبسّطة

٤٤- باب الأدب

قال الله عز وجل: ﴿ وَٱلْحَـٰفِظُونَ لِحُدُودِ ٱللَّهِ﴾ (التوبة: ١١٢).

الأدب هو الحفاظ على التوازن بين الإفراط والتفريط، بمعرفة مخاطر تجاوز الحدود.

وهو ثلاث درجات:

١ .الدرجة الأولى (ضبط المشاعر):

- منع الخوف من التحول إلى يأس.
- كبح الأمل الزائد من أن يصير غرورًا.
- التحكم في الفرح لئلا يؤدي إلى تهور.

٢ .الدرجة الثانية (الارتقاء الروحي):

- تحويل الخوف إلى خشوعٍ لله (القبض).
- رفع الأمل إلى ثقةٍ في رحمة الله (البسط).
- ترقية الفرح إلى تأملٍ في عظمة الخالق (المشاهدة).

٣ .الدرجة الثالثة (الأدب التلقائي):

- فهم قواعد الأدب دون تكلف.
- الوصول إلى مرحلةٍ تصبح فيها الأخلاق جزءًا من كيانك، كهديةٍ من الله.
- التحرر من الشعور بثقل الالتزام، لأن الأدب يصير طبيعةً لا مجهودًا.

موجز المعاني ونصيحة عملية:

الأدب الحقيقي هو أن تكون أفعالك مرآةً لقلبك النقي.
ابدأ بتدريب نفسك على:

- الدرجة الأولى: راقب مشاعرك اليومية، واسأل: "هل خوفي من الله يدفعني للأمل أم اليأس؟" وتأمل قوله تعالى: ﴿وَاتَّقُوا اللَّهَ وَيُعَلِّمُكُمُ اللَّهُ﴾ (البقرة: ٢٨٢).
- الدرجة الثانية: صلِّ ركعتين شكرًا على نعمة التوازن، واقرأ سورة "الحشر" بتدبر، خاصة: ﴿لَا تَكُونُوا كَالَّذِينَ نَسُوا اللَّهَ فَأَنسَاهُمْ أَنفُسَهُمْ﴾ (الحشر: ١٩).
- الدرجة الثالثة: اكتب ثلاث صفاتٍ أخلاقيةٍ تحبها في نفسك، واشكر الله عليها قبل النوم.

نص الشيخ الهروي

٤٥ ـ باب اليقين

قال الله عز وجل: (وَفِى ٱلْأَرْضِ ءَايَـٰتٌ لِّلْمُوقِنِينَ)(الذاريات: ٢٠).

اليقين مركب الآخذ في هذا الطريق، وهو غاية درجات العامة، وقيل أول خطوة الخاصة، وهو على ثلاث درجات:

الدرجة الأولى: علم اليقين. وهو قبول ما ظهر من الحق، وقبول ما غاب للحق، والوقوف على ما قام بالحق.

والدرجة الثانية: عين اليقين. وهو الغنى بالاستدراك عن الاستدلال، وعن الخبر بالعيان، وخرق الشهود حجاب العلم.

والدرجة الثالثة: حق اليقين. وهو إسفار صبح الكشف، ثم الخلاص من كلفة اليقين، ثم الفناء في حق اليقين.

النصّ مكتوباً بلغة مبسّطة

٤٥ ـ باب اليقين

قال الله عز وجل: ﴿ وَفِى ٱلْأَرْضِ ءَايَـٰتٌ لِّلْمُوقِنِينَ﴾ (الذاريات: ٢٠).

اليقين هو الثقةُ الراسخة بالله التي تُحوِّل الإيمانَ إلى حقيقةٍ ملموسة.

وهو ثلاث مراحل:

١ .المرحلة الأولى (علم اليقين):

- الإيمان بالحقائق الظاهرة (كوجود الله من خلال خلقه) والباطنة (كالبعث والجزاء).
- مثل: تصديق أن القلب ينبض بإرادة الله، حتى لو لم تُرَ يدُه مباشرةً.

٢ .المرحلة الثانية (عين اليقين):

- الانتقال من الإيمان النظري إلى المشاهدة القلبية، كمن يرى النار فيعلم حرارتها دون لمسها.
- هنا يذوب الشك، ويصير الإيمان كالضوء يُنير كل شكوكك.

٣ .المرحلة الثالثة (حق اليقين):

- الوصول إلى حقيقة الإيمان كتجربةٍ وجودية، حيث يغمرك حضور الحقِّ حتى تفنى إرادتك في إرادته.
- هنا تشعر أن كل ذرة في الكون تُسبّح الله، فتصير أنت جزءًا من هذه التسبيحة.

موجز المعاني ونصيحة عملية:

اليقينُ هو أن ترى يدَ الله في كل شيء.
ابدأ رحلتك بالتدرج:

- المرحلة الأولى: تأمَّل آيةً كونيةً يوميًا (كالسماء أو النبات)، وردِّد: " رَبَّنَا مَا خَلَقْتَ هَٰذَا بَٰطِلًا " (آل عمران: ١٩١).
- المرحلة الثانية: خصص ١٠ دقائق يوميًا للتفكُّر في أسماء الله الحسنى، وكيف تظهر في حياتك.
- المرحلة الثالثة: اقرأ سورة "الذاريات" بتدبُّر، وتخيَّل أنك تسمع تسبيح كل شيء حولك، وقل: "اللهم اجعلني من المُوقِنين."

نص الشيخ الهروي

٤٦ - باب الأنس

قال الله عز وجل: (وإذا سألك عبادي عني فإني قريب)(البقرة:١٨٦).

الأنس عبارة عن روح القرب وهو على ثلاث درجات

الدرجة الأولى: الأنس بالشواهد؛ وهو استحلاء الذكر، والتغذي بالسماع، والوقوف على الإشارات.

والدرجة الثانية: الأنس بنور الكشف؛ وهو أنس شاخص عن الأنس الأول، تشوبه صولة الهيمان، ويضربه موج الفناء.

وهذا الذي غلب قوما على عقولهم، وسلب قوما طاقة الاصطبار، وحل عنهم قيود العلم. وفي هذا ورد الخبر بهذا الدعاء: (أسألك شوقا إلى لقائك من غير ضراء مضرة ولا فتنة مضلة).

والدرجة الثالثة: أنس اضمحلال في شهود الحضرة؛ لا يعبر عن عينه، ولا يشار إلى حده، ولا يوقف على كنهه.

النصّ مكتوباً بلغة مبسّطة

٤٦ - باب الأنس

قال الله عز وجل: ﴿وَإِذَا سَأَلَكَ عِبَادِي عَنِّي فَإِنِّي قَرِيبٌ﴾ (البقرة:١٨٦).

الأنس هو روح القرب من الله، وينقسم إلى ثلاث درجات:

الدرجة الأولى: الأنس بالشواهد
وهو أن يجد القلب لذة في ذِكر الله، ويتغذّى بسماع كلامه، ويتأمل الإشارات الإلهية في الكون والحياة. مثلما يفرح الطفل بلعبته، يفرح المؤمن بذِكر ربه.

الدرجة الثانية: الأنس بنور الكشف
هنا يبدأ القلب يرى بنور الإيمان أشياء خفيّة، لكن هذه المرحلة يصاحبها اضطرابٌ روحيٌّ وشعورٌ بالذوبان في محبة الله. يُصبح العقل عاجزًا عن التحليل، ويضعف الصبر، وتختفي قيود العلوم الظاهرية. وفي هذه المناسبة يُذكر الدعاء: "اللهم ارزقني شوقًا إلى لقائك دون معاناة أو ضلال ".

الدرجة الثالثة: أنس اضمحلال في شهود الحضرة

هنا يصل المؤمن إلى حالةٍ يفنى فيها شعورُه بذاته أمام عظمة الله، فلا يستطيع وصفَها بكلمات، ولا تحديدَها بحدود، ولا إدراكَ سرِّها. إنها هِبةٌ إلهيةٌ تَمنحُ القلبَ سكينةً لا تُقاس.

<u>الموجز والنصيحة العملية:</u>

الأنس بالله رحلةٌ روحية تبدأ بالذِّكر، ثم ترتقي بنور الإيمان، حتى تصل إلى السكينة المطلقة.

نصيحتنا لك:

-داوِم على الذكر (أَقِلّ الكلام إلا في الخير، واجعل لسانك رطبًا بذكر الله).

-تأمّل آيات القرآن، مثل: ﴿ ٱلَّذِينَ ءَامَنُواْ وَتَطْمَئِنُّ قُلُوبُهُم بِذِكْرِ ٱللَّهِۗ أَلَا بِذِكْرِ ٱللَّهِ تَطْمَئِنُّ ٱلْقُلُوبُ﴾ (الرعد:٢٨).

-لا تستعجل النتائج؛ فطريق القرب خطوةٌ خطوة. كلما زاد حبُّك لله، زاد أنسُك به.

نص الشيخ الهروي

٤٧- باب الذكر

قال الله عز وجل: (واذكر ربك إذا نسيت)(الكهف:٢٤).
يعني إذا نسيت غيره ونسيت نفسك في ذكرك، ثم نسيت ذكرك في ذكرك، ثم نسيت في ذكر الحق إياك كل ذكر.
والذكر هو التخلص من الغفلة والنسيان.
وهو على ثلاث درجات:
الدرجة الأولى: الذكر الظاهر، من ثناء، أو دعاء، أو رعاء.
والدرجة الثانية: الذكر الخفي؛ وهو الخلاص من الفتور، والبقاء مع الشهود، ولزوم المسامرة.
والدرجة الثالثة: الذكر الحقيقي؛ وهو شهود ذكر الحق إياك، والتخلص من شهود ذكرك، ومعرفة افتراء الذاكر في بقائه مع ذكره.

النصّ مكتوباً بلغة مبسّطة

٤٧- باب الذكر

قال الله عز وجل: ﴿وَاذْكُرْ رَّبَّكَ إِذَا نَسِيتَ﴾ (الكهف:٢٤).

الذكر هو الخلاص من الغفلة والنسيان، وله ثلاث درجات:

الدرجة الأولى: الذكر الظاهر

وهو التلفظ بالثناء على الله، أو الدعاء، أو قراءة القرآن. مثلما ينادي المسافر دليله في الطريق، ينادي المؤمنُ ربَّه بلسانه ليبقى متصلاً به.

الدرجة الثانية: الذكر الخفي

هنا يصبح الذكر سريًا في القلب؛ حيث يترك المؤمنُ الكسلَ الروحي، ويظلّ واعيًا لوجود الله في كل لحظة، كمن يسامر صديقًا عزيزًا دون انقطاع.

الدرجة الثالثة: الذكر الحقيقي

هنا يدرك المؤمن أن الله هو مَنْ يذكره ويُحيط به بعنايته قبل أن يذكره هو. فيختفي شعورُه بذِكره الشخصي، ويدرك أن كلَّ ذكرٍ صادرٍ منه هو في الحقيقة هبةٌ من الله.

<u>الموجز والنصيحة العملية:</u>

الذكر هو سلاحٌ ضد النسيان وغذاءٌ للروح.

نصيحتنا لك:

- اجعل ذكر الله عادةً يومية (في الصباح، المساء، وأثناء العمل).
- تأمّل معنى الآية: ﴿ يَٰٓأَيُّهَا ٱلَّذِينَ ءَامَنُواْ ٱذۡكُرُواْ ٱللَّهَ ذِكۡرًا كَثِيرًا﴾ (الأحزاب: ٤١).
- لا تقتصر على الذكر اللساني؛ بل اجعله ينبع من قلبك. كلما عمقْتَ حضورَك مع الله، زادتْ حلاوةُ الذكر.

نص الشيخ الهروي

٤٨- باب الفقر

قال الله عز وجل: (۞ يَـٰٓأَيُّهَا ٱلنَّاسُ أَنتُمُ ٱلۡفُقَرَآءُ إِلَى ٱللَّهِ)(فاطر:١٥).
الفقر اسم للبراءة من رؤية الملكة.
وهو على ثلاث درجات:
الدرجة الأولى: فقر الزهاد؛ وهو نفض اليدين من الدنيا ضبطا أو طلبا، وإسكات اللسان عنها ذما أو مدحا، والسلامة منها طلبا أو تركا.وهذا هو الفقر الذي تكلموا في شرفه.
والدرجة الثانية: الرجوع إلى السبق بمطالعة الفضل، وهو يورث الخلاص من رؤية الأعمال، ويقطع شهود الأحوال، ويمحص من أدناس مطالعة المقامات.
والدرجة الثالثة: صحة الاضطرار، والوقوع في يد التقطع الوحداني، والاحتباس في قيد التجريد، وهذا فقر الصوفية.

النصّ مكتوباً بلغة مبسّطة

٤٨- باب الفقر

قال الله عز وجل: ﴿ يَـٰٓأَيُّهَا ٱلنَّاسُ أَنتُمُ ٱلۡفُقَرَآءُ إِلَى ٱللَّهِ﴾ (فاطر:١٥).

الفقر هو التحرر من وَهْمِ التملك والاستغناء عن الله.

وله ثلاث درجات:

الدرجة الأولى: فقر الزاهدين
وهو ترك التعلق بالدنيا، سواء بالامتلاك أو بالرغبة فيها، وعدم الحديث عنها مدحًا أو ذمًّا، والبحث عن السلامة منها. مثلما يترك المسافرُ أمتعته ليخفف حمله، يترك الزاهدُ الدنيا ليتفرغ لله.

الدرجة الثانية: الرجوع إلى فضل الله

هنا يتوقف المؤمن عن الاعتماد على أعماله، ويدرك أن كلَّ فضلٍ هو من الله. تزول عنه غشاوةُ الاعتزاز بمنزلته الروحية، وينصرف قلبه عن مراقبة الأحوال أو المقامات. كمن ينسى جهده في الرحلة ليتذكر دائمًا دليلَه الحكيم.

الدرجة الثالثة: الفقر الحقيقي (فقر الصوفية)

هنا يصل المؤمن إلى حالةٍ من الاضطرار الكامل إلى الله، حيث يُفنى عن إرادته ويُحاط بتجريدٍ إلهيٍّ يجعله يعيش في قبضة الله وحده. كطفلٍ صغيرٍ يثق بأمه تمامًا، لا يملك شيئًا سوى الثقة بالرحمن.

الموجز والنصيحة العملية:

الفقر إلى الله هو سرُّ التحرر من الأوهام والوصول إلى اليقين.

نصيحتنا لك:

- تذكّر دائمًا: ﴿وَاللَّهُ الْغَنِيُّ وَأَنتُمُ الْفُقَرَاءُ﴾ (محمد:٣٨).
- لا تَغْتَرَّ بجهودك؛ فكلُّ خيرٍ هو هبةٌ من الله.
- اقترب من الله بالشكر، وليس بالادِّعاء. كلما ازددت فقرًا إليه، ازددت غنىً برحمته.

نص الشيخ الهروي

٤٩- باب الغنى

قال الله عز وجل: (وَوَجَدَكَ عَآئِلًا فَأَغۡنَىٰ)(الضحى: ٨).

الغنى اسم للملك التام.
وهو على ثلاث درجات:
الدرجة الأولى: غنى القلب؛ وهو سلامته من السبب، ومسالمته الحكم، وخلاصة من الخصومة.
والدرجة الثانية: عنى النفس؛ وهو استقامتها على المرغوب، وسلامتها من المسخوط، وبراءتها من المراياة.
والدرجة الثالثة: الغنى بالحق. وهو على ثلاث مراتب:
المرتبة الأولى، شهود ذكره إياك؛ والثانية، دوام مطالعة أوليته؛ والثالثة، الفوز بوجوده.

النصّ مكتوباً بلغة مبسّطة

٤٩- باب الغنى

قال الله عز وجل: ﴿وَوَجَدَكَ عَآئِلًا فَأَغۡنَىٰ﴾ (الضحى: ٨).

الغنى هو التمكُّن الحقيقي الذي ينبع من القرب من الله.

وله ثلاث درجات:

الدرجة الأولى: غنى القلب

وهو تحرُّر القلب من التعلق بالأسباب المادية، وقبوله لقضاء الله دون اعتراض، وخلوُّه من الجدال. مثلَ المُزارعِ الذي يزرع أرضَه باجتهاد، ثم يترك النموَّ لرحمة الله، لا يقلق إن تأخر المطر أو قلَّ، لأنه يعلم أن الرزق بيد الله وحده.

الدرجة الثانية: غنى النفس

هنا تستقيم النفس على طاعة الله، فتترك ما يُسخطه، وتُخلص في أعمالها دون رياء. كالتاجر الأمين الذي يكتفي بربحه الحلال دون خداع.

الدرجة الثالثة: الغنى بالحق

وهي أعلى المراتب، وتنقسم إلى ثلاث مراحل:

- المرحلة الأولى: أن تشعر بأن الله يذكرك ويرعاك في كل لحظة.
- المرحلة الثانية: أن تتأمل دائمًا أن الله هو الأول الذي لا شيء قبله.
- المرحلة الثالثة: أن تذوب في شعورك بوجود الله وحضوره، فتَغْنى به عن كل شيء.

<u>الموجز والنصيحة العملية:</u>

الغنى الحقيقي ليس في المال، بل في القرب من الله ورضاه. نصيحتنا لك:

- تذكَّر دائمًا: ﴿وَمَا مِن دَابَّةٍ فِي الْأَرْضِ إِلَّا عَلَى اللَّهِ رِزْقُهَا﴾ (هود:٦).
- اعمل بجدٍّ كالمُزارع، لكن ثِقْ بأن النتائج بيد الله.
- اقرأ القرآن بتدبُّر، خاصة قوله تعالى: ﴿فَإِنَّ مَعَ الْعُسْرِ يُسْرًا﴾ (الشرح:٦). كلما ازددت ثقةً بالله، ازداد غناك الروحي.

نص الشيخ الهروي

٥٠- باب مقام المراد

قال الله عز وجل: (وما كنت ترجو أن يلقى إليك الكتاب)(القصص:٨٦).
أكثر المتكلمين في هذا العلم جعلوا المراد والمريد اثنين، وجعلوا مقام المراد فوق مقام المريد.
وإنما أشاروا باسم المراد إلى الضنائن الذين ورد فيهم الخبر.
وللمراد ثلاث درجات:
الدرجة الأولى: أن يعصم العبد وهو يستشرف للجفاء اضطراراً؛ بتنغيص الشهوات، وتعويق الملاذ، وسد مسالك المعاطب عليه إكراهاً.
والدرجة الثانية: أن يضع عن العبد عوار النقص، ويعافيه من سمة اللائمة، ويملكه عواقب الهفوات. كما فعل بسليمان في قتل الخيل، حمله على الريح الرخاء والعاصف فأغناه عن الخيل؛ وفعل بموسى حين ألقى الألواح وأخذ برأس أخيه، لم يعتب عليه كما عتب على آدم ونوح وداود ويونس.
والدرجة الثالثة: اجتباء الحق عبده، واستخلاصه إياه بخالصته؛ كما ابتدأ موسى وهو خرج يقتبس نارا، فاصطنعه لنفسه، وأبقى منه رسما معاراً.

النصّ مكتوباً بلغة مبسّطة

٥٠- باب مقام المراد

قال الله عز وجل: ﴿وَمَا كُنتَ تَرْجُو أَن يُلْقَىٰ إِلَيْكَ الْكِتَابُ﴾ (القصص:٨٦).

مقام المراد هو منزلةُ المُختارين من عباد الله الذين يمنحهم الله رعايةً خاصةً تفوق منزلة السالكين العاديين.

وهذا المقام له ثلاث درجات:

الدرجة الأولى: الحفظ الإلهي

يحفظ الله عبده من الانحراف رغم تعرُّضه لشدائد تدفعه نحو الغفلة، مثل تقليل شهواته، أو تعطيل ملذاته، أو إغلاق طرق الفتن أمامه قسرًا. كمَن يُنقذ من الغرق بقوةٍ إلهيةٍ وهو على شفا الهلاك.

الدرجة الثانية: التكريم والتسديد

يزيل الله عن عبده نقائصه، ويُعافيه من الذنوب، ويمنحه القدرة على تدارك أخطائه. كمَا فعل مع سليمان حين استبدل له الخيلَ بالريح المسخَّرة، أو كما عفا عن موسى حين ألقى الألواح دون لومٍ شديدٍ، دلالةً على رفعة منزلته.

الدرجة الثالثة: الاصطفاء الإلهي

هنا يختار الله عبدًا ويُصفّيه ليكون خاصًّا به، كمَا اصطفى موسى حين خرج لِيَقْتَبِسَ نارًا فجعله نبيًّا، أو كمَن يُهديه الله إلى طريقٍ لا يَسلكه إلا المُقرَّبون.

<u>الموجز والنصيحة العملية:</u>

مقام المراد هِبةٌ إلهيةٌ تُذكِّرنا بأن الله يختار من يشاء برحمته. نصيحتنا لك:

- تأمّل قوله تعالى: ﴿وَإِذَا سَأَلَكَ عِبَادِي عَنِّي فَإِنِّي قَرِيبٌ﴾ (البقرة:١٨٦).
- لا تيأس من رحمة الله؛ فاصطفاءُه لعباده ليس محصورًا في زمنٍ أو شخص.
- اطلب الإخلاص في عبادتك، وثق أن الله يُصلحُ قلوبَ المُتقين.

٦ ـ قسم الأودية

وأما قسم الأودية فهو عشرة أبواب وهي:
الإحسان والعلم والحكمة والبصيرة والفراسة والتعظيم والإلهام والسكينة والطمأنينة والهمة.

نص الشيخ الهروي

٥١- باب الإحسان

قال الله عز وجل: (هَلْ جَزَآءُ ٱلْإِحْسَـٰنِ إِلَّا ٱلْإِحْسَـٰنُ)(الرحمن:٦٠).
قد ذكرنا في صدر الكتاب أن الإحسان اسم جامع نبوي يجمع أبواب الحقائق وهو (أن تعبد الله كأنك تراه).
وهو على ثلاث درجات:
الدرجة الأولى: الإحسان في القصد؛ بتهذيبه علما، وإبرامه عزما، وتصفيته حالا.
والدرجة الثانية: الإحسان في الأحوال؛ وهو أن تراعيها غيرةً، وتسترها تظرّفاً، وتصححها تحقيقا.
والدرجة الثالثة: الإحسان في الوقت؛ وهو أن لا تزايل المشاهدة أبدا، ولا تلحظ لهمتك أمدا، وتجعل هجرتك إلى الحق سرمدا.

النصّ مكتوباً بلغة مبسّطة

٥١- باب الإحسان

قال الله عز وجل: ﴿هَلْ جَزَآءُ ٱلْإِحْسَـٰنِ إِلَّا ٱلْإِحْسَـٰنُ﴾ (الرحمن:٦٠).

الإحسان هو أعلى مراتب العبادة، كما عرَّفه النبي صلى الله عليه وسلم: «أن تعبد الله كأنك تراه».

وهو ثلاثة درجات:

الدرجة الأولى: الإحسان في النية
وهي تنقيةُ القصدِ من الشوائب بالعلم (معرفة طريق الحق)، والعزمِ (إرادة الخير)، وتصفيةِ القلبِ من الأهواء. مثل عاملٍ يبني بيتًا بإتقانٍ لأنه يريد رضا الله، لا مدح الناس.

الدرجة الثانية: الإحسان في الأحوال
هنا يراقب المؤمنُ مشاعره وأفعاله بدقة؛ فيخفي فضائلَه خوفًا من الرياء، ويُصلح أخطاءه بصدق، ويحافظ على خشوعه كأنه أمام الله دائمًا. كمن يُنظِّف ثوبَه من الغبار كل يومٍ ليظل نقيًّا.

الدرجة الثالثة: الإحسان في الزمن
وهي أن يعيش المؤمنُ كلَّ لحظةٍ في حضور الله، لا يغيب عن ذكره طرفةَ عين، ويجعل سعيه الدائمَ نحو التقرب منه. كمسافرٍ لا يتوقف عن السير حتى يبلغ القمة.

<u>الموجز والنصيحة العملية:</u>
الإحسان طريقُ الكمالِ الإيماني. نصيحتنا لك:
- تأمّل قوله تعالى: ﴿وَأَحْسِنُوا إِنَّ اللَّهَ يُحِبُّ الْمُحْسِنِينَ﴾ (البقرة:١٩٥).
- ابدأ بنيّتك؛ أصلحها قبل كل عمل.
- حاسب نفسك يوميًّا: هل فعلت اليوم شيئًا لوجه الله فقط؟

نص الشيخ الهروي

٥٢- باب العلم

قال الله عز وجل: (وَعَلَّمْنَـٰهُ مِن لَّدُنَّا عِلْمًا)(الكهف:٦٥).
العلم ما قام بدليل ورفع الجهل.
وهو على ثلاث درجات:
الدرجة الأولى: علم جليّ؛ يقع بعيان، أو استفاضة صحيحة، أو صحة تجربة قديمة.
والدرجة الثانية: علم خفي؛ ينبت في الأسرار الطاهرة، من الأبدان الزاكية، بماء الرياضة الخالصة. ويظهر في الأنفاس الصادقة لأهل الهمة العالية، في الأحايين الخالية، في الأسماع الصاحية.وهو علم يُظهر الغائب، ويغيّب الشاهد، ويشير إلى الجمع.
والدرجة الثالثة: علم لدني؛ إسناده وجوده، وإدراكه عيانه، ونعته حكمه، ليس بينه وبين الغيب حجاب.

النصّ مكتوباً بلغة مبسّطة

٥٢- باب العلم

قال الله عز وجل: ﴿وَعَلَّمْنَـٰهُ مِن لَّدُنَّا عِلْمًا﴾ (الكهف:٦٥).

العلم هو نورٌ يُزيل الجهل، ويقوم على الأدلة، وينقسم إلى ثلاث درجات:

الدرجة الأولى: العلم الظاهر
وهو ما يُدرَك بالحواس أو التجربة أو النقل الموثوق، مثل معرفة الطالب بخصائص النبات من خلال المختبر، أو فهم التاريخ من كتبٍ صحيحة.

الدرجة الثانية: العلم الخفي
ينمو هذا العلم في القلب النقي عبر المجاهدة الروحية، ويظهر لأصحاب الهمم العالية في لحظات الخلوة. كفلاحٍ يزرع البذور بصبرٍ فيترقب نموَّها، يُدرك بالبصيرة ما لا تراه العين، ويُفرّق بين الحق والباطل.

الدرجة الثالثة: العلم اللدني

هبةٌ إلهيةٌ مباشرةٌ من الله، لا تحتاج إلى وساطةٍ أو أدلة. مثل مرآةٍ صافيةٍ تعكس نور الشمس دون عوائق، يُشرق هذا العلم في القلب المطهَّر فيكشف الأسرار الإلهية.

<u>الموجز والنصيحة العملية:</u>

العلم طريقٌ لمعرفة الله وتزكية النفس. نصيحتنا لك:

- تأمّل قوله تعالى: ﴿وَقُل رَّبِّ زِدْنِي عِلْمًا﴾ (طه:١١٤).
- اطلب العلم النافع بقلبٍ خالصٍ، ولا تقف عند الظاهر بل ابحث في الأسرار.
- نقّ قلبك بالعبادة؛ فالعلم الإلهي يُمنح للأرواح الطاهرة.

نص الشيخ الهروي

٥٣- باب الحكمة

قال الله عز وجل: (يؤتي الحكمة من يشاء ومن يؤت الحكمة فقد أوتي خيرا كثيرا)(البقرة:٢٦٩).
الحكمة اسم لإحكام وضع الشيء في موضعه.
وهي على ثلاث درجات:
الدرجة الأولى: أن تعطي كل شيء حقه، ولا تعديه حده، ولا تعجّله وقته.
والدرجة الثانية: أن تشهد نظر الله في وعيده، وتعرف عدله في حكمه، وتلحظ برّه في منعه.
والدرجة الثالثة: أن تبلغ في استدلالك البصيرة، وفي إرشادك الحقيقة، وفي إشارتك الغاية.

النصّ مكتوباً بلغة مبسّطة

٥٣- باب الحكمة

قال الله عز وجل: ﴿يُؤْتِي الْحِكْمَةَ مَن يَشَاءُ ۚ وَمَن يُؤْتَ الْحِكْمَةَ فَقَدْ أُوتِيَ خَيْرًا كَثِيرًا﴾ (البقرة:٢٦٩).

الحكمة هي وضع الأشياء في مواضعها الصحيحة بحكمةٍ إلهية.

وتنقسم إلى ثلاث درجات:

الدرجة الأولى: الحكمة في التصرُّف
أن تعطي كلَّ شيءٍ حقَّه دون إفراطٍ أو تفريط، وتنتظر الوقت المناسب لفِعله. مثل مزارعٍ يزرع بذوره في فصل الربيع، ولا يسرع بحصادها قبل نضجها.

الدرجة الثانية: الحكمة في الفهم

أن تدرك حكمة الله في تحذيراته، وعدله في قضائه، ورحمته حتى في منعه. كطبيبٍ حكيمٍ يمنع المريضَ من طعامٍ ضارٍّ رغم رغبته فيه، لأنه يعلم أن المنعَ رحمة.

الدرجة الثالثة: الحكمة في الإرشاد

أن تصل ببصيرتك إلى حقائق الأمور، وتُرشد الآخرين إليها بأسلوبٍ واضح، وتُشاركهم الهدف الأسمى من الحياة: عبادة الله. كمعلّمٍ يشرح الدرسَ بطرقٍ مختلفة حتى يفهمه كلٌّ تلميذ.

<u>الموجز والنصيحة العملية:</u>

الحكمةُ كنزٌ يجمع بين الفهم والعمل. نصيحتنا لك:

- تأمّل قوله تعالى: ﴿ادْعُ إِلَىٰ سَبِيلِ رَبِّكَ بِالْحِكْمَةِ﴾ (النحل:١٢٥).
- اسأل الله الحكمة في كل قرار، وافهم أن تأخير الشيء قد يكون خيرًا.
- تعلّم من تجاربك؛ فالحكيم مَن يُصحّح مساره بعد كل خطأ.

نص الشيخ الهروي

٥٤- باب البصيرة

قال الله عز وجل: (قل هذه سبيلي ادعو إلى الله على بصيرة أنا ومن اتبعني)(يوسف:١٠٨).
البصيرة ما يخلصك من الحيرة،
وهو على ثلاث درجات:
الدرجة الأولى: أن تعلم أن الخبر القائم بتمهيد الشريعة يصدر عن عين لا تخاف عواقبها، فترى من حقه أن تلذّه يقينا، وتغضب له غيرة.
والدرجة الثانية: أن تشهد في هداية الحق وإضلاله إصابة العدل، وفي تلوين أقسامه رعاية البر، وتعاين في جذبه حبل الوصال.
والدرجة الثالثة: بصيرة تفجر المعرفة، وتثبت الإشارة، وتنبت الفراسة.

النصّ مكتوباً بلغة مبسّطة

٥٤- باب البصيرة

قال الله عز وجل: ﴿قُلْ هَٰذِهِ سَبِيلِي أَدْعُو إِلَى اللَّهِ عَلَىٰ بَصِيرَةٍ أَنَا وَمَنِ اتَّبَعَنِي﴾ (يوسف:١٠٨).

البصيرة هي النور الذي يُزيل الحيرة.

وتنقسم إلى ثلاث درجات:

الدرجة الأولى: البصيرة في اليقين
أن تثق في أحكام الشريعة ثقةً تامّةً كأنك ترى نتائجها أمامك، فتسعد بطاعتها وتنفر من معصيتها. مثل قبطان السفينة الذي يتبع البوصلة بدقةٍ لأنه يعلم أنها الطريق الآمن.

الدرجة الثانية: البصيرة في العدل الإلهي

أن تفهم أن هداية الله أو ابتلاءَه له حكمةٌ ورحمةٌ، حتى لو خفيت عليك الآن.
كطبيبٍ يُجري عمليةً مؤلمةً لإنقاذ المريض، فالألم مؤقتٌ والشفاء دائمٌ.

الدرجة الثالثة: البصيرة في المعرفة

أن تُدرك الحقائق الخفية بنور الإيمان، وتستدل على الأسرار الإلهية بقلبٍ نقيٍّ، وتُميّز بين الحق والباطل بفراسةٍ إلهيةٍ. مثل منارةٍ تُنير الطريق للسفن في الظلام.

<u>الموجز والنصيحة العملية:</u>

البصيرةُ هِبةٌ تُنير طريقَ القلبِ إلى الله. نصيحتنا لك:

- تأمّل قوله تعالى: ﴿أَفَلَمْ يَسِيرُوا فِي الْأَرْضِ فَتَكُونَ لَهُمْ قُلُوبٌ يَعْقِلُونَ بِهَا﴾ (الحج:٤٦).
- اطلب البصيرةَ بالدعاء، وثق أن كلَّ ابتلاءٍ خلفه حكمةٌ.
- عليك بتنقية قلبك بالذكر؛ فالبصيرةُ تُولَدُ في القلوبِ الطاهرة.

نص الشيخ الهروي

٥٥- باب الفراسة

قال الله عز وجل: (إِنَّ فِى ذَٰلِكَ لَـَٔايَـٰتٍ لِّلْمُتَوَسِّمِينَ)(الحجر:٧٥).
التوسم التفرس. وهو استئناس حكم غيب، من غير استدلال بشاهد، ولا اختبار بتجربة.
وهي على ثلاث درجات:
الدرجة الأولى: فراسة طارئة نادرة، تسقط على لسان وحشي في العمر مرة، لحاجة سمع مريد صادق إليها، لا يوقف على مخرجها، ولا يوبه بصاحبها. وهذا شيء لا يلخّص من الكهانة وما ضاهاها؛ لأنها لم تشر، عن عين ولم تصدر عن علم، ولم تسق بوجود.
والدرجة الثانية: فراسة تُجنى من غرس الإيمان، وتطلع من صحة الحال، وتلمع من نور الكشف.
والدرجة الثالثة: فراسة سرية، لم تجتلبها روية، على لسان مصطنع، تصريحا أو رمزا.

النصّ مكتوباً بلغة مبسّطة

٥٥- باب الفراسة

قال الله عز وجل: ﴿إِنَّ فِى ذَٰلِكَ لَـَٔايَـٰتٍ لِّلْمُتَوَسِّمِينَ﴾ (الحجر:٧٥).

الفِراسة هي إدراكُ الحقائق الخفية بنور الإيمان، دون حاجةٍ إلى أدلةٍ مادية أو تجارب.

وهي ثلاث درجات:

الدرجة الأولى: الفِراسة العابرة
هِبَةٌ نادرةٌ تُلهمُ القلبَ فجأةً لضرورةٍ روحية، كأن يوجَّه شخصٌ لقول كلمةٍ تُنقذ مُستمعًا صادقًا، دون معرفةٍ بمصدرها. هذه ليست كهانةً؛ لأنها تأتي من الله، لا من تنجيم أو ادعاء.

الدرجة الثانية: الفِراسة المُستنبتة

تنمو مع قوة الإيمان وصِدق الحال، وتظهر مع نور الكشف الإلهي. كفلاحٍ خبيرٍ يتنبأ بموعد المطر من خلال علاماتٍ خفيةٍ في الطبيعة.

الدرجة الثالثة: الفِراسة السرية

هِبةٌ إلهيةٌ خالصةٌ لا تحتاج إلى تأملٍ أو رمز، تُكشَفُ للقلب النقي مباشرةً. كمرآةٍ صافيةٍ تعكس الحقيقة دون تشويش.

<u>الموجز والنصيحة العملية:</u>

الفِراسةُ نافذةُ الروحِ إلى الحقائق الإلهية. نصيحتنا لك:

- تأمّل قوله تعالى: ﴿وَتِلْكَ ٱلْأَمْثَٰلُ نَضْرِبُهَا لِلنَّاسِ لَعَلَّهُمْ يَتَفَكَّرُونَ﴾ (الحشر:٢١).
- طهّر قلبك بالذكر والعبادة؛ فالفِراسةُ تُمنحُ للأرواحِ المُطَهَّرة.
- لا تخلط بين الفِراسة والتنجيم؛ فالأولى هِبةٌ إلهيةٌ، والثاني منهيٌ عنه.

نص الشيخ الهروي

٥٦ ـ باب التعظيم

قال الله عز وجل: (مالكم لا ترجون لله وقارا)(نوح:١٣).

التعظيم معرفة العظمة مع التذلل لها.

وهو على ثلاث درجات:

الدرجة الأولى: تعظيم الأمر والنهي؛ وهو أن لا يعارضا بترخص جاف، ولا يعرّضا لتشديد غال، ولا يحملا على علة توهن الانقياد.

والدرجة الثانية: تعظيم الحكم؛ أن يبغى له عوج، أو يدافع بعلم، أو يرضى بعوض.

والدرجة الثالثة: تعظيم الحق؛ وهو أن لا تجعل دونه سببا. أو ترى عليه حقا، أو تنازع له اختيارا.

النصّ مكتوباً بلغة مبسّطة

٥٦ ـ باب التعظيم

قال الله عز وجل: ﴿مَّا لَكُمْ لَا تَرْجُونَ لِلَّهِ وَقَارًا﴾ (نوح:١٣).

التعظيم هو الخضوع لعظمة الله مع معرفتها.

وله ثلاث درجات:

الدرجة الأولى: تعظيم الأمر والنهي

طاعة أوامر الله ونواهيه بلا تساهلٍ يضعفها، ولا تشديدٍ يُثقلها، ولا حججٍ تُضعف الانقياد. مثل طالبٍ يلتزم بقوانين المدرسة بدقةٍ دون تفريطٍ أو تعسُّف.

الدرجة الثانية: تعظيم الحكم الإلهي

القبول بقضاء الله دون محاولة تحريفه بالجدل، أو رفضه بالعلم المحدود، أو طلب بديلٍ عنه. كمريضٍ يثق في خطة الطبيب رغم صعوبتها، لأنه يعلم أنها لصالحه.

الدرجة الثالثة: تعظيم الحق المطلق

أن تجعل الله هو الغاية دون وسيط، ولا تدعي لنفسك حقًّا في اختيارٍ يخالف مشيئته. كابنٍ يطيع والديه تمامًا لأنه يرى في طاعتهما طاعةً لله.

<u>الموجز والنصيحة العملية:</u>

التعظيمُ دليلُ الإيمانِ العميقِ بالله. نصيحتنا لك:

- تأمّل قوله تعالى: ﴿وَمَا قَدَرُوا اللَّهَ حَقَّ قَدْرِهِ﴾ (الأنعام:٩١).
- حافِظ على الصلاة؛ فهي أعظم مظهرٍ لتعظيم الله.
- اسأل نفسك يوميًّا: هل أخذتُ رخصَ الشرعِ بغير حاجةٍ؟ هل قبلتُ قضاءَ الله برضىً؟

نص الشيخ الهروي

٥٧- باب الإلهام

قال الله عز وجل: (قَالَ ٱلَّذِي عِندَهُۥ عِلۡمٞ مِّنَ ٱلۡكِتَٰبِ أَنَا۠ ءَاتِيكَ بِهِۦ قَبۡلَ أَن يَرۡتَدَّ إِلَيۡكَ طَرۡفُكَۚ)(النمل:٤٠).

الإلهام مقام المحدَّثين، وهو فوق الفراسة؛ لأن الفراسة ربما وقعت نادرة، أو استصعبت على صاحبها وقتا، واستعصت عليه، والإلهام لا يكون إلا في مقام عتيد.

وهو على ثلاث درجات:

الدرجة الأولى: إلهام نبأ يقع وحيا قاطعا، مقرونا بسماع أو مطلقا.

والدرجة الثانية: إلهام يقع عينا، وعلامة صحته أنه لا يخرق سترا، ولا يجاوز حدا، ولا يخطئ أبدا.

والدرجة الثالثة: إلهام يجلو عين التحقيق صرفا، وينطق عن عين الأزل محضا.

وللإلهام غاية تمتنع عن الإشارة إليها.

النصّ مكتوباً بلغة مبسّطة

٥٧- باب الإلهام

قال الله عز وجل: ﴿قَالَ ٱلَّذِي عِندَهُۥ عِلۡمٞ مِّنَ ٱلۡكِتَٰبِ أَنَا۠ ءَاتِيكَ بِهِۦ قَبۡلَ أَن يَرۡتَدَّ إِلَيۡكَ طَرۡفُكَۚ﴾ (النمل:٤٠).

الإلهام هو هِبةٌ إلهيةٌ تُكشَفُ للقلوب الطاهرة، تفوق الفِراسةَ في الدقة والثبات.

وتنقسم إلى ثلاث درجات:

الدرجة الأولى: إلهام الخبر اليقيني

وهو وحيٌ واضحٌ يصل إلى القلب فجأةً، سواءً بصوتٍ مسموعٍ أو إدراكٍ داخليٍّ.

مثل طبيبٍ يُلهَمُ بتشخيص مرضٍ صعبٍ دون تحاليل.

الدرجة الثانية: إلهام الرؤية الصادقة

يُظهر اللهُ للعبد حقائقَ لا تُناقضُ الشرعَ، ولا تتعدى حدودَ الأدبِ مع الله، ولا تخطئُ أبدًا. كقائدٍ يرى طريقَ النجاةِ في ظلامِ الأزماتِ بوحيٍ إلهيّ.

الدرجة الثالثة: إلهام الحقائق الأزلية

كشفٌ إلهيٌّ يُزيلُ الشكوكَ، ويُظهرُ الأسرارَ الكونيةَ التي خَلقها اللهُ منذ الأزل. مثل عالِمٍ يكتشفُ قانونًا في الطبيعةِ كان خفيًّا على الجميع.

الموجز والنصيحة العملية:

الإلهامُ هِبةٌ تُمنحُ للأرواحِ المُخلصةِ. نصيحتنا لك:

- تأمّل قوله تعالى: ﴿وَاتَّقُوا اللَّهَ وَيُعَلِّمُكُمُ اللَّهُ﴾ (البقرة:٢٨٢).
- طهّر قلبك بالصلاة والصدقة؛ فالإلهامُ لا ينزلُ إلا على النفوسِ الزكيةِ.
- لا تخلط بين الإلهامِ والأوهام؛ تأكّدْ أن ما يصلُك لا يُخالفُ الشرعَ.

نص الشيخ الهروي

٥٨- باب السكينة

قال الله عز وجل: (هو الذي أنزل السكينة في قلوب المؤمنين)(الفتح:٤).
اسم السكينة لثلاثة أشياء:
أولها: سكينة بني إسرائيل التي أعطوها في التابوت. قال أهل التفسير هي ريح هفافة وذكروا صفتها وفيها ثلاثة أشياء: هي لانبيائهم معجزة، ولملوكهم كرامة، وهي آية النصرة تخلع قلوب العدو بصوتها رعبا إذ التقى الصفان للقتال.
والسكينة الثانية: التي تنطق على ألسن المحدّثين ليست هي شيئا يُملك، إنما هي شيء من لطائف صنيع الحق، يلقى على لسان المحدَّث الحكمة، كما يلقى الملك الوحي على قلوب الأنبياء، وتنطق المحدثين بنكت الحقائق مع ترويح الاسرار وكشف الشُّبه.
والسكينة الثالثة: هي التي أنزلت في قلب النبي صلى الله عليه و سلم وقلوب المؤمنين، وهي شيء يجمع نورا، وقوة، وروحا؛ يسكن إليه الخائف، ويتسلى به الحزين والضجر، ويستكين له العصي والجري والأبي. وأما سكينة الوقار التي تراها نعتا أربابها، فإنها ضياء تلك السكينة الثالثة التي ذكرناها، وهي على ثلاث درجات:
الدرجة الأولى: سكينة الخشوع عند القيام بالخدمة؛ رعاية، وتعظيما، وحضورا.
والدرجة الثانية: السكينة عند المعاملة؛ بمحاسبة النفس، وملاطفة الخلق، ومراقبة الحق.
والدرجة الثالثة: السكينة التي تُنبِت الرضى بالقِسم، وتمنع من الشطح الفاحش، وتقف صاحبها على حد الرتبة.

النصّ مكتوباً بلغة مبسّطة

٥٨- باب السكينة

قال الله عز وجل: ﴿هُوَ الَّذِي أَنزَلَ السَّكِينَةَ فِي قُلُوبِ الْمُؤْمِنِينَ﴾ (الفتح: ٤).

السكينةُ نفحةٌ إلهيةٌ تُهدّئُ القلوبَ وتُقوّيها، وهي ثلاثة أنواع:

السكينة الأولى: مَثَلُها سكينة بني إسرائيل
ريحٌ لطيفةٌ أُنزلت في التابوت كمعجزةٍ للأنبياء، وعزوةٍ للملوك، وآيةٍ للنصر تُرعب الأعداء. مثل جنديٍ يشعرُ بقوةٍ خفيةٍ تمنحهُ الشجاعةَ في المعركة.

السكينة الثانية: سكينة المُحدَّثين

حكمةٌ إلهيةٌ تُلقى على ألسنةِ الصالحين، فتكشفُ الحقائقَ وتُزيحُ الشكوكَ دون أن يمتلكوها. كعالمٍ يُلهَمُ بفهمٍ عميقٍ لأسرار الكون دون دراسةٍ مسبقةٍ.

السكينة الثالثة: سكينة المؤمنين

نورٌ وقوةٌ تُنزلُ الطمأنينةَ في القلوب،
وتنقسم إلى ثلاث درجات:

- الدرجة الأولى: سكينة الخشوع في العبادة، كالمصلّي الذي ينسى الدنيا ويندمجُ في مناجاة ربه.
- الدرجة الثانية: سكينة التعامل مع الناس بالعدل واللطف، كصديقٍ يصبرُ على زلات الآخرين ويُحسنُ الظنَّ بهم.
- الدرجة الثالثة: سكينة الرضى بقضاء الله، كأبٍ يفقدُ عملَه فيرضى بحكمة الله ويبحثُ عن فرصٍ جديدةٍ بثقةٍ.

الموجز والنصيحة العملية:

السكينةُ مفتاحُ القلبِ المطمئنِ. نصائحنا لك:

- تأمّل قوله تعالى: ﴿ٱلَّذِينَ ءَامَنُواْ وَتَطۡمَئِنُّ قُلُوبُهُم بِذِكۡرِ ٱللَّهِۗ﴾ (الرعد:٢٨).
- أكثِرْ من الذكر؛ فهو يُنزل السكينةَ ويُذهب الهمَّ.
- تعاملْ بتواضعٍ مع الناس، وارضَ بتدبير الله حتى في الشدائد.

نص الشيخ الهروي

٥٩- باب الطمأنينة

قال الله عز وجل: (يَٰٓأَيَّتُهَا ٱلنَّفۡسُ ٱلۡمُطۡمَئِنَّةُ)(الفجر:٢٧).
الطمأنينة سكون يقويه أمن صحيح شبيه بالعيان.
وبينه وبين السكينة فرقان:
أحدهما، أن السكينة صولة تورث خمود الهيبة أحيانا، والطمأنينة سكون أمنٍ فيه استراحة أنس.
والثاني، أن السكينة تكون نعتا وتكون حينا بعد حين، والطمأنينة نعت لا يزايل صاحبه.
وهي على ثلاث درجات:
الدرجة الأولى: طمأنينة القلب بذكر الله؛ وهي طمأنينة الخائف إلى الرجاء، والضجر إلى الحكم، والمبتلي إلى المثوبة.
والدرجة الثانية: طمأنينة الروح في القصد إلى الكشف، وفي الشوق إلى العدة، وفي التفرقة إلى الجمع.
والدرجة الثالثة: طمأنينة شهود الحضرة إلى اللطف، وطمأنينة الجمع إلى البقاء، وطمأنينة المقام إلى نور الأزل.

النصّ مكتوباً بلغة مبسّطة

٥٩- باب الطمأنينة

قال الله عز وجل: ﴿يَٰٓأَيَّتُهَا ٱلنَّفۡسُ ٱلۡمُطۡمَئِنَّةُ﴾ (الفجر:٢٧).

الطمأنينة هي سكينةٌ دائمةٌ تنبع من ثقة القلب بالله، تختلف عن السكينة المؤقتة التي قد تزول.

وهي ثلاث درجات:

الدرجة الأولى: طمأنينة القلب

يشعر المؤمنُ بالراحة والثقة لأن ذِكر الله يملأ قلبه، فيتحول خوفه إلى أمل، وتعبُه إلى رضًا، وابتلاؤه إلى ثقةٍ بالثواب. مثل طفلٍ يهدأ عند احتضان والديه.

الدرجة الثانية: طمأنينة الروح

تسمو الروحُ بالسعي نحو فهم أسرار الخلق، والشوق للقاء الله، والجمع بين الظاهر والباطن في الإيمان. كباحثٍ يدرس الكونَ بصبرٍ لاكتشاف حكمة الله فيه.

الدرجة الثالثة: طمأنينة القرب من الله

يشهد القلبُ لطفَ الله الخفيّ، ويستقر في نور وجوده الأزليّ، كسفينةٍ تسبح في محيطٍ هادئٍ لا تعكّر أمواجه ظروفُ الدنيا.

الموجز والنصيحة العملية:

الطمأنينةُ ثمرةُ الإيمانِ العميقِ بالله. نصائحنا لك:

- تأمّل قوله تعالى: ﴿ٱلَّذِينَ ءَامَنُواْ وَتَطۡمَئِنُّ قُلُوبُهُم بِذِكۡرِ ٱللَّهِۗ﴾ (الرعد:٢٨).
- خُذْ بأسباب الطمأنينة: حافظ على الذكر، واستشعر حكمة الله في كل شيء.
- ثقْ بأن الابتلاء مؤقتٌ، وأن الراحةَ الحقيقيةَ في القرب من الله.

نص الشيخ الهروي

٦٠- باب الهمة

قال الله عز وجل: (ما زاغ البصر وما طغى)(النجم:١٧).
الهمة ما يملك الانبعاث للمقصود صرفاً، لا يتمالك صاحبها ولا يلتفت عنها.
وهي على ثلاث درجات:
الدرجة الأولى: همة تصون القلب من خسة الرغبة في الفاني، وتحمله على الرغبة في الباقي، وتصفية من كدر التواني.
والدرجة الثانية: همة تورث أنفة من المبالاة بالعلل، والنزول على العمل، والثقة بالأمل.
والدرجة الثالثة: همة تصاعد عن الأحوال والمقامات، وتزرى بالأعواض والدرجات، وتنحو عن النعوت نحو الذات.

النصّ مكتوباً بلغة مبسّطة

٦٠- باب الهمة

قال الله عز وجل: ﴿مَا زَاغَ الْبَصَرُ وَمَا طَغَىٰ﴾ (النجم:١٧).

الهِمَّةُ هي العزيمةُ التي تُوجِّه القلبَ نحو الله دون ترددٍ أو انحراف.

وتنقسم إلى ثلاث درجات:

الدرجة الأولى: هِمَّة التطهير
تُنقي القلبَ من التعلق بالدنيا الفانية، وتدفعه لطلب الباقي عند الله، وتُخلِّصه من كسل الروح. كمُسافرٍ يرمي أمتعته الزائدة ليَخِفَّ في سيره نحو هدفه.

الدرجة الثانية: هِمَّة الثبات
تمنحُ صاحبَها عزيمةً لا تُهزم أمام المصاعب، وثقةً بوعد الله، واستعدادًا للتضحية من أجل الحق. كجنديٍّ يسير في طريقٍ وعرٍ وهو واثقٌ من نصر قادم.

الدرجة الثالثة: هِمَّة التجرُّد

تعلو بالقلب فوق كلِّ منصبٍ أو مرتبةٍ دنيوية، فلا يهتم إلا بقرب الله. كطائرٍ يحلِّق في السماء لا يلتفت لِما تحته.

<u>الموجز والنصيحة العملية:</u>

الهِمَّةُ سرُّ الارتقاءِ الروحيِّ. نصائحنا لك:

- تأمّل قوله تعالى: ﴿فَبِمَا رَحْمَةٍ مِّنَ اللَّهِ لِنتَ لَهُمْ وَلَوْ كُنتَ فَظًّا غَلِيظَ الْقَلْبِ لَانفَضُّوا مِنْ حَوْلِكَ﴾ (آل عمران:١٥٩).
- حدِّد هدفك الأسمى: اجعل رضا الله غايتك الأولى في كل عمل.
- لا تستسلم لليأس؛ فالهِمَّةُ العالية تُحوِّل العقباتِ إلى سلالمٍ للقرب من الله.

٧- قسم الأحوال

وأما قسم الأحوال فهو عشرة أبواب وهي:

المحبة والغيرة والشوق والقلق والعطش والوجد والدهش والهيمان والبرق والذوق.

نص الشيخ الهروي

٦١- باب المحبة

قال الله عز وجل: (من يرتد منكم عن دينه فسوف يأتي الله بقوم يحبهم ويحبونه)(المائدة:٥٤).
المحبة تعلق القلب بين الهمة والأنس، في البذل والمنع، على الإفراد.
والمحبة أول أودية الفناء، والعقبة التي ينحدر منها على منازل المحو، وهي آخر منزل تلقى فيه مقدمة العامة ساقة الخاصة. وما دونها أغراض لأعواض.
والمحبة هي سمة الطائفة وعنوان الطريقة ومعقد النسبة.
وهي على ثلاث درجات:
الدرجة الأولى: محبة تقطع الوساوس، وتلذّ الخدمة، وتسلي عن المصائب.وهي محبة تنبت من مطالعة المنة، وتثبت باتباع السنة، وتنمو على الإجابة للفاقة.
والدرجة الثانية: محبة تبعث على إيثار الحق على غيره، وتلهج اللسان بذكره، وتعلق القلب بشهوده.وهي محبة تظهر من مطالعة الصفات، والنظر في الآيات، والارتياض بالمقامات.
والدرجة الثالثة: محبة خاطفة تقطع العبارة، وتدقق الإشارة، ولا تنتهي بالنعوت.
وهذه المحبة هي قطب هذا الشأن، وما دونها محاب نادت عليها الألسن، وادعتها الخليقة، وأوجبتها العقول.

النصّ مكتوباً بلغة مبسّطة

٦١- باب المحبة

قال الله عز وجل: ﴿مَن يَرْتَدَّ مِنكُمْ عَن دِينِهِ فَسَوْفَ يَأْتِي اللَّهُ بِقَوْمٍ يُحِبُّهُمْ وَيُحِبُّونَهُ﴾ (المائدة:٥٤).

المحبة هي أعلى درجات القرب من الله، تُوجِّه القلبَ إليه في السراء والضراء.
وتنقسم إلى ثلاث درجات:

الدرجة الأولى: محبة البداية

تُخلص القلبَ من الشكوك، وتجعل العبادةَ لذيذةً، وتُسهِّل تحمُّلَ المصاعب. تنمو هذه المحبة بتذكُّر نعم الله، واتباع سنَّة النبي، صلى الله عليه و سلم، والاستجابة لنداء الفقراء. مثل مسافرٍ يجدُ لذةً في السير نحو هدفه رغم التعب.

الدرجة الثانية: محبة العمق

تدفعُك لتفضيل رضا الله على كل شيء، فلا يلهج لسانك إلا بذكره، ولا يشتاق قلبك إلا لرؤية آياته. تنمو بتأمُّل صفات الله، ودراسة آياته في الكون، والاجتهاد في العبادة. كشاعرٍ يُغرم بمعشوقته فيذكرها في كل لحظة.

الدرجة الثالثة: محبة الذروة

محبةٌ تفوق الوصف، لا تُعبَّر بكلماتٍ ولا تُحدُّ بإشارات، كضوءٍ ساطعٍ يُعمي العينَ عن رؤية ما سواه. هذه المحبة هي قِبلَةُ الروح، وعلامةُ القرب الحقيقي من الله.

<u>الموجز والنصيحة العملية:</u>

المحبةُ طريقُ القلبِ إلى الله. نصائحنا لك:

- تأمّل قوله تعالى: ﴿وَٱلَّذِينَ ءَامَنُوٓاْ أَشَدُّ حُبّٗا لِّلَّهِۗ﴾ (البقرة:١٦٥).
- اجعل حبَّ الله أولويتك: اذكره دائمًا، واخدم خلقه، وابحث عن رضاه في كل عمل.
- لا تيأس إن لم تصل إلى الدرجة الثالثة؛ فالمحبةُ تُزرعُ بالصبرِ والإخلاص.

نص الشيخ الهروي

٦٢- باب الغيرة

قال الله عز وجل، حاكيا عن سليمان عليه السلام: (ردوها علي فطفق مسحا بالسوق والأعناق)(ص:٣٣).

الغيرة سقوط الاحتمال ضنًا، والضيق عن الصبر نفاسة.

وهي على ثلاث درجات:

الدرجة الأولى: غيرة العابد على ضائع يسترد ضياعه ، ويستدرك فواته، ويتدارك تواه.

والدرجة الثانية: غيرة المريد على وقت فات، وهي غيرة قاتلة؛ فإن الوقت وحي الغضب، أبيّ الجانب، بطيء الرجوع.

والدرجة الثالثة: غيرة العارف على عين غطاها غينٌ، وسر غشيه رينٌ، ونفس علق برجاء، أو التفت إلى عطاء.

النصّ مكتوباً بلغة مبسّطة

٦٢- باب الغيرة

قال الله عز وجل: ﴿رُدُّوهَا عَلَيَّ ۖ فَطَفِقَ مَسْحًا بِالسُّوقِ وَالْأَعْنَاقِ﴾ (ص:٣٣).

الغيرة في طريق الله هي شعورٌ مقدسٌ يُحرِّك القلبَ لحماية الإيمان وتصحيح الأخطاء.

وتنقسم إلى ثلاث درجات:

الدرجة الأولى: غيرة العابد على ضياع الطاعات

كمن يفقدُ مالًا ثمينًا فيبذل جهده لاستعادته، هكذا يغار المؤمنُ على وقته الضائع في المعاصي ويُسرعُ للتوبة. مثل تاجرٍ يُصلحُ متجره بعد حريقٍ ليعودَ للعمل.

الدرجة الثانية: غيرة المريد على الوقت الضائع

ألمٌ عميقٌ لضياع لحظاتٍ كان يمكن أن تُستثمر في العبادة أو الخير. هذه الغيرة تُذكِّرُنا بأن الوقت كنزٌ لا يعود. كطالبٍ يندمُ على إهمال دراسته فيُضاعفُ جهده قبل الامتحان.

الدرجة الثالثة: غيرة العارف على القلوب الغافلة

غيرةُ المربي الروحيِّ على مَن أغفلوا ذكر الله، فيسعى لتنقية قلوبهم من الشوائب. كطبيبٍ يُجري عمليةً دقيقةً لإنقاذ مريضٍ من مرضٍ خفيٍّ.

<u>الموجز والنصيحة العملية:</u>

الغيرةُ المقدسةُ وقودٌ لإصلاح النفس والغير. نصيحتنا لك:

- تأمّل قوله تعالى: ﴿قَدۡ كَانَتۡ لَكُمۡ أُسۡوَةٌ حَسَنَةٞ فِيٓ إِبۡرَٰهِيمَ﴾ (الممتحنة: ٤).
- احرص على وقتك؛ فهو رأس مالِك في طريق الله.
- لا تيأس من إصلاح نفسك أو غيرك؛ فالغيرةُ الإيمانيةُ تبدأ بخطوةٍ صادقةٍ.

نص الشيخ الهروي

٦٣- باب الشوق

قال الله عز وجل: (مَن كَانَ يَرۡجُواْ لِقَآءَ ٱللَّهِ فَإِنَّ أَجَلَ ٱللَّهِ لَأٓتٖۚ)(العنكبوت:٥).

الشوق هبوب القلب إلى غائب. وفي مذهب هذه الطائفة علة الشوق عظيمة، فإن الشوق إنما يكون إلى غائب، ومذهب هذه الطائفة إنما قام على المشاهدة، ولهذه العلة لم ينطق القرآن باسمه.

ثم هو على ثلاث درجات:

الدرجة الأولى: شوق العابد إلى الجنة؛ ليأمن الخائف، ويفرح الحزين، ويظفر الآمل.

والدرجة الثانية: شوق إلى الله عز وجل؛ زرعه الحب الذي نبت على حافات المنن، فعلق قلبه بصفاته المقدسة، فاشتاق إلى معاينة لطائف كرمه، وآيات بره، وأعلام فضله. وهذا الشوق تفثأه المبار، وتخالجه المسار، ويقاويه الاصطبار.

والدرجة الثالثة: نار أضرمها صفو المحبة؛ فنغصت العيش، وسلبت السلوة، ولم ينهنهها مُعِزّ دون اللقاء.

النصّ مكتوباً بلغة مبسّطة

٦٣- باب الشوق

قال الله عز وجل: ﴿ مَن كَانَ يَرۡجُواْ لِقَآءَ ٱللَّهِ فَإِنَّ أَجَلَ ٱللَّهِ لَأٓتٖۚ ﴾ (العنكبوت:٥).

الشوق في طريق الصوفية هو اشتياقٌ خاصٌّ، لكنه يحمل "عِلَّة" (تناقضًا ظاهريًا)؛ لأن الشوق في اللغة يكون لِغائبٍ، بينما مذهبهم قائمٌ على "المشاهدة" (الإحساس بوجود الله الدائم). لذلك لم يرد لفظ "الشوق" في القرآن تجاه الله، بل ورد "المحبة"، لأن الله حاضرٌ لا يغيب عن قلب المؤمن.

يُعبَّر عن هذا الشوق الروحي بثلاث درجات:

الدرجة الأولى: شوق العابد إلى الجنة

بحث المؤمن هنا عن الأمان من الخوف، والفرح بعد الحزن، وتحقيق الأمل بالثواب. مثل مسافرٍ يتوق إلى وطنه بعد غياب طويل.

الدرجة الثانية: شوق القلب إلى الله

ينمو هذا الشوق من حب صفات الله العظيمة، فيشتاق القلب لرؤية كرمه في الكون، لكنه يدرك أن الله قريبٌ لا يغيب. مثل تلميذٍ يشتاق لمعلمه الحاضر دائمًا ليستفيد من حكمته.

الدرجة الثالثة: شوق النار

اشتياقٌ كالنار يُذيب لذة الدنيا، لكنه ليس لغياب الله، بل لشدة القرب منه! كعاشقٍ يشتاق لمحبوبه رغم وجوده معه، لأن القرب يزيد الشوق.

الموجز والنصيحة العملية:

الشوقُ الروحيُّ دليلٌ على حبِّ الله، لا على غيابه. نصيحتنا لك:

- تأمّل قوله تعالى: ﴿وَهُوَ مَعَكُمْ أَيْنَ مَا كُنتُمْ﴾ (الحديد: ٤).
- حوّل شوقك إلى عملٍ: أكثر من الذكر، فالله أقربُ إليك من حبل الوريد.
- لا تفهم الشوقَ بمعناه المادي؛ فالله حاضرٌ، وشوقك إليه دليلُ اتصالِ قلبك به.

نص الشيخ الهروي

٦٤- باب القلق

قال الله عز وجل، حاكيا عن موسى عليه السلام: (وعجلت إليك رب لترضى)(طه:٨٤).
القلق تحريك الشوق بإسقاط الصبر.
وهو على ثلاث درجات:
الدرجة الأولى: قلق يُضيّق الخلق، ويبغض الخَلْق، ويلذّذ الموت.
والدرجة الثانية: قلق يغالب العقل، ويخلي السمع، ويصاول الطاقة.
والدرجة الثالثة: قلق لا يرحم أبداً، ولا يقبل أمدا، ولا يُبقي أحدا.

النصّ مكتوباً بلغة مبسّطة

٦٤- باب القلق

قال الله عز وجل: ﴿وَعَجِلْتُ إِلَيْكَ رَبِّ لِتَرْضَىٰ﴾ (طه:٨٤).

القلق في طريق السائرين إلى الله هو اضطرابٌ نابعٌ من شوقٍ عارمٍ لِلِقاء الله، يُضعف الصبرَ ويُحرك القلبَ بلا هدوء.

وهو ثلاث درجات:

الدرجة الأولى: قلق الفراق
يشعر المؤمنُ بضيقٍ يجعله ينفر من الناس، ويَملُّ من الدنيا، حتى يرى الموتَ راحةً من هذا الألم. مثل حيوانٍ محبوسٍ في قفصٍ يائسٍ من الخلاص.

الدرجة الثانية: قلق العجز
هنا يُصاب العقلُ بالارتباك، وتُصعَبُ سماعُ النصائح، وتنفدُ الطاقةُ في صراعٍ داخليٍ. كمن يُحاصَر في عاصفةٍ لا يَهدأ فيها باله.

الدرجة الثالثة: قلق النار

قلقٌ لا يُرحم، كالنارِ التي لا تُطفأ، يَأكل القلبَ ولا يتركُ له مجالًا للراحة أو الأمل. كسفينةٍ تُحطمها الأمواجُ دون توقفٍ.

الموجز والنصيحة العملية:

القلقُ الروحيُّ علامةٌ على شوقِ القلبِ إلى الله، لكنه يحتاجُ إلى توجيه. نصائحنا لك:

- تأمّل قوله تعالى: ﴿فَإِنَّ مَعَ الْعُسْرِ يُسْرًا . إِنَّ مَعَ الْعُسْرِ يُسْرًا﴾ (الشرح:٥-٦).
- استعن بالصبر والصلاة: فهما مفتاحُ تهدئةِ القلق.
- لا تبتعد عن الناس: شاركهم همومك، واستفد من حكمتهم.

نص الشيخ الهروي

٦٥- باب العطش

قال الله عز وجل، حاكيا عن خليله عليه السلام: (فَلَمَّا جَنَّ عَلَيۡهِ ٱلَّيۡلُ رَءَا كَوۡكَبٗاۖ قَالَ هَٰذَا رَبِّي)(الأنعام:٧٦).
العطش كناية عن غلبة ولوع بمأمول.
وهو على ثلاث درجات:
الدرجة الأولى: عطش المريد إلى شاهد يرويه، أو إشارة تشفيه، أو عطفة تؤويه.
والدرجة الثانية: عطش السالك إلى أجل يطويه، ويوم يريه ما يغنيه، ومنزل يستريح فيه.
والدرجة الثالثة: عطش المحب إلى جلوة ما دونها سحاب علة، ولا يغطيها حجاب تفرقة، ولا يعرّج دونها على انتظار.

النصّ مكتوباً بلغة مبسّطة

٦٥- باب العطش

قال الله عز وجل: ﴿ فَلَمَّا جَنَّ عَلَيۡهِ ٱلَّيۡلُ رَءَا كَوۡكَبٗاۖ قَالَ هَٰذَا رَبِّي﴾ (الأنعام:٧٦).

العطشُ الروحيُّ هو اشتياقٌ شديدٌ لِلقُربِ من الله، كظمَانٌ لا يَرتوي إلا بِرِضاه.

وهو ثلاث درجات:

الدرجة الأولى: عطش المبتدئ
يبحث المؤمنُ هنا عن دليلٍ يهديه، أو كلمةٍ تُطمئنه، أو ملجأٍ يحميه. كطالبٍ ينتظرُ نتائجَ امتحانٍ بفارغ الصبر.

الدرجة الثانية: عطش السالك
يشتاقُ القلبُ إلى يومٍ يَكشفُ اللهُ له عن أسرارٍ تُغنيه، أو مرحلةٍ يجدُ فيها راحةً مِن تعبِ الطريق. كمسافرٍ في صحراءٍ يتوقُ لِرؤيةِ واحةٍ تَروي ظمأَه.

الدرجة الثالثة: عطش العاشق

شوقٌ لا يُحجَبُ بغيومِ الشكوك، ولا يُفصَلُ عنه بحواجزِ الأوهام، ولا يرضى بغيرِ اللقاءِ الكاملِ مع الله. كعاشقٍ لا يهدأُ حتى يَلتقيَ مَحبوبَه.

<u>الموجز والنصيحة العملية :</u>

العطشُ الروحيُّ دليلُ حياةِ القلبِ. نصائحنا لك:

- تأمّل قوله تعالى: ﴿أَلَا بِذِكْرِ اللَّهِ تَطْمَئِنُّ الْقُلُوبُ﴾ (الرعد:٢٨).
- لا تُطفئ عطشَكَ بالدُّنيا: ابحث عن الله في الصلاةِ والتفكُّر.
- اصبر على الطريق: العطشُ الشديدُ يسبقُ الوصولَ إلى النبعِ العذبِ.

نص الشيخ الهروي

٦٦- باب الوجد

قال الله عز وجل: (وربطنا على قلوبهم إذ قاموا)(الكهف:١٤).
الوجد لهب يتأجج من شهود عارض مقلق.
وهو على ثلاث درجات:
الدرجة الأولى: وجد عارض يستفيق له شاهد السمع، أو شاهد البصر، أو شاهد الفكر، أبقى على صاحبه أثرا أو لم يبق.
والدرجة الثانية: وجد يستفيق له الروح بلمع نور أزلي، أو سماع نداء أولي، أو جذب حقيقي، إن أبقى على صاحبه لباسه، وإلا أبقى عليه نوره.
والدرجة الثالثة: وجد يخطف العبد من يد الكونين، ويمحص معناه من درن الحظ، ويسلبه من رق الماء والطين، إن سلبه أنساه اسمه، وإن لم يسلبه أعاره رسمه.

النصّ مكتوباً بلغة مبسّطة

٦٦- باب الوجد

قال الله عز وجل: ﴿وَرَبَطْنَا عَلَىٰ قُلُوبِهِمْ إِذْ قَامُوا﴾ (الكهف:١٤).

الوجد هو اشتعالٌ روحيٌّ يحدث عند تجلّي الحقائق الإلهية، يُحرِّك القلبَ ويُصفّيه.

وهو ثلاث درجات:

الدرجة الأولى: وجد عابر
تأثُّرٌ مؤقتٌ بسماعِ آيةٍ، أو رؤية منظرٍ عظيمٍ، أو فكرةٍ عميقةٍ تُلهِب المشاعر.
مثل مَن يبكي عند سماع قرآنٍ مؤثِّرٍ، ثم يعود لحالته الطبيعية.

الدرجة الثانية: وجد النور الأزلي
إشراقٌ روحيٌّ يُحيط بالقلبِ كنورٍ قديمٍ، أو نداءٍ داخليٍّ يَجذبُه نحو الله، أو قوةٍ تُطهِّره من الشوائب. كشجرةٍ تُنقّى من الأوراق الميتة لتنمو من جديد.

الدرجة الثالثة: وجد التجرُّد

انفصالٌ كاملٌ عن الدنيا، حيثُ ينسى العبدُ نفسَه ويذوبُ في شهود الله. كطائرٍ يتحرر من قفصه ويطيرُ في السماء بلا قيود.

الموجز والنصيحة العملية :

الوجدُ نفحةٌ إلهيةٌ تُذكِّرُك بقرب الله. نصائحنا لك:

- تأمّل قوله تعالى: ﴿أَلَا بِذِكْرِ اللَّهِ تَطْمَئِنُّ الْقُلُوبُ﴾ (الرعد:٢٨).
- استثمِر هذه اللحظات: صلِّ، ادعُ، واقرأ القرآن عندما تشعر بوجدٍ روحيٍّ.
- لا تَخشَ الانفصالَ عن الدنيا: فالتجرُّدُ الحقيقيُّ يجعلك أقربَ إلى الله.

نص الشيخ الهروي

٦٧- باب الدهش

قال الله عز وجل: (فلما رأينه أكبرنه)(يوسف:٣١).

الدهش بهتة تأخذ العبد إذ فجأه ما يغلب عقله، أو صبره، أو علمه.

وهو على ثلاث درجات:

الدرجة الأولى: دهشة المريد؛ عند صولة الحال على علمه، والوجد على طاقته، والكشف على همته.

والدرجة الثانية: دهشة السالك؛ عند صولة الجمع على رسمه، والسبق على وقته، والمشاهدة على روحه.

والدرجة الثالثة: دهشة المحب؛ عند صولة الاتصال على لطف العطية، وصوله نور القرب على نور العطف، وصولة شوق العيان على شوق الخبر.

النصّ مكتوباً بلغة مبسّطة

٦٧- باب الدهش

قال الله عز وجل: ﴿فَلَمَّا رَأَيْنَهُ أَكْبَرْنَهُ﴾ (يوسف:٣١).

الدهش هو ذهولٌ يُصيبُ القلبَ عند مواجهةِ عظمة الله التي تفوقُ العقلَ والصبرَ والعلم.

وهو ثلاث درجات:

الدرجة الأولى: دهشة المريد

يشعرُ السالكُ بالعجزِ حين تفوقُ تجربةٌ روحيةٌ علمَه، أو تُنهكُ قواه، أو تُذهلُ عزيمتَه. كطالبٍ يسمعُ نظريةً علميةً معقدةً لأول مرةٍ فيَذهلُ من عظمة الخلق.

الدرجة الثانية: دهشة السالك

هنا تُحاطُ الروحُ بلمحةٍ من نورِ الله فتَنسى الزمانَ والمكانَ، وتذوبُ في الشهودِ. كمن يرى البحرَ لأول مرةٍ فيَغيبُ عن كلِّ شيءٍ إلا عظمةِ الأمواجِ.

الدرجة الثالثة: دهشة المحب

ذهولٌ يمحو الحدودَ بين العبدِ وربِّه، ليس باتحادٍ، بل بإدراكِ قربٍ لا يُوصف. كطفلٍ يُهدى له كنزٌ ثمينٌ فيَجمُدُ من الفرحِ دون أن يستطيعَ الكلامَ.

<u>الموجز والنصيحة العملية:</u>

الدهشُ دليلُ عجزِ العقلِ عن إدراكِ كمالِ الله. نصائحنا لك:

- تأمّل قوله تعالى: ﴿وَمَا قَدَرُوا اللَّهَ حَقَّ قَدْرِهِ﴾ (الأنعام:٩١).
- تقبَّل دهشتَكَ بتواضع: فهي بابٌ لمعرفةِ عظمةِ الخالق.
- استخدم هذه اللحظاتِ لتعميقِ إيمانك: صلِّ بخشوعٍ، واقرأ القرآن بتدبُّر.

نص الشيخ الهروي

٦٨- باب الهيمان

قال الله عز وجل: (وخر موسى صعقا)(الأعراف:١٤٣).

الهيمان ذهاب عن التماسك تعجبا أو حيرة. وهو أثبت دواما وأملك بالنعت من الدهش.

وهو على ثلاث درجات

الدرجة الأولى: هيمان في شيم أوائل برق اللطف عند قصد الطريق؛ مع ملاحظة العبد خسة قدره، وسفال منزلته، وتفاهة قيمته.

والدرجة الثانية هيمان في تلاطم أمواج التحقيق؛ عند ظهور براهينه، وتواصل عجائبه، ولياح أنواره.

والدرجة الثالثة: هيمان عند الوقوع في عين القدم، ومعاينة سلطان الأزل، والغرق في بحر الكشف.

النصّ مكتوباً بلغة مبسّطة

٦٨- باب الهيمان

قال الله عز وجل: ﴿وَخَرَّ مُوسَىٰ صَعِقًا﴾ (الأعراف:١٤٣).

الهيمان هو ذَهابُ العقلِ من شدَّةِ الدهشةِ أمام عظمة الله، وهو أعمقُ من الدهشِ وأدوم.

وينقسم إلى ثلاث درجات:

الدرجة الأولى: هيمان البداية

يشعرُ العبدُ بالذهولِ عندما يلمحُ نورَ رحمةِ الله لأول مرةٍ، فيدركُ صِغَرَ نفسِه وضعفَ منزلتِه. كمن يقفُ لأول مرةٍ أمام محيطٍ هائلٍ فيَشعرُ بالضآلةِ.

الدرجة الثانية: هيمان الاكتشاف

يَغرقُ القلبُ في أمواجِ الأسرارِ الإلهيةِ التي تتكشفُ له، فيُصابُ بالحيرةِ من عجائبِ الخلقِ وأنوارِ الحقّ. كبحَّارٍ تُدهشُه الأمواجُ العاتيةُ وهو يحاولُ فهمَ أعماقِ البحرِ.

الدرجة الثالثة: هيمان الفناء

ذوبانٌ كاملٌ في شهودِ عظمةِ الله الأزليةِ، حيثُ يَختفي الشعورُ بالذاتِ، ويَغيبُ العقلُ في بحرِ الكشفِ الإلهيِّ. كشمعةٍ تذوبُ تمامًا في لهيبِ النورِ.

الموجز والنصيحة العملية:

الهيمانُ دليلُ عجزِ البشرِ عن إدراكِ كمالِ الله. نصائحنا لك:

- تأمّل قوله تعالى: ﴿سُبۡحَٰنَ رَبِّكَ رَبِّ ٱلۡعِزَّةِ عَمَّا يَصِفُونَ﴾ (الصافات:١٨٠).
- تقبّل عجزَكَ بتواضع: فالهيمانُ طريقٌ لتطهيرِ القلبِ من الكِبْرِ.
- استثمِر هذا الذهولَ: اجعله دافعًا لطلبِ المزيدِ من المعرفةِ والعبادةِ.

نص الشيخ الهروي

٦٩- باب البرق

قال الله عز وجل: (إِذْ رَءَا نَارًا)(طه: ١٠).

البرق باكورة تلمع للعبد فتدعوه إلى الدخول في هذا الطريق. والفرق بينه وبين الوجد أن الوجد يقع بعد الدخول فيه، فالوجد زاد والبرق إذن.

وهو على ثلاث درجات

الدرجة الأولى: برق يلمع من جانب العدة في عين الرجاء؛ يستكثر فيه العبد القليل من العطاء، ويستقل فيه الكثير من الأعباء، ويستحلي فيه مرارة القضاء.

والدرجة الثانية: برق يلمع من جانب الوعيد في عين الحذر؛ فيستقصر فيه العبد الطويل من الأمل، ويزهد في الخَلق على القرب، ويرغب في تطهير السر.

والدرجة الثالثة: برق يلمع من جانب اللطف في عين الافتقار؛ فيُنشئ سحاب السرور، ويمطر قطر الطرب، ويُجري نهر الافتخار.

النصّ مكتوباً بلغة مبسّطة

٦٩- باب البرق

قال الله عز وجل: ﴿ إِذْ رَءَا نَارًا ﴾ (طه: ١٠).

البرق هو ومضةٌ إلهيةٌ تُضيء طريقَ القلبِ نحو الله، تُنبِهُه لبدء الرحلة الروحية. وهو يختلف عن الوجد (الشعور العميق) الذي يأتي بعد السير في الطريق.

والبرق ثلاث درجات:

الدرجة الأولى: برق الرجاء

ومضةٌ تُظهر للمؤمنِ نِعَمَ الله الصغيرةَ كأنها عظيمة، وتُخفِّفُ عنه صعوبات الطريق، وتجعلُه يرضى بقضاء الله حتى لو كان مُرًّا. كمن يجدُ قطرة ماءٍ في الصحراء فيراها كنزًا.

الدرجة الثانية: برق الحذر

ومضةٌ تُذكِّرُه بعواقبِ الغفلة، فتُقلِّلُ تعلُّقه بالدنيا، وتدفعُه لتزكية سريرته. كمسافرٍ يُسرعُ خطاه عندما يسمعُ تحذيرًا من خطرٍ قريب.

الدرجة الثالثة: برق اللطف

ومضةٌ تُنشئُ في قلبه فرحًا لا ينتهي، وتُحيطُه برحمة الله، وتُشعرهُ بالفخرِ بانتسابه إليه. كمن يُفاجأ برَشَّةٍ من المطرِ تُنعِش أرضًا قاحلة.

<u>الموجز والنصيحة العملية:</u>

البرقُ دليلُ بدايةِ الرحلةِ إلى الله. نصائحنا لك:

- تأمّل قوله تعالى: ﴿أَلَا بِذِكْرِ اللَّهِ تَطْمَئِنُّ الْقُلُوبُ﴾ (الرعد:٢٨).
- استقبل هذه الومضاتِ بقلبٍ مفتوح: فهي دعوةٌ من الله لِتَقَرُّبٍ أعمق.
- لا تَغفل عن العبادة: البرقُ يُضيءُ الطريق، لكن السيرَ عليه بِجهدِك.

نص الشيخ الهروي

٧٠- باب الذوق

قال الله عز وجل: (هذا ذكر)(ص:٤٩).
الذوق أبقى من الوجد وأجلى من البرق.
وهو على ثلاث درجات:
الدرجة الأولى: ذوق التصديق طعم العدة؛ فلا يعقله ضن، ولا يقطعه أمل، ولا تعوقه أمنية.
والدرجة الثانية: ذوق الإرادة طعم الأنس؛ فلا يعلق به شاغل، ولا يفتنه عارض، ولا تكدره تفرقة.
والدرجة الثالثة: ذوق الانقطاع طعم الاتصال، وذوق الهمة طعم الجمع، وذوق المسامرة طعم العيان.

النصّ مكتوباً بلغة مبسّطة

٧٠- باب الذوق

قال الله عز وجل: ﴿هَٰذَا ذِكْرٌ﴾ (ص:٤٩).

الذوق هو اختبارٌ عميقٌ لحلاوة الإيمان، أبقى من الوجد (المشاعر العابرة) وأوضح من البرق (الومضات الروحية).

وهو ثلاث درجات:

الدرجة الأولى: ذوق التصديق
يشعر المؤمنُ بطعم اليقين الذي لا يضعف أمام الشهوات، ولا ينقطع بالآمال الزائفة، ولا يعوقه تعلُّقٌ بالدنيا. كمن يتذوَّق عسلًا حقيقيًّا فيميِّزه عن المُحلَّى الصناعي.

الدرجة الثانية: ذوق الإرادة

هنا يجد القلبُ لذةَ الأنس بالله، فلا تشغله مشاغل الدنيا، ولا تُلهيه المُغريات، ولا تُكدِّره الخلافات. كمن يسمعُ لحنًا جميلًا فينصتُ له بكلِّ حواسِّه.

الدرجة الثالثة: ذوق الانقطاع

ذوقُ الوصول إلى حالةِ شعورٍ روحيٍّ مباشرٍ بالله، حيث تختفي الحواجز، ويُدرك العبدُ جمالَ الحضرة الإلهية. كمن يشربُ من نبعٍ صافٍ فيروي ظمأَه إلى الأبد.

<u>الموجز والنصيحة العملية:</u>

الذوقُ الروحيُّ ثمرةُ الإخلاصِ في الطريق. نصائحنا لك:

- تأمّل قوله تعالى: ﴿أَلَا بِذِكْرِ اللَّهِ تَطْمَئِنُّ الْقُلُوبُ﴾ (الرعد:٢٨).
- دَوِّن تجاربَكَ الروحية: فهي تُعمِّق إحساسَكَ بذوق الإيمان.
- لا تبحث عن الذوقِ لذاته: اجعل غايتك رضا الله، والذوقُ يأتي تلقائيًّا.

٨- قسم الولايات

وأما قسم الولايات فهو عشرة أبواب وهي:
اللحظ والوقت والصفاء والسرور والسر والنفس والغربة والغرق والغيبة والتمكن.

نص الشيخ الهروي

٧١- باب اللحظ

قال الله عز وجل: (ٱنظُرۡ إِلَى ٱلۡجَبَلِ فَإِنِ ٱسۡتَقَرَّ مَكَانَهُۥ فَسَوۡفَ تَرَىٰنِي)(الأعراف:١٤٣).
اللحظ لمح مسترق.
وهو في هذا الباب على ثلاث درجات:
الدرجة الأولى: ملاحظة الفضل سبقا؛ وهي تقطع طريق السؤال إلا ما استحقته الربوبية من إظهار التذلل لها، وتُنبت السرور إلا ما يشوبه من حذر المكر، وتبعث على الشكر إلا ما قام به الحق عز وجل من حق الصفة.
والدرجة الثانية: ملاحظة نور الكشف؛ وهي تُسبل لباس التولي، وتذيق طعم التجلي، وتعصم من عوار التسلي.
والدرجة الثالثة: ملاحظة عين الجمع؛ وهي توقظ لاستهانة المجاهدات، وتخلّص من رعونة المعارضات، وتفيد مطالعة البدايات.

النصّ مكتوباً بلغة مبسّطة

٧١- باب اللحظ

قال الله عز وجل: ﴿ ٱنظُرۡ إِلَى ٱلۡجَبَلِ فَإِنِ ٱسۡتَقَرَّ مَكَانَهُۥ فَسَوۡفَ تَرَىٰنِي﴾ (الأعراف:١٤٣).

اللحظ هو لمحةٌ روحيةٌ خاطفةٌ تُكشفُ للقلبِ أسرارًا إلهيةً.

وهو ثلاث درجات:

الدرجة الأولى: لحظ الفضل الإلهي
إدراكٌ مفاجئٌ لعظمةِ نعمِ الله، يَجعلُ العبدَ يتذلّلُ له شكرًا، لكنه يَخلطُ بين الفرحِ وخوفِ نقصانِ النعمة. مثل مَن يرى جمالَ الطبيعةِ فيتذكرُ خالقَها مع خوفٍ من زوالِها.

الدرجة الثانية: لحظ نور الكشف

ومضةٌ تُظهرُ للقلبِ حقائقَ خفيةً عن طريقِ الإلهام، فتُنقّيه من الشواغلِ وتُشعرهُ بلذةِ القربِ من الله. كمن يَسمعُ صوتَ مُرشدٍ في الظلامِ فيهديه إلى الطريقِ الآمن.

الدرجة الثالثة: لحظ الجمع مع الله

نظرةٌ روحيةٌ تُذيبُ اهتمامَ العبدِ بالدنيا، وتُريه أن كلَّ جهدٍ بشريٍّ صغيرٌ أمامَ عظمةِ الخالق. كعالمٍ يُدركُ فجأةً أن اكتشافاتِه ما هي إلا ذرةٌ في بحرِ علمِ الله.

الموجز والنصيحة العملية:

اللحظاتُ الروحيةُ هِباتٌ تُعزّزُ الإيمانَ وتُقرّبُ من الله. نصائحنا لك:

- تأمّل قوله تعالى: ﴿سَنُرِيهِمْ ءَايَٰتِنَا فِي ٱلْأَفَاقِ وَفِيٓ أَنفُسِهِمْ﴾ (فصلت:٥٣).
- دوّن اللحظاتِ الإلهيةَ: فكتابتُها تُعمّقُ فهمَكَ وتُذكِّرُك بنعمِ الله.
- لا تنسَ التواضعَ: فكلُّ لحظةٍ روحيةٍ هي مِنَّةٌ من الله، لا دَخلَ لكَ فيها.

نص الشيخ الهروي

٧٢- باب الوقت

قال الله عز وجل: (ثُمَّ جِئْتَ عَلَىٰ قَدَرٍ يَٰمُوسَىٰ)(طه:٤٠).
الوقت اسم لظرف الكون.
وهو اسم في هذا الباب لثلاثة معان على ثلاث درجات:
المعنى الأول: حينُ وجدٍ صادقٍ لإيناس ضياء فضلٍ جذبه صفاء رجاءٍ، أو لقصمة جذبها صدق خوف، أو لتلهيب شوق جذبه اشتعال محبة.
والمعنى الثاني: اسم لطريقِ سالكٍ يسير بين تمكن وتلون، لكنه إلى التمكن ما هو يسلك الحال ويلتفت إلى العلم، فالعلم يشغله في حين والحال يحمله في حين، فبلاؤه بينهما يذيقه شهودا طورا، ويكسوه غيرة طورا، ويريه غبرة تفرق طورا.
والمعنى الثالث: قالوا "الوقت الحق"؛ أرادوا به استغراق رسم الوقت في وجود الحق، وهذا المعنى يشق على هذا الاسم عندي.
لكنه هو اسم في هذا المعنى الثالث، لحين يتلاشى فيه الرسوم كشفا لا وجودا محضا، وهو فوق البرق والوجد، وهو يشارف مقام الجمع لو دام وبقي، ولا يبلغ وادي الوجود، لكنه يكفي مؤنة المعاملة، ويصفي عين المسامرة، ويشم روائح الوجود.

النصّ مكتوباً بلغة مبسّطة

٧٢- باب الوقت

قال الله عز وجل: ﴿ثُمَّ جِئْتَ عَلَىٰ قَدَرٍ يَٰمُوسَىٰ﴾ (طه:٤٠).

الوقت في طريق السائرين إلى الله له ثلاثة معاني رئيسية، كلُّ معنى ينقسم إلى ثلاث درجات:

المعنى الأول: وقت الشوق والرهبة. وهو على ثلاث درجات:

- الدرجة الأولى: لحظاتٌ يَشعر فيها القلبُ بجذبٍ نحو الله بسبب نقاء الأمل أو الخوف الصادق. مثل مَن ينتظر غائبًا عزيزًا فيُدرك قيمة الوقت.
- الدرجة الثانية: وقتٌ تُلهِبُه محبةُ الله، فيشتاق العبدُ لقُربه كاشتياق الظمآن للماء.
- الدرجة الثالثة: وقتٌ تختلط فيه المشاعر بين الفرح بالفضل الإلهي والخوف من زوال النعمة.

المعنى الثاني: وقت السير بين العلم والحال
وهو على ثلاث درجات:

- الدرجة الأولى: مرحلةٌ يتنقل فيها السالكُ بين التمسك بالعلم الشرعي والتجربة الروحية، كطالبٍ يدرس النظريات ثم يطبقها.
- الدرجة الثانية: وقتٌ يشهد فيه القلبُ تناقضات الطريق، فتارةً يغلب عليه اليقين، وتارةً يُصيبه القلق.
- الدرجة الثالثة: وقتٌ يَصِلُ فيه السالكُ إلى توازنٍ بين العلم والعمل، فيصبحُ الوقتُ جسرًا للقرب من الله.

المعنى الثالث: الوقت الحق (الوقت المطلق)
وهو على ثلاث درجات:

- الدرجة الأولى: لحظةٌ يذوب فيها إحساسُ العبدِ بالزمن، ويُدرك أن كلَّ شيءٍ بيد الله. كمن يغيب عن نفسه في الصلاة.
- الدرجة الثانية: وقتٌ يُدرك فيه العبدُ أن الدنيا ظلٌّ زائل، فيتعلق بالله وحده.
- الدرجة الثالثة: وقتٌ يُشرق فيه نورُ الحقِّ على القلب، فيرى العبدُ الكونَ بمنظورٍ جديدٍ، لكنه يبقى في حدود العبودية دون ادعاءِ الاتحاد.

<u>الموجز والنصيحة العملية:</u>
الوقتُ هو وعاءُ الأعمالِ وقيمةُ العمرِ. نصيحتنا لك:

- تأمّل قوله تعالى: ﴿وَهُوَ ٱلَّذِي جَعَلَ ٱلَّيۡلَ وَٱلنَّهَارَ خِلۡفَةٗ لِّمَنۡ أَرَادَ أَن يَذَّكَّرَ أَوۡ أَرَادَ شُكُورٗا﴾ (الفرقان:٦٢).
- استثمِرْ كلَّ لحظةٍ: في الذكر، والطاعة، والإحسان.
- ثِقْ بتدبير الله: فـ"الوقت الحق" هو حينُ تسليمِ القلبِ له.

نص الشيخ الهروي

٧٣- باب الصفاء

قال الله عز وجل: (وإنهم عندنا لمن المصطفين الأخيار)(ص:٤٧).
الصفاء اسم للبراءة من الكدر. وهو في هذا الباب سقوط التلون. وهو على ثلاث درجات:
الدرجة الأولى: صفاء علم؛ يهذب لسلوك الطريق، ويبصر غاية الجد، ويصحح همة القاصد.
والدرجة الثانية: صفاء حال؛ تشاهد به شواهد التحقيق، وتذاق به حلاوة المناجاة، وينسى به الكون.
والدرجة الثالثة: صفاء اتصال؛ يدرج حظ العبودية في حق الربوبية، ويغرق نهايات الخبر في بدايات العيان، ويطوى خسة التكاليف في عزل الأزل.

النصّ مكتوباً بلغة مبسّطة

٧٣- باب الصفاء

قال الله عز وجل: ﴿وَإِنَّهُمْ عِندَنَا لَمِنَ الْمُصْطَفَيْنَ الْأَخْيَارِ﴾ (ص:٤٧).

الصفاء هو التحرر من كلِّ شائبة، وثبات القلب على الحق دون تردد.

وهو ثلاث درجات:

الدرجة الأولى: صفاء العلم

- يصفّي الفهم لمعرفة طريق الله الصحيح.
- يُظهر الهدف الحقيقي من الجدِّ والاجتهاد.
- يُقوِّم نية السالك ويوجهها نحو الخير.

الدرجة الثانية: صفاء الحال

- يختبر القلب لذة المناجاة مع الله.
- يرى السالك آثار رحمة الله في كل شيء حوله.
- ينشغل بالحق حتى ينسى هموم الدنيا.

الدرجة الثالثة: صفاء الاتصال

- تذوب حدود الجهد البشري في إدراك عظمة الله.
- تتحول المعرفة النظرية إلى يقينٍ يشعُّ في القلب.
- تُرفع الأعباء النفسية بانسجام القلب مع حكمة الله.

الموجز والنصيحة العملية:

الصفاءُ مرآةُ القلب النقية. نصيحتنا لك:

- تأمّل قوله تعالى: ﴿قَدْ أَفْلَحَ مَن زَكَّىٰهَا﴾ (الشمس:٩).
- طهِّر قلبك: بالاستغفار، ومراقبة الله في الخلوات.
- اسعَ إلى اليقين: كلما زاد صفاؤك، اقتربتَ من فهم حكمة الله في حياتك.

نص الشيخ الهروي

٧٤- باب السرور

قال الله عز وجل: (قل بفظل الله وبرحمته فبذلك فليفرحوا)(يونس:٥٨).
السرور اسم لاستبشار جامع. وهو أصفى من الفرح لأن الأفراح ربما شابها الأحزان، ولذلك نزل القرآن باسمه في أفراح الدنيا في مواضع، وورد اسم السرور في الموضعين في القرآن في حال الآخرة.
وهو في هذا الباب على ثلاث درجات:
الدرجة الأولى: سرور ذوقٍ ذهب بثلاثة أحزان؛ حزن أورثه خوف الانقطاع، وحزن هاجته ظلمة الجهل، وحزن اغشته وحشة التفرق.
والدرجة الثانية: سرورُ شهودٍ كشف حجاب العلم، وفك رق التكلف، ونفي صغار الاختيار.
والدرجة الثالثة: سرور سماع الإجابة؛ وهو سرور يمحو آثار الوحشة، ويقرع باب المشاهدة، ويضحك الروح.

النصّ مكتوباً بلغة مبسّطة

٧٤- باب السرور

قال الله عز وجل: ﴿قُلْ بِفَضْلِ اللَّهِ وَبِرَحْمَتِهِ فَبِذَٰلِكَ فَلْيَفْرَحُوا﴾ (يونس:٥٨).

السرور هنا هو فرحٌ نقيٌّ لا تشوبه شوائب الدنيا.
وهو أعلى من الفرح العادي لأنَّه مرتبطٌ برحمة الله وفضله.

وله ثلاث درجات:

الدرجة الأولى: سرور الذوق
- يُزيل ثلاثة أحزان:

- خوف الانقطاع عن الله.
- ظلام الجهل بحقائقه.
- وحشة التفرُّق عن محبته.

الدرجة الثانية: سرور الشهود

- يَكشِف حجابَ العقل المحدود.
- يُحرِّر القلب من التكلُّف والتصنُّع.
- يرفع الإنسان عن صغار الاختيارات الدنيوية.

الدرجة الثالثة: سرور سماع الإجابة

- يمحو آثار الوحشة بين العبد وربِّه.
- يُقرَع به باب المشاهدة القلبية لجمال الحق.
- يُنعِش الروحَ بلذة القرب الإلهي.

الموجز والنصيحة العملية:

السرورُ الحقيقيُّ ثمرةُ القرب من الله. نصيحتنا لك:

- تأمّل قوله تعالى: ﴿الَّذِينَ آمَنُوا وَتَطْمَئِنُّ قُلُوبُهُم بِذِكْرِ اللَّهِ﴾ (الرعد:٢٨).
- اشكر نِعَم الله: فكلُّ فضلٍ منه سببٌ للسرور.
- تَجاوَزْ همومَك: بالتوكل عليه، فهو كافيك.

نص الشيخ الهروي

٧٥ـ باب السر

قال الله عز وجل: (الله أعلم بما في أنفسهم)(هود:٣١).

أصحاب السر هم الأخفياء الذين ورد فيهم الخبر.

وهم ثلاث طبقات على ثلاث درجات:

الطبقة الأولى: طائفة علت هممهم، وصفت قصودهم، وصح سلوكهم، ولم يوقف لهم على رسم، ولم ينسبوا إلى اسم، ولم تشر إليهم الأصابع. أولئك ذخائر الله عز وجل حيث كانوا.

والطبقة الثانية: طائفة أشاروا عن منزل وهم في غيره، وورّوا بأمر وهم لغيره، ونادوا على شأن وهم على غيره؛ بين غيره عليهم تسترهم، وأدب فيهم يصونهم، وظرف يهذبهم.

والطبقة الثالثة: طائفة أسرهم الحق عنهم، فألاح لهم لائحا أذهلهم عن إدراك ما هم فيه، وهيمهم عن شهود ما هم له، وضن بحالهم على علمهم معرفة ما هم به؛ فاستسروا عنهم مع شواهد تشهد لهم بصحة مقامهم، من قصد صادق يهيجه غيب، وحب صادق يخفى عليهم علمه، ووجد غريب لا ينكشف لهم موقده.وهذا من أرق مقامات أهل الولاية.

النصّ مكتوباً بلغة مبسّطة

٧٥ـ باب السر

قال الله عز وجل: ﴿اللَّهُ أَعْلَمُ بِمَا فِي أَنفُسِهِمْ﴾ (هود:٣١).

أصحاب السر هم خُصوص عباد الله الذين تُخفي قلوبهم أسرار التقوى.

وهم ثلاث فئات:

الفئة الأولى: المخفيون المُختارون

- هممهم عالية لا تُحدها الدنيا.
- نواياهم صافية كالمرآة.
- لا يُعرفون بعلامات ظاهرة، فهم كنوز الله الخفية.

180

الفئة الثانية: المُتَّقون المُتخفون

- يُظهرون شيئًا ويُخفون أعظم منه.
- يُربّيهم أدبُ التواضع ويصونهم.
- تفوقهم الروحي يُنقّيهم من التكلُّف.

الفئة الثالثة: الغائبون عن أنفسهم

- استولى حبُّ الله على قلوبهم فنسوا ذواتهم.
- لديهم إخلاصٌ لا يشعرون به، وحبٌّ لا يدركونه.
- حالهم العجيب علامةٌ على قربهم من الله دون ادعاء.

<u>الموجز والنصيحة العملية:</u>

السرُّ جوهرُ الإخلاص. نصيحتنا لك:

-تأمّل قوله تعالى: ﴿أَلَا يَعْلَمُ مَنْ خَلَقَ وَهُوَ اللَّطِيفُ الْخَبِيرُ﴾ (الملك:١٤).

-طهِّر سريرتك: فالله يعلم ما تُخفي الصدور.

-اعمل في صمت: فالأعمال الخفية أقرب إلى القبول.

نص الشيخ الهروي

٧٦- باب النَفَس

قال الله عز وجل: (فَلَمَّآ أَفَاقَ قَالَ سُبۡحَٰنَكَ)(الأعراف:١٤٣).
يسمى النفس نفسا لتروح المتنفس به.
وهو على ثلاث درجات - وهي تشابه درجات الوقت.
والأنفاس ثلاثة:
النفس الأول: نفس في حين استتار؛ مملوء من الكظم، معلق بالعلم. إن تنفس تنفس نفس المتأسف. وإن نطق نطق بالحرب.
وعندي هو يتولد من وحشة الاستتار؛ وهي الظلمة التي قالوا إنها مقام.
والنفس الثاني: نفس في حين التجلي؛ وهو نفس شاخص عن مقام السرور إلى روح المعاينة، مملوء من نور الوجود، شاخص إلى منقطع الإشارة.
والنفس الثالث: نفس مطهر بماء القدس؛ قائم بإشارات الأزل، وهو النفس الذي يسمى صدف النور.
فالنفس الأول للغيور سراج، والنفس الثاني للقاصد معراج، والنفس الثالث للمحقق تاج.

النصّ مكتوباً بلغة مبسّطة

٧٦ -باب النَّفَس

قال الله عز وجل: ﴿ فَلَمَّآ أَفَاقَ قَالَ سُبۡحَٰنَكَ ﴾ (الأعراف:١٤٣).

النَّفَس في طريق السالكين علامةٌ على حال القلب مع الله.

وهو ثلاث درجات:

1. النَّفَس الأول: نَفَس الخفاء
   - ينشأ عندما يشعر القلب بالبُعد عن الله.
   - مليءٌ بالكظم (كتمان الألم)، ومتعلقٌ بالعلم النظري.
   - صاحبه يتنفَّس كمن يندم، وكلامه يعكس صراعه الداخلي.

2. النَّفَس الثاني: نَفَس التجلي
- يظهر عند إشراق نور المعرفة في القلب.
- ينتقل السالك من الفرح الروحي إلى شهود جمال الحق.
- يصعد به إلى مراحل تفوق الوصف بالكلمات.

3. النَّفَس الثالث: نَفَس القداسة
- مُطهَّرٌ بنور الله، مرتبطٌ بحكمته الأزلية.
- يُسمى "صَدَف النور" لشدة نقائه.
- هو ذروة القرب من الله دون زوال شخصية العبد.

دلالات رمزية:
- نَفَس الخفاء: مصباحٌ للغيورين على طاعة الله.
- نَفَس التجلي: سُلَّمٌ يصعد به السالك إلى المعرفة.
- نَفَس القداسة: تاجٌ للمحقِّقين في طريق الإخلاص.

<u>الموجز والنصيحة العملية:</u>

النَّفَسُ مرآةُ الروح. نصيحتنا لك:
- تأمّل قوله تعالى :﴿وَذَكَرَ اسْمَ رَبِّهِ فَصَلَّىٰ﴾ (الأعلى:١٥).
- تنفَّسْ بوعي :اجعل كلَّ نَفَسٍ ذكرًا لله.
- اسعَ إلى النقاء :طهِّر قلبك ليتحول نَفَسُك من كظمٍ إلى نور.

نص الشيخ الهروي

٧٧- باب الغربة

قال الله عز وجل: (فَلَوْلَا كَانَ مِنَ ٱلْقُرُونِ مِن قَبْلِكُمْ أُوْلُواْ بَقِيَّةٍ يَنْهَوْنَ عَنِ ٱلْفَسَادِ فِي ٱلْأَرْضِ إِلَّا قَلِيلًا مِّمَّنْ أَنجَيْنَا مِنْهُمْ)(هود:١١٦).
الاغتراب اسم يشار به إلى الانفراد عن الأكفاء.
وهو على ثلاث درجات:
الدرجة الأولى: الغربة عن الأوطان. وهذا الغريب موته شهادة، ويقاس له في قبره من متوفاه إلى وطنه، ويجمع يوم القيامة إلى عيسى بن مريم عليه السلام.
والدرجة الثانية: غربة الحال. وهذا من الغرباء الذين طوبى لهم، وهو رجل صالح في زمان فاسد بين قوم فاسدين، أو عالم بين قوم جاهلين، أو صديق بين قوم منافقين.
والدرجة الثالثة: غربة الهمة. وهي غربة طلب الحق، وهي غربة العارف؛ لأن العارف في شاهده غريب، ومصحوبه في شاهده غريب، وموجوده فيما يحمله علم أو يظهره وجد، أو يقوم به رسم، أو تطيقه إشارة، أو يشمله اسم غريب. فغربة العارف غربة الغربة لأنه غريب الدنيا وغريب الآخرة.

النصّ مكتوباً بلغة مبسّطة

٧٧- باب الغربة

قال الله عز وجل: ﴿ فَلَوْلَا كَانَ مِنَ ٱلْقُرُونِ مِن قَبْلِكُمْ أُوْلُواْ بَقِيَّةٍ يَنْهَوْنَ عَنِ ٱلْفَسَادِ فِي ٱلْأَرْضِ إِلَّا قَلِيلًا مِّمَّنْ أَنجَيْنَا مِنْهُمْ﴾ (هود:١١٦).

الغربة هنا هي انفراد السالك عن أقرانه في المجتمع بسبب تمسُّكه بصفات التقوى التي تُبعِده عن مسالكهم الدنيوية.

وهي ثلاث درجات:

الدرجة الأولى: الغربة الجسدية

- ترك الأوطان في سبيل الله (كالهجرة).
- يُعَدُّ صاحبها شهيدًا، ويُربط قبره بوطنه رمزًا لوفائه.
- يجتمع يوم القيامة مع الصالحين مثل عيسى عليه السلام.

الدرجة الثانية: الغربة الأخلاقية

- أن تكون صالحًا في مجتمع فاسد.
- عالمًا بين جهلة، أو مُخلصًا بين منافقين.
- هؤلاء هم "الغرباء" الممدوحون في الأحاديث.

الدرجة الثالثة: الغربة الروحية

- غربة العارف بالله؛ فهو يشعر باختلافٍ حتى في مشهوده الروحي.
- لا تَسَعُهُ العلامات الدنيوية ولا الأوصاف، فهو غريب عن الدنيا والآخرة معًا.
- همته العالية تجعله دائم السعي نحو الحق، كأنه في وطنٍ آخر.

<u>الموجز والنصيحة العملية:</u>

الغربةُ الحقيقيةُ هي ثمنُ السير إلى الله. نَصيحَتُنا لَكَ:

- تأمّل قوله تعالى: ﴿ إِنَّ ٱلَّذِينَ قَالُواْ رَبُّنَا ٱللَّهُ ثُمَّ ٱسۡتَقَٰمُواْ تَتَنَزَّلُ عَلَيۡهِمُ ٱلۡمَلَٰٓئِكَةُ﴾ (فصلت: ٣٠).
- كن غريبًا بإرادتك: اختر ما يرضي الله حتى لو خالفت الجميع.
- لا تيأس: فكلما زادت غربتك، اقتربتَ من رحمة الله.

نص الشيخ الهروي

٧٨- باب الغرق

قال الله عز وجل: (فلما أسلما وتله للجبين)(الصافات:١٠٣).

هذا اسم يشار به في هذا الباب إلى من توسط المقام وجاوز حد التفرق.

وهو على ثلاث درجات:

الدرجة الأولى: استغراق العلم في عين الحال؛ وهذا رجل قد ظفر بالاستقامة، وتحقق في الإشارة، فاستحق صحة النسبة.

والدرجة الثانية: استغراق الإشارة في الكشف؛ وهذا رجل ينطق عن موجوده، ويسير مع مشهوده، ولا يحس برعونة رسمه.

والدرجة الثالثة: استغراق الشواهد في الجمع؛ وهذا رجل شملته أنوار الأولية، وفتح عينه في مطالعة الأزلية، فتخلص من الهمم الدنية.

النصّ مكتوباً بلغة مبسّطة

٧٨- باب الغرق

قال الله عز وجل: ﴿فَلَمَّا أَسْلَمَا وَتَلَّهُ لِلْجَبِينِ﴾ (الصافات:١٠٣).

الغرق هنا يعني الاندماج الكامل في طريق الله.

وهو ثلاث مراحل:

١ .المرحلة الأولى: غرق العلم في العمل

- يكون السالك مُستقيمًا في أفعاله، مُطابقًا علمه لعمله.

- يُدرك حقيقة الإخلاص، فيستحق أن يُنسب إلى الصالحين.

186

٢. المرحلة الثانية: غرق الإشارة في الكشف

- يتحدث بلسان القلب لا بلسان العادة.
- يسير وفق ما يُشهد له روحانيًا، دون التفاتٍ لرغبات النفس الدنيوية.

٣. المرحلة الثالثة: غرق الشواهد في الجمع

- يُحيط به نور اليقين، فيرى كل شيءٍ بحكمة الله الأزلية.
- يتحرر من الأهواء الدنيوية، ويصبح همُّه الوحيد رضوان الله.

الموجز والنصيحة العملية:

الغرقُ الحقيقيُّ هو الاستسلامُ الكاملُ لله. نَصيحَتُنا لَكَ:

- تأمّل قوله تعالى :﴿وَمَنْ يُسْلِمْ وَجْهَهُ إِلَى اللَّهِ وَهُوَ مُحْسِنٌ فَقَدِ اسْتَمْسَكَ بِالْعُرْوَةِ الْوُثْقَى﴾ (لقمان:٢٢).
- وحِّدْ قولك وفعلك :ليكن عملك صدى لإيمانك.
- اطلب الفهم لا الشكل :فجوهر العبادة استسلام القلب.

نص الشيخ الهروي

٧٩- باب الغيبة

قال الله عز وجل: (وَتَوَلَّىٰ عَنۡهُمۡ وَقَالَ يَٰٓأَسَفَىٰ عَلَىٰ يُوسُفَ)(يوسف:٨٤).
الغيبة التي يشار بها في هذا الباب على ثلاث درجات:
الدرجة الأولى: غيبة المريد في مخلص القصد؛ عن أيدي العلائق ودرك العوائق، لالتماس الحقائق.
والدرجة الثانية: غيبة السالك؛ عن رسوم العلم، وعلل السعي، ورخص الفتور.
والدرجة الثالثة: غيبة العارف؛ عن عيون الأحوال والشواهد والدرجات، في حصن الجمع.

النصّ مكتوباً بلغة مبسّطة

٧٩- باب الغيبة

قال الله عز وجل: ﴿ وَتَوَلَّىٰ عَنۡهُمۡ وَقَالَ يَٰٓأَسَفَىٰ عَلَىٰ يُوسُفَ﴾ (يوسف:٨٤).

الغيبة هنا تعني انشغال القلب عن كل ما سوى الله.

وهي بثلاث مراحل:

١ .المرحلة الأولى: غيبة المريد (المبتدئ)

- ينفصل عن التعلقات الدنيوية والعقبات ليبحث عن الحقائق الإلهية.
- يُجاهد ليتحرر من شهوات النفس وهمومها.

٢ .المرحلة الثانية: غيبة السالك (المتقدم)

- يتجاوز التمسك الظاهري بالعلم والشكليات.
- يترك الكسل الروحي، ويسير بقلبٍ موقنٍ بلا تردد.

٣ .المرحلة الثالثة: غيبة العارف (الخواص)

- يغيب عن ملاحظة أحواله الروحية نفسها، فلا يشغله إلا الله.
- يستقر في "حصن الجمع" حيث لا مكان للانشغال بالذات أو المكاسب.

الموجز والنصيحة العملية:

الغيبةُ الحقيقيةُ انشغالُ القلبِ بالله. نَصيحَتُنا لَكَ:

- تأمّل قوله تعالى: ﴿أَلَا بِذِكْرِ اللَّهِ تَطْمَئِنُّ الْقُلُوبُ﴾ (الرعد:٢٨).
- طهّر قلبك من الشواغل: بالذكر الدائم والصبر على الطاعة.
- لا تيأس من تكرار المحاولة: فكل خطوة تقرّبك من الانعتاق الروحي.

نص الشيخ الهروي

٨٠ـ باب التمكن

قال الله عز وجل: (ولا يستخفنك الذين لا يوقنون)(الروم:٦٠).

التمكن فوق الطمأنينة، وهو إشارة إلى غاية الاستقرار.

وهو على ثلاث درجات:

الدرجة الأولى: تمكن المريد؛ وهو أن تجتمع له صحة قصد تسيره، ولمعُ شهودٍ يحمله، وسعة طريق تروحه.

والدرجة الثانية: تمكن السالك؛ وهو أن تجتمع له صحة انقطاع، وبرقُ كشفٍ، وصفاء حال.

والدرجة الثالثة: تمكن العارف؛ وهو أن يحصل في الحضرة، فوق حجب الطلب، لابسا نور الوجود.

النصّ مكتوباً بلغة مبسّطة

٨٠ـ باب التمكن

قال الله عز وجل: ﴿وَلَا يَسْتَخِفَّنَّكَ الَّذِينَ لَا يُوقِنُونَ﴾ (الروم:٦٠).

التمكن هو ثبات القلب في طريق الله بعد تجاوز مرحلة الطمأنينة.

وهو ثلاث درجات:

١. الدرجة الأولى: تمكن المريد (المبتدئ)

- يجتمع لديه:

- نية صادقة تُرشده في رحلته.
- ومضات إلهامٍ تُعزز إيمانه.
- طريق واضحٌ يمنحه راحةً في السير.

٢ .الدرجة الثانية: تمكن السالك (المتقدم)

- يجتمع لديه:

- انقطاع كامل عن الشواغل الدنيوية.
- لحظات كشفٍ تُظهر له الحقائق الروحية.
- صفاء داخليٌّ يجعله متوازنًا في جميع الأحوال.

٣ .الدرجة الثالثة: تمكن العارف (الخواص)

- يصل إلى:

- الحضور القلبي أمام الله دون حاجةٍ إلى طلب.
- النور الإلهي الذي يغلف وجوده باليقين.
- الاستقرار النهائي حيث لا تهزمه الشكوك.

<u>الموجز والنصيحة العملية:</u>
التمكنُ ثمرةُ الصبر والثقة بالله. نَصيحَتُنا لَكَ:

- تأمّل قوله تعالى: ﴿ وَٱسۡتَعِينُواْ بِٱلصَّبۡرِ وَٱلصَّلَوٰةِ﴾ (البقرة:٤٥).
- ثبِّت قدميك: بالعمل الدؤوب والذكر اليومي.
- لا تلتفت إلى المُشككين: فاليقينُ حصنك الأمين.

٩- قسم الحقائق

وأما قسم الحقائق فهو عشرة أبواب وهي:
المكاشفة والمشاهدة والمعاينة والحياة والقبض والبسط والسكر والصحو والاتصال والانفصال.

نص الشيخ الهروي

٨١- باب المكاشفة

قال الله عز وجل: (فأوحى إلى عبده ما أوحى)(النجم: ١٠).

المكاشفة مهاداة السر بين متباطنين. وهي في هذا الباب بلوغ ما وراء الحجاب وجودا. وهي على ثلاث درجات

الدرجة الأولى: مكاشفة تدل على التحقيق الصحيح، وهي أن تكون مستديمة. فإذا كانت حينا دون حين، لم يعارضه تفرق، غير ان الغين ربما شاب مقامه، على انه قد بلغ مبلغا لا يلفته قاطع، ولا يلويه سبب، ولا يقتطعه حظ. وهي درجة القاصد فإذا استدامت فهي الدرجة الثانية. واما الدرجة الثالثة: فمكاشفة عين؛ لا مكاشفة علم، ولا مكاشفة حال. وهي مكاشفة لا تذر سمةً تشير الى التذاذ، أو تلجئ الى توقف، أو تنزل على ترسم.وغاية هذه المكاشفة المشاهدة.

النصّ مكتوباً بلغة مبسّطة

٨١- باب المكاشفة

قال الله عز وجل: ﴿فَأَوْحَىٰ إِلَىٰ عَبْدِهِ مَا أَوْحَىٰ﴾ (النجم: ١٠).

المكاشفة هي إزالة الحواجز بين العبد وربه لرؤية الحقائق الإلهية.

وهي ثلاث مراحل:

١ .المرحلة الأولى: مكاشفة الاستدلال

- يستدلّ السالك بظواهر الكون على تجليات الخالق سبحانه وتعالى.
- كشفٌ متكررٌ يدل على صحة الطريق، لكنه قد يتخلله انقطاع.
- يصل السالك هنا إلى مرحلةٍ لا تُثنيه العقبات، لكنه قد يختبر فترات غفلة.

٢ .المرحلة الثانية: مكاشفة الثبات

- تصبح المكاشفة مستمرة دون انقطاع.
- يصل السالك إلى ثباتٍ لا يُضعفه شك، ولا يُبعده طمع، ولا يُشتته خوف.

٣ .المرحلة الثالثة: مكاشفة العيان

- رؤيةٌ مباشرةٌ للحقائق دون حاجة إلى أدلة أو تفسيرات.
- لا تترك هذه المكاشفة أثرًا للشهوة أو التوقف عند الظواهر، بل تنتهي بالمشاهدة القلبية الخالصة.

<u>الموجز والنصيحة العملية:</u>
المكاشفةُ هِبةٌ تُكتَسَبُ بالإخلاص. نَصيحَتُنا لَكَ:

- تأمّل قوله تعالى: ﴿ وَمَا كَانَ لِبَشَرٍ أَن يُكَلِّمَهُ ٱللَّهُ إِلَّا وَحْيًا أَوْ مِن وَرَآيِ حِجَابٍ﴾ (الشورى:٥١).
- طهِّر نيتك: فالإخلاص مفتاح الكشف.
- لا تطلب الكشف لذاته: بل اسعَ إلى رضوان الله، فهو يهدي من يشاء.

نص الشيخ الهروي

٨٢- باب المشاهدة

قال الله عز وجل: (إن في ذلك لذكرى لمن كان له قلب أو ألقى السمع وهو شهيد)(ق:٣٧).
المشاهدة سقوط الحجاب بتّا، وهي فوق المكاشفة، لأن المكاشفة ولاية النعت، وفيه شيءٌ من بقاء الرسم، والمشاهدة ولاية العين والذات.
وهي على ثلاث درجات:
الدرجة الأولى: مشاهدة معرفةٍ؛ تجري فوق حدود العلم، في لوائح نور الوجود، منيخة بفناء الجمع.
والدرجة الثانية: مشاهدة معاينةٍ؛ تقطع حبال الشواهد، وتلبس نعوت القدس، وتخرس ألسنة الإشارات.
والدرجة الثالثة: مشاهدة جمع؛ تجذب إلى عين الجمع، مالكة لصحة الورود، راكبة بحر الوجود.

النصّ مكتوباً بلغة مبسّطة

٨٢- باب المشاهدة

قال الله عز وجل: ﴿إِنَّ فِي ذَٰلِكَ لَذِكْرَىٰ لِمَن كَانَ لَهُ قَلْبٌ أَوْ أَلْقَى السَّمْعَ وَهُوَ شَهِيدٌ﴾ (ق:٣٧).

المشاهدة هي رفع الحجاب تمامًا لرؤية الحقيقة مباشرةً دون وسيط،
وهي أعلى من المكاشفة لأنها تتجاوز العلامات الجزئية إلى اليقين الكامل.

وهي ثلاث مراحل:

١ .المرحلة الأولى: مشاهدة المعرفة

- تجاوزُ حدود العلم النظري إلى إدراكٍ ينيرُه نورُ الحق.
- يذوب السالك هنا في إشراقات الوجود ملتمساً القرب من إدراك معاني تجلّيات الحقّ.

٢ .المرحلة الثانية: مشاهدة العيان

- رؤيةٌ مباشرةٌ لحقائق الكون تُلغِي الحاجةَ إلى الشواهد الخارجية.
- يَلبَسُ القلبُ صفاتَ الطُّهر، وتصمتُ الألسنةُ عن الوصف لِعَجزها عن التعبير.

٣ .المرحلة الثالثة: مشاهدة الجمع

- اكتمالُ الوصال القلبي مع الحقيقة، حيث يُدرك السالكُ وحدةَ الوجود الإلهي دون التباس.
- يَسبحُ في بحر الحضرة الإلهية، مُتحررًا من قيود الزمان والمكان.

الموجز والنصيحة العملية:

المشاهدةُ ذروةُ السير إلى الله. نَصيحَتُنا لَكَ:

- تأمّل قوله تعالى: ﴿أَفَغَيْرَ اللَّهِ أَبْتَغِي حَكَمًا﴾ (الأنعام:١١٤).
- طهِّر قلبك: بالإخلاص والتوكل ليَهَبَكَ اللهُ البصيرة.
- اسعَ إلى العمق: لا تكتفِ بالظواهر؛ فالحقُّ يُرى بالقلب قبل العين.

نص الشيخ الهروي

٨٣ـ باب المعاينة

قال الله عز وجل: (ألم تر إلى ربك كيف مد الظل)(الفرقان:٤٥).

المعاينات ثلاث:

إحداها: معاينة الأبصار.

والثانية: معاينة عين القلب؛ وهي معرفة الشيء على نعته، علما يقطع الريبة ولا تشوبه حيرة. وهذه معاينة بشواهد العلم.

والمعاينة الثالثة: معاينة عين الروح؛ وهي التي تعاين الحق عيانا محضاً. والأرواح إنما طهرت وأكرمت بالبقاء لتناغي سناء الحضرة، وتشاهد بهاء العزّة، وتجذب القلوب إلى فِناء الحضرة.

النصّ مكتوباً بلغة مبسّطة

٨٣ـ باب المعاينة

قال الله عز وجل: ﴿أَلَمْ تَرَ إِلَىٰ رَبِّكَ كَيْفَ مَدَّ الظِّلَّ﴾ (الفرقان:٤٥).

المعاينة هي رؤية الحقائق بثلاث طرق:

١ .الرؤية الحسية (بالأبصار)

- إدراك المظاهر المادية كالظل والأشياء بالعين المجردة.

٢ .رؤية القلب

- معرفةٌ يقينيةٌ تنفي الشكَّ، تُدرَكُ بالإيمان العميق دون التباس.
- مثل: رؤية عظمة الله في الكون عبر آياته المُبْصَرة.

٣. رؤية الروح

- إشراقٌ روحيٌّ تُدرَكُ به الحقائق الإلهية مباشرةً دون وسيط.
- الأرواح الطاهرة تُناغي جمال الحضرة الإلهية، وتجذب القلوب نحوها.

<u>الموجز والنصيحة العملية:</u>
المعاينةُ الحقيقيةُ رؤيةُ القلبِ والروح. نَصيحَتُنا لَكَ:

- تأمّل قوله تعالى: ﴿وَهُوَ مَعَكُمْ أَيْنَ مَا كُنتُمْ﴾ (الحديد:٤).
- نقِّ قلبك: بالتفكر في آيات الله لترى بعين البصيرة.
- لا تَقِفْ عند الظاهر: فكل شيءٍ يدل على عظمة الخالق.

نص الشيخ الهروي

٨٤- باب الحياة

قال الله عز وجل: (أَوَمَن كَانَ مَيْتًا فَأَحْيَيْنَٰهُ)(الأنعام:١٢٢).

اسم الحياة في هذا الباب يشار به إلى ثلاثة أشياء:

الحياة الأولى: حياة العلم من موت الجهل؛ لها ثلاثة أنفاس: نفس الخوف، ونفس الرجاء، ونفس المحبة.

والحياة الثانية: حياة الجمع من موت التفرقة؛ لها ثلاثة أنفاس: نفس الاضطرار، ونفس الافتقار، ونفس الافتخار.

والحياة الثالثة: حياة الوجود؛ وهي حياة بالحق، لها ثلاثة أنفاس: نفس الهيبة - وهو يميت الاعتلال، ونفس الوجود - وهو يمنع الانفصال، ونفس الانفراد - وهو يورث الاتصال. وليس وراء ذلك ملحظ للنظارة ولا طاقة للإشارة.

النصّ مكتوباً بلغة مبسّطة

٨٤- باب الحياة

قال الله عز وجل: ﴿ أَوَمَن كَانَ مَيْتًا فَأَحْيَيْنَٰهُ﴾ (الأنعام:١٢٢).

الحياة هنا ثلاث مراحل تُحيي القلب من موت الجهل والانفصال عن الله:

١. الحياة الأولى: حياة العلم

- تنتشلُك من ظلام الجهل إلى نور المعرفة.
- تقوم على ثلاثة أسس:

- خوفٌ من تقصيرك في حق الله.
- رجاءٌ في رحمته ومغفرته.
- محبةٌ تربطك به سبحانه.

٢ .الحياة الثانية: حياة الوحدة

- تتحررُ من انشغالات الدنيا وتتحدُ مع إرادة الله.
- تقوم على ثلاثة أسس:

- اضطرارٌ تدرك فيه أنك لا غنى لك عن الله.
- افتقارٌ تشعر فيه بضعفك أمام عظمته.
- افتخارٌ باختيارك طريق الحق رغم الصعاب.

٣ .الحياة الثالثة: حياة القرب الإلهي

- تذوبُ فيها الأنانية، ويصبح وجودك مرتبطًا بالحق.
- تقوم على ثلاثة أسس:

- هيبةٌ تُنسيك حاجاتك وتجلك عن السؤال.
- وجودٌ يملأ قلبك فلا تشعر بفراقٍ عنه.
- انفرادٌ تختلي فيه مع الله بلا شواغل.

الموجز والنصيحة العملية:
الحياةُ الحقيقيةُ قربٌ من الله. نَصيحَتُنا لَكَ:

- تأمّل قوله تعالى: ﴿ أَوَمَن كَانَ مَيْتًا فَأَحْيَيْنَٰهُ وَجَعَلْنَا لَهُۥ نُورًا يَمْشِي بِهِۦ فِي ٱلنَّاسِ﴾ (الأنعام:١٢٢).
- اطلب العلم النافع: فهو يحيي القلب من موت الجهل.
- اخْلُ بنفسك: لترتقي من حياة الظاهر إلى حياة الروح.

نص الشيخ الهروي

٨٥- باب القبض

قال الله عز وجل: (ثُمَّ قَبَضْنَٰهُ إِلَيْنَا قَبْضًا يَسِيرًا)(الفرقان:٤٦).
القبض في هذا الباب اسم يشار به إلى مقام الضنائن الذين ادخرهم الحق اصطناعا لنفسه.
وهم ثلاث فرق:
فرقة قبضهم إليه قبض التوفي، فضن بهم على أعين العالمين.
وفرقة قبضهم بسترهم في لباس التلبيس، وأسبل عليهم أكلة الرسوم، فأخفاهم عن عيون العالم.
وفرقة قبضهم منهم إليه، فصافاهم مصافاة سر، فضن بهم عليهم.

النصّ مكتوباً بلغة مبسّطة

٨٥- باب القبض

قال الله عز وجل: ﴿ثُمَّ قَبَضْنَٰهُ إِلَيْنَا قَبْضًا يَسِيرًا﴾ (الفرقان:٤٦).

القبض هنا يعني أن الله يختار عباده المخلصين ويحفظهم في حالة خاصة قريبة منه.

وهم ثلاثة أنواع:

١ .الفئة الأولى: المقبوضون بالاعتزال

- يعتزلون عن العالم تمامًا، فلا يعرفهم أحدٌ من الناس.
- يَخفي اللهُ وجودَهم الروحيَّ، فيعيشون في خفاءٍ تامٍّ، كأنهم غائبون عن الأعين رغم حضورهم الجسدي.

٢ .الفئة الثانية: المقبوضون بالستر

- يُخفي اللهُ قدْرَهم الحقيقي تحت مظاهر عادية، فلا يُميّزهم الناس.
- قد يظهرون بسلوكٍ غامضٍ أو بسيطٍ لِيُحافظ الله على نقاء سرِّهم.

٣ .الفئة الثالثة: المقبوضون بالأسرار

- يربطهم الله به برباطٍ خاصٍّ غير مرئي، فيصبحون أقربَ إليه من أي شيءٍ آخر.
- هم مَحفوظون حتى من أنفسهم؛ فلا يدركون كامل حقيقتهم إلا بإذنه.

<u>الموجز والنصيحة العملية:</u>

القبضُ الإلهيُّ علامةُ حبٍّ ورحمة. نَصيحَتُنا لَكَ:

- تأمّل قوله تعالى: ﴿وَهُوَ مَعَكُمْ أَيْنَ مَا كُنتُمْ﴾ (الحديد:٤).
- لا تطلب الشهرة: فخيرُ العبادِ مَن اختبأ عن الأعين.
- اخْلُصْ عملك لله: فالقربُ منه لا يُقاسُ بالظهورِ بل بالإخلاص.

نص الشيخ الهروي

٨٦- باب البسط

قال الله عز وجل: (يذرؤكم فيه)(الشورى:١١).
البسط أن ترسل شواهد العبد في مدارج العلم، ويسبل على باطنه رداء الاختصاص، وهم أهل التلبيس، وإنما بسطوا في ميدان البسط لأحد ثلاثة معان لكل معنى طائفة. فطائفة بسطت رحمة للخلق؛ يباسطونهم ويلابسونهم، فيستضيئون بنورهم، والحقائق مجموعة، والسرائر مصونة.
وطائفة بسطت لقوة معانيهم وتصميم مناظرهم؛ لأنهم طائفة لا تخالج الشواهد مشهودهم، ولا تضرب رياح الرسوم موجودهم، فهم منبسطون في قبضة القبض.
وطائفة بسطت أعلاما على الطريق، وأئمة للهدى، ومصابيح للسالكين.

النصّ مكتوباً بلغة مبسّطة

٨٦- باب البسط

قال الله عز وجل: (يذرؤكم فيه)(الشورى:١١).

البسط هنا هو انفتاح القلب على الخير بثلاثة مظاهر:

١ .الفئة الأولى: البسط بالرحمة

- يعيشون بين الناس بقلوبٍ رحيمة، يُشرِقون عليهم بنور الإيمان، ويَحفظون أسرارهم دون تعالٍ.
- هدفهم: إرشاد الخَلق إلى الحق بلطفٍ وحكمة.

٢ .الفئة الثانية: البسط بالثبات

- أصحاب إيمانٍ راسخ لا تُزعزعه الشدائد، ولا تُشتته الماديات.
- قلوبهم مُطمئنَّة لأنهم يعلمون أن كل شيءٍ بقدر الله.

٣ .الفئة الثالثة: البسط بالهداية

- كالمصابيحِ في طريق السائرين إلى الله، يُبيّنون المنهج القويم بالعلم والعمل.
- هم قدوةٌ عمليةٌ تُظهر جمال التمسك بالدين.

الموجز والنصيحة العملية:

البسطُ الحقيقيُّ انفتاحٌ على الخير دون تكلف. نَصيحَتُنا لَكَ:

- تأمّل قوله تعالى: ﴿وَاصْبِرْ نَفْسَكَ مَعَ الَّذِينَ يَدْعُونَ رَبَّهُم بِالْغَدَاةِ وَالْعَشِيِّ﴾ (الكهف:٢٨).
- كن رحيمًا: فالمؤمن مرآةُ رحمة الله في الأرض.
- ثبّت قلبك: بالذكر والتفكر في آيات الله.

نص الشيخ الهروي

٨٧- باب السكر

قال الله عز وجل: (قال رب أرني انظر إليك)(الأعراف:١٤٣).
السكر في هذا الباب اسم يشار به إلى سقوط التمالك في الطرب. وهذا من مقامات المحبين خاصة، فإن عيون الفناء لا تقبله، ومنازل العلم لا تبلغه.
وللسكر ثلاث علامات:
الضيق عن الاشتغال بالخبر والعظيم قائم، واقتحام لجة الشوق والتمكن دائم، والغرق في بحر السرور والصبر هائم.
وما سوى ذلك فحيرةٌ تنحل اسم السكر جهلا، أو هيمانٌ يسمى باسمه جورا.
وما سوى ذلك فكله نقائص البصائر؛ كسكر الحرص، وسكر الجهل، وسكر الشهوة.

النصّ مكتوباً بلغة مبسّطة

٨٧- باب السكر

قال الله عز وجل: ﴿قَالَ رَبِّ أَرِنِي أَنظُرْ إِلَيْكَ﴾ (الأعراف:١٤٣).

السكر هنا هو حالةٌ روحيةٌ يفقد فيها العبدُ الشعورَ بذاته من فرطِ فرحه بقربه من الله، وهي خاصّةٌ بالمُحبين الصادقين. له ثلاثة علامات:

١. العلامة الأولى: انشغالٌ تامٌّ بالله
- يَنسى كلَّ شيءٍ سواه، حتى لو كان الأمرُ عظيمًا في عيون الناس.

٢. العلامة الثانية: غوصٌ في بحر الشوق
- يَخوضُ في محبة الله بلا تردد، كمن يسبح في نورٍ لا ينتهي.

٣. العلامة الثالثة: غمرةُ سرورٍ لا تُدرَك
- يَغرقُ في فرحٍ روحيٍّ يفوق الوصف، مع صبرٍ على ابتلاءات الطريق.

أما ما سوى ذلك من حالاتٍ تُسمَّى "سكرًا" – كسكر الجشع أو الشهوة – فهي ضلالٌ أو وَهْمٌ لا علاقةَ له بالسكر الروحي الحقيقي.

الموجز والنصيحة العملية:

السكرُ الحقيقيُّ هو ذوبانُ القلبِ في حبِّ الله. نَصيحَتُنا لَكَ:

- تأمّل قوله تعالى: ﴿ وَٱلَّذِينَ ءَامَنُوٓاْ أَشَدُّ حُبًّا لِّلَّهِ﴾ (البقرة:١٦٥).
- تَحلَّ بالتوازن: فلا يُلهيك الفرحُ الروحيُّ عن واجباتك الدنيوية.
- اطلب الإخلاص: فالسكرُ الحقيقيُّ ثمرةُ المحبةِ الخالصةِ لا الشهواتِ العابرة.

نص الشيخ الهروي

٨٨- باب الصحو

قال الله عز وجل: (حتى إذا فزع عن قلوبهم قالوا ماذا قال ربكم قالوا الحق)(سبأ:٢٣).
الصحو فوق السكر، وهو يناسب مقام البسط.
والصحو مقام صاعد عن الانتظار، مغن عن الطلب، طاهر من الحرج.
فإن السكر إنما هو في الحق، والصحو إنما هو بالحق. وكل ما كان في عين الحق لم يخل من حيرة، لا حيرة الشبهة، بل الحيرة في مشاهدة نور العزة. وما كان بالحق لم يخل من صحة، ولم يخف عليه من نقيصه، ولم تتعاوره علة.
والصحو من منازل الحياة، وأودية الجمع، ولوائح الوجود.

النصّ مكتوباً بلغة مبسّطة

٨٨- باب الصحو

قال الله عز وجل: ﴿حَتَّىٰ إِذَا فُزِّعَ عَن قُلُوبِهِمْ قَالُوا مَاذَا قَالَ رَبُّكُمْ ۖ قَالُوا الْحَقَّ﴾ (سبأ:٢٣).

الصحو هو حالةٌ روحيةٌ راقيةٌ تلي مرحلةَ السكر (النشوة)، تتميز بالوضوح والاستقرار. وهو أعلى من النشوة لأنه يرتبط بالاتزان الروحي وليس الغياب عن الوعي.

خصائصه الرئيسية:

١ .الوضوح الكامل:

- يرى السالكُ الحقائقَ بقلبٍ مُستنيرٍ دون تشويشٍ أو التباس.
- لا يحتاج إلى طلبٍ أو انتظارٍ؛ لأنه وصل إلى مرحلةِ اليقين المُطمئن.

٢ .التحرر من القيود:

- مَن تسير حياتُه وفقًا لمشيئة الله، لا يُخشى عليه الوقوعَ في الأخطاء؛ لأن استقامتَه في طريق الحقِ تحميه.
- يعيش في سلامٍ مع حكمة الله، واثقًا أن كلَّ شيءٍ يجري بتقديره، فلا قلقَ ولا تردد.

٣ .الصحة الروحية:

- حالةٌ نقيةٌ لا تشوبها شائبةٌ أو نقص، كالمرآةِ الصافية التي تعكس نورَ الحق.
- لا تؤثر فيه تقلبات الدنيا، فهو مُستقرٌّ في إيمانه.

<u>الموجز والنصيحة العملية:</u>

الصحوُ هو ذروةُ الاتزانِ الروحي. نَصيحَتُنا لَكَ:

- تأمّل قوله تعالى: ﴿قُلْ هُوَ رَبِّي لَا إِلَٰهَ إِلَّا هُوَ عَلَيْهِ تَوَكَّلْتُ وَإِلَيْهِ مَتَابِ﴾ (الرعد:٣٠).
- اطلب الوضوح: بالتفكر في آيات الله والاستغفار.
- ثبِّت قدميك: فاليقينُ الحقيقيُّ لا يَزولُ بتغيير الظروف.

نص الشيخ الهروي

٨٩- باب الاتصال

قال الله عز وجل: (ثم دنا فتدلى . فكان قاب قوسين أو أدنى)(النجم:٨-٩).
أيْأس العقول فقطع البحث بقوله (أو أدنى),
وللاتصال ثلاث درجات:
الدرجة الأولى: اتصال الاعتصام، ثم اتصال الشهود، ثم اتصال الوجود. فاتصال الاعتصام تصحيح القصد، ثم تصفية الإرادة، ثم تحقيق الحال.
والدرجة الثانية: اتصال الشهود؛ وهو الخلاص من الاعتلال، والغنى عن الاستدلال، وسقوط شتات الأسرار.
والدرجة الثالثة: اتصال الوجود؛ وهذا الاتصال لا يدرك منه نعت ولا مقدار، إلا اسم معار، ولمح إليه مشار.

النصّ مكتوباً بلغة مبسّطة

٨٩- باب الاتصال

قال الله عز وجل: ﴿ثُمَّ دَنَا فَتَدَلَّىٰ . فَكَانَ قَابَ قَوْسَيْنِ أَوْ أَدْنَىٰ﴾ (النجم:٨-٩).

الاتصال هنا يعني القُرب الشديد من الله بثلاث مراحل، دون أيِّ وَهمٍ بالاتحاد أو الحلول:

١ .المرحلة الأولى: اتصال الاعتصام (التعلُّق بالله)
- تصحيح القصد :توجيه النية خالصةً لوجه الله.
- تنقية الإرادة :التحرر من الأهواء الشخصية.
- تحقيق الحال :الثبات الروحي في الطاعة.

٢ .المرحلة الثانية: اتصال الشهود (المشاهدة القلبية)

- التحرر من الحاجة إلى البراهين العقلية.
- رؤية الحقائق الإلهية بقلبٍ مُوقنٍ دون شك.
- زوال تشتت الأسرار؛ لانكشاف الحق بوضوح.

٣ .المرحلة الثالثة: اتصال الوجود (القُرب المطلق)

- قُربٌ لا يُوصفُ بالكلمات، يُدركُه السالكُ كإشراقة روحية.
- لا يُعبر عنه إلا بالإشارة، كالنور الذي يُبصرُه القلب دون أن يحويه.

<u>الموجز والنصيحة العملية:</u>

الاتصالُ الحقيقيُّ هو قُربُ القلبِ من الله. نَصيحَتُنا لَكَ:

- تأمّل قوله تعالى :﴿وَإِذَا سَأَلَكَ عِبَادِي عَنِّي فَإِنِّي قَرِيبٌ﴾ (البقرة:١٨٦).
- طهِّر نيتك :فالقُربُ يبدأ بالإخلاص.
- لا تيأس :فالله يُقرِّبُ من يشاءُ بِرَحمته

نص الشيخ الهروي

٩٠- باب الانفصال

قال الله عز وجل: (ويحذركم الله نفسه)(آل عمران:٢٨).

ليس في المقامات شيء فيه من التفاوت ما في الانفصال.

ووجوهه ثلاثة:

أحدها: انفصال هو شرط الاتصال؛ وهو الانفصال عن الكونين، بانفصال نظرك إليهما، وانفصال توقفك عليهما، وانفصال مبالاتك بهما.

والثاني: انفصال عن رؤية الانفصال الذي ذكرناه؛ وهو أن لا يتزنا عندك في شهود التحقيق شيئا يوصل بالانفصال منهما إلى شيء.

والثالث: انفصال عن الاتصال؛ وهو انفصال من شهود مزاحمة الاتصال عين السبق، فإن الانفصال والاتصال على عظم تفاوتهما في الاسم والرسم في العلة سيان.

النصّ مكتوباً بلغة مبسّطة

٩٠- باب الانفصال

قال الله عز وجل: ﴿وَيُحَذِّرُكُمُ اللَّهُ نَفْسَهُ﴾ (آل عمران:٢٨).

الانفصال هنا هو قطع التعلُّق بكل ما يُبعد عن الله.

وهو ثلاث أنواع:

١. الانفصال الأول: الانفصال عن العالمين (المادي والروحي)

- ترك النظر إليهما: عدم الاهتمام المفرط بملذات الدنيا أو المكاسب الروحية الزائفة.

- التوقف عن الاعتماد عليهما: الاستغناء عن كل شيء سوى الله في الحاجات والطموحات.

- عدم الاكتراث بهما: تحرير القلب من الخوف أو الطمع في ما لدى الخلق.

212

٢ .الانفصال الثاني: الانفصال عن إدراك الانفصال نفسه

- الوصول إلى مرحلةٍ لا يشغلُك حتى التفكير في أنك "منفصل"، لأن قلبك مُنشغل بالله تمامًا.
- كمن يسبح في البحر فلا يفكر في الماء؛ لأنه جزءٌ من وجوده.

٣ .الانفصال الثالث: الانفصال عن الاتصال (المفارقة الروحية)

- فهم أن القرب من الله لا يحتاج إلى ادعاءات اتصالٍ أو انفصال، فالحقيقة فوق الأوصاف.
- مثل نور الشمس: تراه ولا تستطيع امتلاكه، فتسلم بوجوده دون محاولةِ التقيد به.

الموجز والنصيحة العملية:

الانفصالُ الحقيقيُّ هو تحريرُ القلبِ ليكون لله وحده. نَصيحَتُنا لَكَ:

- تأمّل قوله تعالى: ﴿قُلِ اللَّهُ ثُمَّ ذَرْهُمْ فِي خَوْضِهِمْ يَلْعَبُونَ﴾ (الأنعام: ٩١).
- طهّر قلبك من التعلقات: بالاستغفار والتوكل على الله في كل أمر.
- لا تَخَفِ الفقدَ: فمن يفقد ما سوى الله يَجدُ كلَّ شيءٍ فيه.

١٠ـ قسم النهايات

وأما قسم النهايات فهو عشرة أبواب وهي:
المعرفة والفناء والبقاء والتحقيق والتلبيس والوجود والتجريد والتفريد والجمع والتوحيد.

نص الشيخ الهروي

٩١- باب المعرفة

قال الله عز وجل: (وإذا سمعوا ما أنزل إلى الرسول ترى أعينهم تفيض من الدمع مما عرفوا من الحق)(المائدة:٨٣).

المعرفة إحاطة بعين الشيء كما هو.

وهي على ثلاث درجات، والخلق فيها ثلاث فرق:

الدرجة الأولى: معرفة الصفات والنعوت. وقد وردت أساميها بالرسالة، وظهرت شواهدها في الصنعة، بتبصير النور القائم في السر، وطيب حياة العقل لزرع الفكر، وحياة القلب بحسن النظر بين التعظيم وحسن الاعتبار. وهي معرفة العامة التي لا تنعقد شرائط اليقين إلا بها. وهي على ثلاثة أركان؛ أحدها إثبات الصفة باسمها من غير تشبيه، ونفى التشبيه عنها من غير تعطيل، والإياس من إدراك كنهها وابتغاء تأويلها.

والدرجة الثانية: معرفة الذات مع إسقاط التفريق بين الصفات والذات. وهي تنبت بعلم الجمع، وتصفو في ميدان الفناء، وتستكمل بعلم البقاء، وتشارف عين الجمع.

وهي على ثلاثة أركان؛ إرسال الصفات على الشواهد، وإرسال الوسائط على المدارج، وإرسال العبارات على المعالم. وهي معرفة الخاصة التي تؤنس من أفق الحقيقة.

والدرجة الثالثة: معرفة مستغرقة في محض التعريف، لا يوصل إليها الاستدلال، ولا يدل عليها شاهد، ولا تستحقها وسيلة. وهي على ثلاثة اركان؛ مشاهدة القرب، والصعود عن العلم، ومطالعة الجمع. وهي معرفة خاصة الخاصة.

النصّ مكتوباً بلغة مبسّطة

٩١- باب المعرفة

قال الله عز وجل: ﴿وَإِذَا سَمِعُوا مَا أُنزِلَ إِلَى الرَّسُولِ تَرَىٰ أَعْيُنَهُمْ تَفِيضُ مِنَ الدَّمْعِ مِمَّا عَرَفُوا مِنَ الْحَقِّ﴾ (المائدة:٨٣).

المعرفة هي الفهم العميق للحقائق الإلهية.

وهي ثلاث درجات:

١. الدرجة الأولى: معرفة الصفات (للعوام)

- تُدرك صفات الله (كالرحمة، العدل) دون تشبيهها بصفات البشر.

- تقوم على ثلاثة أسس:

- الإيمان بالصفات كما وردت في القرآن دون تحريف.
- نفي التشبيه بين الله وخَلقه.
- التسليم بأن كُنْهَ ذات الله فوق إدراك العقل.

٢ .الدرجة الثانية: معرفة الذات (للخاصة)

- دمج صفات الله في فهمٍ واحدٍ لذاته، دون فصلٍ بينها.

- تقوم على:

- التحرر من الوسائط في الفهم.
- التخلص من التعلق بالشكليَّات.
- الوصول إلى حالةِ اطمئنانٍ قلبيٍّ بوحدانية الله.

٣ .الدرجة الثالثة: المعرفة المُطلقة (لخاصة الخاصة)

- تجربةٌ روحيةٌ مباشرةٌ مع الله، لا تحتاج إلى أدلةٍ أو كلمات.

- تقوم على:
- رؤية قُرب الله بالقلب.
- تجاوز العلم النظري إلى المعايشة.
- الاتحاد الروحي مع الحق دون اختلاطٍ أو حلول.

<u>الموجز والنصيحة العملية:</u>

المعرفةُ الحقيقيةُ تُذيبُ القلبَ في محبة الله. نَصيحَتُنا لَكَ:

- تأمّل قوله تعالى: ﴿إِنَّمَا يَخۡشَى ٱللَّهَ مِنۡ عِبَادِهِ ٱلۡعُلَمَٰٓؤُاْۗ﴾ (فاطر:٢٨).
- اطلب العلم النافع: بقلبٍ خاشعٍ لا بغرضِ الظهور.
- لا تَقِفْ عند الظاهر: فكلما تعمَّقتَ في المعرفة، ازدادَ يقينُك.

نص الشيخ الهروي

٩٢- باب الفناء

قال الله عز وجل: (كل من عليها فان . ويبقى وجه ربك)(الرحمن:٢٦-٢٧).
الفناء في هذا الباب اضمحلال ما دون الحق؛ علما، ثم جحدا، ثم حقّاً.
وهو على ثلاث درجات:
الدرجة الأولى: فناء المعرفة في المعروف، وهو الفناء علما؛ وفناء العيان في المعاين، وهو الفناء جحدا؛ وفناء الطلب في الوجود، وهو الفناء حقا.
والدرجة الثانية: فناء شهود الطلب لإسقاطه، وفناء شهود المعرفة لإسقاطها، وفناء شهود العيان لإسقاطه.
والدرجة الثالثة: الفناء عن شهود الفناء، وهو الفناء حقا، شائما برق العين، راكبا بحر الجمع، سالكا سبيل البقاء.

النصّ مكتوباً بلغة مبسّطة

٩٢- باب الفناء

قال الله عز وجل: ﴿كُلُّ مَنْ عَلَيْهَا فَانٍ . وَيَبْقَىٰ وَجْهُ رَبِّكَ﴾ (الرحمن:٢٦-٢٧).

الفناء هنا هو تلاشي كل ما سوى الله في القلب والوجود.

وهو ثلاث مراحل:

١ .المرحلة الأولى: فناء المعرفة والرؤية

- فناء العلم: إدراك أن كل شيء زائل إلا الله.
- فناء الجحود: ترك الاعتماد على المخلوقات.
- فناء الحق: تحوُّل الوجود كله إلى شعورٍ بوحدانية الله.

٢ .المرحلة الثانية: فناء الشهود (المشاهدة)

- التحرر من حاجة طلب الدنيا أو الآخرة.
- زوال التعلق حتى بالمعرفة الروحية نفسها.
- الوصول إلى حالةٍ لا يرى فيها السالك إلا الله في كل شيء.

٣ .المرحلة الثالثة: الفناء عن الفناء نفسه

- اختفاء شعور "الفناء" ذاته، لأن القلب أصبح مُنعكسًا بأنوار الله.

الموجز والنصيحة العملية:

الفناءُ الحقيقيُّ هو ذوبانُ الأنانيةِ في محبة الله. نَصيحَتُنا لَكَ:

- تأمّل قوله تعالى: ﴿هُوَ ٱلۡأَوَّلُ وَٱلۡأٓخِرُ وَٱلظَّٰهِرُ وَٱلۡبَاطِنُۖ﴾ (الحديد:٣).
- طهِّر قلبك: بالاستغفار وترك التعلق بغير الله.
- اسعَ إلى الخلود: بالعمل للآخرة، فما عند الله باقٍ.

نص الشيخ الهروي

٩٣- باب البقاء

قال الله عز وجل: (والله خير وأبقى)(طه:٧٣).
البقاء اسم لما بقي قائما بعد فناء الشواهد وسقوطها.
وهو على ثلاث درجات:
الدرجة الأولى: بقاء المعلوم بعد سقوط العلم، عينا لا علما؛ وبقاء المشهود بعد سقوط الشهود، وجودا لا نعتا؛ وبقاء ما لم يزل حقا، بإسقاط ما لم يكن محوا.

النصّ مكتوباً بلغة مبسّطة

٩٣- باب البقاء

قال الله عز وجل: ﴿وَاللَّهُ خَيْرٌ وَأَبْقَىٰ﴾ (طه:٧٣).

البقاء هنا هو استمرارُ حضورِ الله في القلب بعد زوال كلِّ ما سواه.

وهو ثلاث درجات:

١ .الدرجة الأولى: بقاء المعلوم (الحقائق الإلهية)

- يَبقى إدراكُ وجود الله كحقيقةٍ ملموسةٍ حتى بعد زوال المعرفة العقلية المجردة.

٢ .الدرجة الثانية: بقاء المشهود (التجربة الروحية)

- يقينٌ بأن الله – الخالق الدائم – يبقى بعد فناء الحياة الدنيا وزوال مظاهرها.
- يشعر السالكُ في هذه الحالة وكأنه يعيش في عالمٍ روحيٍ خالدٍ، لا يزول بزوال الأجساد.

٣ .الدرجة الثالثة: بقاء الحق الأزلي

- يَبقى الله وحده كحقيقةٍ سرمديةٍ بعد زوال كلِّ ما هو زائلٌ ووهميٌّ.
- هذه المرحلة لا تُوصف بالكلمات؛ فمن أدركها لا يحتاج إلى عبارة، ومن لم يدركها لا تنفعه العبارات.

<u>الموجز والنصيحة العملية:</u>

البقاءُ الحقيقيُّ هو تمسُّكُ القلبِ بالله وحده. نَصيحَتُنا لَكَ:

- تأمّل قوله تعالى: ﴿كُلُّ شَيْءٍ هَالِكٌ إِلَّا وَجْهَهُ﴾ (القصص:٨٨).
- رَكِّزْ على الأبديّ: لا تُفرِغْ وقتَك إلّا فيما يُقرِّبُك إلى الله.
- اعملْ لِلْباقي: فالدُّنيا فانيةٌ، وما عند الله خيرٌ وأبقى.

نص الشيخ الهروي

٩٤- باب التحقيق

قال الله عز وجل: (أو لم تؤمن قال بلى ولكن ليطمئن قلبي)(البقرة: ٢٦٠).
التحقيق تلخيص مصحوبك؛ من الحق، ثم بالحق، ثم في الحق، وهذه أسماء درجاته الثلاث.
أما درجة تلخيص مصحوبك من الحق: فأن لا يخالج علمك علمه.
وأما الدرجة الثانية: فأن لا ينازع شهودك شهوده.
وأما الدرجة الثالثة: فإن لا يناسم رسمك سبقة.
فتسقط الشهادات، وتبطل العبارات، وتفنى الإشارات.

النصّ مكتوباً بلغة مبسّطة

٩٤- باب التحقيق

قال الله عز وجل: ﴿أَوَلَمْ تُؤْمِنْ قَالَ بَلَى وَلَٰكِنْ لِيَطْمَئِنَّ قَلْبِي﴾ (البقرة: ٢٦٠).

التحقيق هو الوصول إلى اليقين الكامل بالله عبر ثلاث مراحل:

١. المرحلة الأولى: التحقيق مِنَ الحق

- تطهير العلم من الشكوك، بحيث لا يختلط إيمانك بجهلٍ أو تردد.
- مثل: يقين أم موسى حين ألقت بابنها في اليم، واثقةً بحفظ الله.

٢. المرحلة الثانية: التحقيق بالحق

- انسجام المشاهدات الروحية مع الحق الإلهي، دون تعارضٍ أو تناقض.
- مثل: رؤية آيات الله في الكون دون تشويشٍ بالشهوات.

٣ .المرحلة الثالثة: التحقيق في الحق

- ذوبان كلِّ ما سوى الله في القلب، حتى تختفي الحاجة إلى العبارات أو الإشارات.
- هنا يسقط كلُّ وصفٍ، لأن القلب أصبح مرآةً تعكس حضور الله دون حجاب.

<u>الموجز والنصيحة العملية:</u>

التحقيقُ هو ذروةُ اليقينِ بالله. نَصيحَتُنا لَكَ:

- تأمّل قوله تعالى: ﴿الَّذِينَ آمَنُوا وَتَطْمَئِنُّ قُلُوبُهُمْ بِذِكْرِ اللَّهِ﴾ (الرعد:٢٨).
- اطلب الطمأنينة: بالتأمل في آيات الله وترك الشكوك.
- لا تكتفِ بالظاهر: فاليقين الحقيقيُّ يتجاوز العقل إلى القلب.

نص الشيخ الهروي

٩٥ـ باب التلبيس

قال الله عز وجل: (وللبسنا عليهم ما يلبسون)(الأنعام:٩).

التلبيس تورية بشاهد معار عن موجود قائم.

وهو اسم لثلاثة معان

أولها: تلبيس الحق بالكون على أهل التفرقة، وهو تعليقه الكوائن بالأسباب والأماكن والأحايين، وتعليقه المعارف بالوسائط والقضايا بالحجج والأحكام بالعلل، والانتقام بالجنايات والمثوبة بالطاعات. فأخفى الرضى والسخط اللذين يوجبان الوصل والفصل، ويظهران السعادة والشقاوة.

والتلبيس الثاني: تلبيس أهل الغيرة؛ على الأوقات بإخفائها، وعلى الكرامات بكتمانها، والتلبيس بالمكاسب والأسباب، وتعليق الظاهر بالشواهد والمكاسب، تلبيسا على العيون الكليلة، والعقول العليلة، مع تصحيح التحقيق، عقدا وسلوكا ومعاينة. وهذه الطائفة رحمة من الله عز وجل على أهل التفرقة والأسباب في ملابستهم.

والتلبيس الثالث: تلبيس أهل التمكن على العالم؛ ترحّماً عليهم بملابسة الأسباب، توسيعا على العالم لا لأنفسهم. وهذه درجة الأنبياء، ثم هي للأئمة الربانيين الصادرين عن وادي الجمع المشيرين عن عينه.

النصّ مكتوباً بلغة مبسّطة

٩٥ـ باب التلبيس

قال الله عز وجل: ﴿وَلَبَسْنَا عَلَيْهِم مَّا يَلْبِسُونَ﴾ (الأنعام:٩).

التلبيس هو حكمة إلهية تُخفي الحقائقَ عن بعض الناس وفقًا لحكمته.

وهو ثلاثة أنواع:

١. التلبيس الأول: تلبيس الحق بالعالم المادي

- يُظهِر اللهُ الأحداثَ وكأنها مرتبطةٌ بأسبابٍ ظاهرية (مثل الزمان أو المكان أو الأسباب المادية)، ليختبر إيمان الناس.
- مثال: ربط النجاح بالجهد البشري دون إدراك أن التوفيق من الله.

٢ .التلبيس الثاني: تلبيس أهل الإخلاص

- يُخفي اللهُ عن الصالحين كراماتهم أو يقينهم حتى لا يَفتخروا، أو يُلهَمون بسلوكٍ بسيطٍ يُوهم الآخرين أنهم عاديون.
- مثال: مُصلٍّ يُداوم على الصلاة بخشوعٍ لكنه يُخفي عن الناس دموعَه أثناء الدعاء.

٣ .التلبيس الثالث: تلبيس الأنبياء والأولياء

- يتعامل الأنبياءُ مع الناس بأسلوبٍ يتناسب مع عقولهم، فيُظهرون الأسبابَ رغم علمهم أن الله هو الفاعل الحقيقي.
- مثال: نبيٌّ يدعو قومه للجهاد مع توكله الكامل على نصر الله.

الموجز والنصيحة العملية:

التلبيسُ حكمةٌ إلهيةٌ لا تُدرَكُ إلا باليقين. نَصيحَتُنا لَكَ:

- تأمّل قوله تعالى: ﴿وَمَا تَشَاءُونَ إِلَّا أَن يَشَاءَ اللَّهُ﴾ (الإنسان:٣٠).
- اسأل اللهَ الفهمَ: فالحقائقُ قد تُخفى لِحكمةٍ.
- لا تَحكُمْ بالظاهر: فاللهُ يُدبِّرُ الأمورَ بما لا تَعلمون.

نص الشيخ الهروي

٩٦- باب الوجود

أطلق الله عز وجل في القرآن اسم الوجود صريحا في مواضع، فقال:
(يجد الله غفورا رحيما)(النساء:١١٠).
(لوجدوا الله توابا رحيما)(النساء:٦٤).
(ووجد الله عنده)(النور:٣٩).
الوجود اسم للظفر بحقيقة الشيء.
وهو اسم لثلاثة معان:
أولها: وجود علم لدني، يقطع علوم الشواهد في صحة مكاشفة الحق إياك.
والثاني: وجود الحق وجود عين، مقتطعا عن مساغ الإشارة.
والثالث: وجود مقام اضمحلال رسم الوجود فيه، بالاستغراق في الأولية.

النصّ مكتوباً بلغة مبسّطة

٩٦- باب الوجود

قال الله عز وجل:

- ﴿يَجِدِ اللَّهُ غَفُورًا رَحِيمًا﴾ (النساء:١١٠).
- ﴿لَوَجَدُوا اللَّهَ تَوَّابًا رَحِيمًا﴾ (النساء:٦٤).
- ﴿وَوَجَدَ اللَّهَ عِنْدَهُ﴾ (النور:٣٩).

الوجود هنا هو إدراكُ حقيقةِ الله في القلب والكون.

وهو ثلاث درجات:

١ .الوجود الأول: وجود العلم

- معرفةُ صفات الله (كالمغفرة والرحمة) من خلال آياته في الكون والحياة.
- مثل: إدراك المؤمن أن الله غفورٌ رحيمٌ حين يتوب إليه، فيشعر بالطمأنينة.

٢ .الوجود الثاني: وجود الذات الإلهية

- إيمانٌ بأن الله موجودٌ بذاته المقدسة، لا يشبه شيئًا ولا يُوصف بحدود الخيال.
- مثل: الشعور بقرب الله في لحظات الدعاء دون تصوُّر شكلٍ أو مكان.

٣ .الوجود الثالث: وجود الفناء في الأزلية

- ذوبان الشعور بالوجود الشخصي في نور الألوهية، مع بقاء القلب مرتبطًا بالله.
- مثل: انشغال العابد بالصلاة حتى ينسى نفسه، لكنه يبقى مُدركًا لعظمة خالقه.

<u>الموجز والنصيحة العملية:</u>

الوجودُ الحقيقيُّ هو حضورُ القلبِ مع الله. نَصيحَتُنا لَكَ:

- تأمّل قوله تعالى: ﴿وَهُوَ مَعَكُمْ أَيْنَ مَا كُنْتُمْ﴾ (الحديد: ٤).
- اشكر نِعَمَ الله: ففي كل ذرةٍ دليلٌ على وجوده.
- طهِّر قلبك: بالإخلاص؛ حتى ترى الحقائقَ بنور اليقين.

نص الشيخ الهروي

٩٧- باب التجريد

قال الله عز وجل: (فاخلع نعليك)(طه:١٣).

التجريد انخلاع عن شهود الشواهد.

وهو على ثلاث درجات:

الدرجة الأولى: تجريد عين الكشف عن كسب اليقين.

والدرجة الثانية: تجريد عين الجمع عن درك العلم.

والدرجة الثالثة: تجريد الخلاص من شهود التجريد.

النصّ مكتوباً بلغة مبسّطة

٩٧- باب التجريد

قال الله عز وجل: ﴿فَاخْلَعْ نَعْلَيْكَ﴾ (طه:١٢).

التجريد هو التحرر من التعلق بالظواهر المادية للتركيز على الحق الإلهي.

وهو ثلاث مراحل:

١ .المرحلة الأولى: تجريد اليقين

- التخلص من الحاجة إلى الأدلة الخارجية، بعد وصول القلب إلى يقينٍ داخليٍّ راسخ.

- مثال: الإيمان بالله دون الحاجة إلى براهين معقدة، كشعور الأم بوجود طفلها دون رؤيته.

٢ .المرحلة الثانية: تجريد المعرفة

- تجاوز الفهم العقلي إلى الاختبار الروحي المباشر، حيث تصبح المعرفة حضورًا قلبيًّا.
- مثال: تذوق حلاوة الإيمان في الصلاة، بعيدًا عن النقاشات الفلسفية.

٣ .المرحلة الثالثة: تجريد الذات

- نسيان حتى الشعور بالتجريد نفسه، والانشغال الكامل بالله دون وعيٍ بالذات.
- مثال: انغماس العالم في بحثه العلمي حتى ينسى الوقت، لكن هنا يكون الانشغال بالله.

<u>الموجز والنصيحة العملية:</u>

التجريدُ الحقيقيُّ هو تحريرُ القلبِ ليكون خالصًا لله. نَصيحَتُنا لَكَ:

- تأمّل قوله تعالى: ﴿وَمَا خَلَقْتُ الْجِنَّ وَالْإِنسَ إِلَّا لِيَعْبُدُونِ﴾ (الذاريات:٥٦).
- اخترِ البساطة: في العبادة والتفكير، بعيدًا عن التعقيدات.
- جاهد نفسك: لتنقية قلبك من الشوائب يوميًّا.

نص الشيخ الهروي

٩٨- باب التفريد

قال الله عز وجل: (ويعلمون أن الله هو الحق المبين)(النور:٢٥).
التفريد اسم لتخليص الإشارة؛ إلى الحق، ثم بالحق، ثم عن الحق.
فأما تفريد الإشارة إلى الحق فعلى ثلاث درجات: تفريد القصد عطشا، ثم تفريد المحبة تلفا، ثم تفريد الشهود اتصالا.
وأما تفريد الإشارة بالحق فعلى ثلاث درجات: تفريد الإشارة بالافتخار بوحا، وتفريد الإشارة بالسلوك مطالعة، وتفريد الإشارة بالقبض غيرة.
وأما تفريد الإشارة عن الحق: فانبساط ببسط ظاهر، يتضمن قبضا خالصا، للهداية إلى الحق والدعوة إليه.

النصّ مكتوباً بلغة مبسّطة

٩٨- باب التفريد

قال الله عز وجل: ﴿وَيَعْلَمُونَ أَنَّ اللَّهَ هُوَ الْحَقُّ الْمُبِينُ﴾ (النور:٢٥).

التفريد هو توجيهُ القلبِ والعملِ خالصًا لله وحده. وهو ثلاث مراحل:

١ .المرحلة الأولى: توجيه النية والقصد إلى الله

- اشتياقٌ شديدٌ لرضا الله دون سواه.
- حبٌّ عميقٌ يُذهِلُ عن كل ما سوى الله.
- رؤيةٌ قلبيةٌ تُثبت وحدانية الله في كل شيء.

٢ .المرحلة الثانية: توجيه السلوك بالحق

- افتخارٌ بالانتماء إلى طريق الله دون مظاهر زائفة.
- سيرٌ روحيٌّ يُظهر جمال العبادة الخالصة.
- غيرةٌ على حفظ القلب من الانشغال بغير الله.

٣ .المرحلة الثالثة: توجيه الدعوة إلى الله

- نشر الخير ببساطةٍ ووضوح، دون تكلفٍ أو تعقيد.
- دعوةٌ تُظهر محاسن الإسلام بأفعالٍ قبل أقوال.
- توازنٌ بين الصدع بالحق ورحمة الخلق.

<u>الموجز والنصيحة العملية:</u>

التفريدُ هو إخلاصُ القلبِ والعملِ لله. نَصيحَتُنا لَكَ:

- تأمّل قوله تعالى: ﴿قُلْ هُوَ اللَّهُ أَحَدٌ﴾ (الإخلاص:١).
- طهِّر نيتك: اجعل كل أعمالك لوجه الله.
- كن قدوةً: دع أفعالك تُعلّم غيرك دون حاجةٍ إلى خطبٍ طويلة.

نص الشيخ الهروي

٩٩ـ باب الجمع

قال الله عز وجل: (وما رميت إذ رميت ولكن الله رمى)(الأنفال:١٧).

الجمع ما اسقط التفرقة، وقطع الإشارة، وشخص عن الماء والطين، بعد صحة التمكين، والبراءة من التلوين، والخلاص من شهود الثنوية، والتنافي من إحساس الاعتلال، والتنافي من شهود شهودها.

وهو على ثلاث درجات:

جمع علم، ثم جمع وجود، ثم جمع عين.

فأما جمع العلم: فهو تلاشي علوم الشواهد في العلم اللدني صرفا.

فأما جمع الوجود: فهو تلاشي نهاية الاتصال في عين الوجود مَحْقاً.

فأما جمع العين: فهو تلاشي كل ما تقله الإشارة في ذات الحق حقا.

والجمع غاية مقامات السالكين، وهو طرف بحر التوحيد.

النصّ مكتوباً بلغة مبسّطة

٩٩ـ باب الجمع

قال الله تعالى: ﴿وَمَا رَمَيْتَ إِذْ رَمَيْتَ وَلَٰكِنَّ اللَّهَ رَمَىٰ﴾ (الأنفال: ١٧).

الجمع هو حالةٌ يتلاشى فيها الابتعاد بين العبد وربه،

ويختفي الشعور بالحاجة إلى الإشارات أو الرموز،

ويَبرُز القلبُ من ظلمات المادّة (الماء والطين) بعد رسوخ الإيمان،

وتطهير النفس من التلوثات النفسية،

والتحرر من رؤية الأسباب وكأنها شريكة لله،

والانعتاق من الشعور بالضعف أو الاعتماد على غير الله.

للجمع ثلاث مراحل:

- جمع العلم: حيث تذوب العلوم الظاهرية في نور العلم الإلهي الذي يمنحه الله لقلوب عباده المخلصين.
- جمع الوجود: حيث تختفي فكرة الانفصال بين العبد والله، فيدرك أن وجوده الحقيقي هو بوجود الله، لا بذاته.
- جمع العين: حيث يزول كل ما يُشار إليه في الكون، فلا يرى السالك إلا الحق سبحانه مصدرَ كل شيء.

الجمع هو غاية طريق السائرين إلى الله، وهو بداية دخول بحر التوحيد الخالص.

الموجز والنصيحة العملية:

الجمع هو ليس الحلول أو الاتحاد.

الجمع يعني أن ترى يد الله في كل شيء، فتتخلص من التعلق بالأسباب، وتستيقن أن القلوب بيده وحده.

- ابدأ بتدبر الآية الكريمة: ﴿ وَٱلَّذِينَ جَٰهَدُواْ فِينَا لَنَهۡدِيَنَّهُمۡ سُبُلَنَا ﴾ (العنكبوت: ٦٩).
- اجعل قلبك مرآةً تنعكس عليها أنوار المعرفة، وداوم على ذكر الله ("ألا بذكر الله تطمئن القلوب")، واطلب العون منه في كل خطوة.
- طريق التزكية طويل، لكن خطواته الأولى تكون بإخلاص النية والصبر على الطاعة.

نص الشيخ الهروي

١٠٠- باب التوحيد

قال الله عز وجل: (شهد الله أنه لا إله إلا هو)(آل عمران:١٨).
التوحيد تنزيه الله تعالى عن الحدث. وإنما نطق العلماء بما نطقوا به وأشار المحققون بما أشاروا إليه في هذا الطريق لقصد تصحيح التوحيد.وما سواه من حال أو مقام فكله مصحوب العلل.
والتوحيد على ثلاثة وجوه:
الوجه الأول: توحيد العامة، الذي يصح بالشواهد.
والوجه الثاني: توحيد الخاصة، وهو الذي يثبت بالحقائق.
والوجه الثالث: توحيد قائم بالقدم، وهو توحيد خاصة الخاصة.

فأما التوحيد الأول، فهو شهادة أن لا إله إلا الله وحده لا شريك له الأحد الصمد الذي (لم يلد ولم يولد . ولم يكن له كفوا أحد)(الإخلاص:٣-٤).هذا هو التوحيد الظاهر الجلي الذي نفى الشرك الأعظم وعليه نصبت القبلة، وبه وجبت الذمة، وبه حقنت الدماء والأموال، وانفصلت دار الإسلام من دار الكفر، وصحت به الملة للعامة، وإن لم يقوموا بحق الاستدلال، بعد أن سلموا من الشبهة والحيرة والريبة بصدق شهادة صححها قبول القلب.هذا توحيد العامة الذي يصح بالشواهد؛ والشواهد هي الرسالة والصنائع، يجب بالسمع، ويوجد بتبصير الحق، وينمو على مشاهدة الشواهد.
وأما التوحيد الثاني، الذي يثبت بالحقائق، فهو توحيد الخاصة. وهو إسقاط الأسباب الظاهرة والصعود عن منازعات العقول، وعن التعلق بالشواهد. وهو أن لا تشهد في التوحيد دليلا، ولا في التوكل سببا، ولا للنجاة وسيلة؛ فتكون مشاهدا سبق الحق بحكمه وعلمه، ووضعه الأشياء مواضعها، وتعليقه إياها بأحايينها، وإخفائة إياها في رسومها، وتحقق معرفة العلل، وتسلك سبيل إسقاط الحدث. هذا توحيد الخاصة، الذي يصح بعلم الفناء، ويصفو في علم الجمع، ويجذب إلى توحيد أرباب الجمع.
وأما التوحيد الثالث، فهو توحيد اختصه الحق لنفسه، واستحقه بقدره، وألاح منه لائحا إلى أسرار طائفة من صفوته، وأخرسهم عن نعته، وأعجزهم عن بثه.

والذي يشار به إليه على ألسن المشيرين أنه إسقاط الحدث وإثبات القِدَم، على أن هذا الرمز في ذلك التوحيد علة لا يصح ذلك التوحيد إلا باسقاطها. هذا قطب الإشارة إليه على ألسن علماء هذا الطريق وإن زخرفوا له نعوتا وفصلوه فصولا فإن ذلك التوحيد تزيده العبارة خفاء، والصفة نفورا، والبسط صعوبة.وإلى هذا التوحيد شخص أهل الرياضة وأرباب الأحوال، وله قصد أهل التعظيم، وإياه عَنَى المتكلمون في عين الجمع. وعليه تصطلم الإشارات، ثم لم ينطق عنه لسان، ولم تشر إليه عبارة، فإن التوحيد وراء ما يشير إليه مكوَّن، أو يتعاطاه حين، أو يقلُّه سبب.
وقد أجبت في سالف الزمان سائلا سألني عن توحيد الصوفية بهذه القوافي الثلاث:

ما وحد الواحد من واحد — إذ كل من وحده جاحد
توحيد من ينطق عن نعته — عارية أبطلها الواحد
توحيده إياه توحيده — ونعت من ينعته لاحد

النصّ مكتوباً بلغة مبسّطة

١٠٠- باب التوحيد

قال الله تعالى: ﴿شَهِدَ اللَّهُ أَنَّهُ لَا إِلَٰهَ إِلَّا هُوَ﴾ (آل عمران: ١٨).

التوحيد هو تنزيه الله عن كل ما لا يليق بجلاله، مثل الحدوث (التغير أو الزوال). ما ذكره العلماء وأشار إليه الصوفيّة عن التوحيد هدفه تأكيد إخلاص الإيمان بالله وحده. أما الحالات الروحية أو المنازل الأخرى فكلها قد تشوبها الشوائب إن لم تُبنَ على أساس التوحيد الصحيح.

للتوحيد ثلاثة مستويات:

توحيد العامة:
وهو الإقرار باللسان والقلب أن "لا إله إلا الله"، كما في سورة الإخلاص: ﴿لَمْ يَلِدْ وَلَمْ يُولَدْ . وَلَمْ يَكُن لَّهُ كُفُوًا أَحَدٌ﴾. هذا التوحيد يحمي من الشرك الظاهر، ويُعتبر أساس قبول الأعمال، وبه تُفرّق دار الإسلام عن دار الكفر. وهو كافٍ لعامة الناس، حتى لو لم يدركوا كل البراهين العقلية، ما دام القلب سليمًا من الشك.

توحيد الخاصة:
وهو إدراك أن الأسباب المادية لا تأثير لها إلا بمشيئة الله، فلا تعلق القلب بها، ولا اعتماد على الحواس أو العقل وحده. هنا يرى السالك أن الله هو الفاعل الحقيقي وراء كل شيء، فيتخلى عن المناقشات العقيمة، ويعرف أن علم الله وقدرته سبقت كل سبب.

توحيد خاصة الخاصة:

وهو مرتبة لا يُعبّر عنها بالكلمات، اختص الله بها من يشاء من عباده. هنا يزول كل وصف أو تصور بشري عن الله، فلا يُرى إلا قِدَمُه (أزليته) دون حَدَثِ الخلق. هذا التوحيد يتجاوز كل رمز أو عبارة، وحتى محاولة وصفه تُعتبر تقصيرً ونقصًا!

الموجز والنصيحة العملية:

التوحيد هو جوهر الإيمان: من "لا إله إلا الله" البسيطة إلى إدراك عظمة الله التي لا تُحد.

- ابدأ بتدبر قوله تعالى: ﴿هُوَ ٱلْأَوَّلُ وَٱلْآخِرُ وَٱلظَّاهِرُ وَٱلْبَاطِنُ﴾ (الحديد: ٣).
- لا تكتفِ بالإقرار باللسان، بل حسّن يقينك بأن الله هو المدبر الوحيد.
- راقب قلبك: هل تعلق بغير الله؟ هل تخشى الفقر أو المرض أكثر من خوفك منه؟
- اجعل التوحيد منهج حياة، واطلب من الله الثبات، فـ﴿وَمَن يُؤْمِن بِاللَّهِ يَهْدِ قَلْبَهُ﴾ (التغابن: ١١).

تمّ الكتاب و لله الحمد